Schizophrenie:
Interaktionsprozesse und emotionales Klima in der Familie

Europäische Hochschulschriften
Publications Universitaires Européennes
European University Studies

Reihe VI
Psychologie

Série VI Series VI
Psychologie
Psychology

Bd./Vol. 308

PETER LANG
Frankfurt am Main · Bern · New York · Paris

Ursula Müller

Schizophrenie

Interaktionsprozesse und emotionales Klima in der Familie

PETER LANG
Frankfurt am Main · Bern · New York · Paris

CIP-Titelaufnahme der Deutschen Bibliothek

Müller, Ursula:

Schizophrenie : Interaktionsprozesse und emotionales Klima in der Familie / Ursula Müller. - Frankfurt am Main ; Bern ; New York ; Paris : Lang, 1990

(Europäische Hochschulschriften : Reihe 6, Psychologie ; Bd. 308)

Zugl.: München, Univ., Diss., 1990

ISBN 3-631-42919-3

NE: Europäische Hochschulschriften / 06

Die vorliegende Arbeit wurde unter dem Titel "Die Bedeutung des Familienklimas für den Verlauf schizophrener Psychosen: Zusammenhänge zwischen emotionaler Einstellung (Expressed Emotion) und Interaktionsprozessen" als Dissertation bei der Ludwig-Maximilians-Universität München eingereicht.

D 19

ISSN 0531-7347

ISBN 3-631-42919-3

Die vorliegende Arbeit wurde im Rahmen eines Forschungsprojekts unter der Leitung von Herrn Professor Dr. Kurt Hahlweg am Max-Planck-Institut für Psychiatrie München (Psychologische Abteilung, Leiter: Professor Dr. Dr. J.C. Brengelmann, Ph.D.), durchgeführt.

Ich danke

besonders herzlich Herrn Professor Dr. Kurt Hahlweg für die Betreuung der Arbeit. Seine mit überzeugender Kompetenz und großem Ideenreichtum gegebenen theoretischen und praktischen Hinweise waren mir eine sehr wertvolle Hilfe; sein Interesse an der Arbeit und seine ermutigenden Kommentare haben wesentlich dazu beigetragen, die Arbeit fertigzustellen;

Herrn Professor Dr. W. Tunner für seine Bereitschaft, die Aufgabe des Korreferenten an der Universität München zu übernehmen;

Elias Feinstein, Heijo Dürr und Marianne Römer für die von kollegialer Unterstützung geprägte Zusammenarbeit am Projekt, Gerti Hank für ihre große Hilfe am Computer, Ulla Morgenroth, Nina Fraunhofer und Birgit Leeb für ihre bewundernswerte Ausdauer bei der Datenauswertung, Brigitte Kiefersbeck und Philipp Korinthenberg für die Anfertigung schöner graphischer Darstellungen und Gerlinde Winter für ihre Hilfe bei der orthographischen Textkorrektur;

Dr. Matthias Dose und Dr. Dirk Bremer für ihre Unterstützung bei der Kontaktaufnahme zu den Patienten und ihren Familien;

allen Familien, die engagiert und bereitwillig an der Untersuchung teilgenommen haben,

und meinem Mann, der mich mit viel Geduld und Verständnis bei der Entstehung dieser Arbeit begleitet hat.

Inhalt

EMPIRISCHER TEIL

1 EINLEITUNG

Schizophrenie ist eine schwere Form psychischer Störung, von der weltweit einer von hundert Erwachsenen betroffen ist. Etwa 65 % aller psychiatrischen Langzeitpatienten werden unter dieser Diagnose behandelt.

Über die Ursachen weiß man bisher noch sehr wenig. Die Vermutung, daß schizophrene Psychosen mit den Bedingungen der familiären Umgebung zusammenhängen, besteht schon lange und wird seit etwa 30 Jahren aus unterschiedlichem Blickwinkel untersucht. Nachdem der Familie zunächst eine allein verursachende Rolle bei der Entstehung der Schizophrenie zugeschrieben wurde, konnten in den letzten 10 Jahren komplexe, mehrdimensionale Modellvorstellungen entwickelt und verfolgt werden, die den familiären Einfluß auf die Entstehung schizophrener Psychosen deutlich relativieren. Im Rahmen eines interaktiven Vulnerabilität-Streß-Modells ließen sich prädiktive Aussagen über den Krankheits<u>verlauf</u> in Abhängigkeit von Familienvariablen machen, die der empirischen Familieninteraktionsforschung neue Impulse gegeben haben. Die Ergebnisse der Expressed-Emotion-Forschung bilden ein Element im Gefüge dieser Forschungsaktivität.

Durch Neuroleptika-Medikation in Verbindung mit psychosozialen Maßnahmen konnte die Behandlung der akuten psychotischen Symptomatik schizophrener Patienten entscheidend verbessert werden. Die Hospitalisierungszeiten sind wesentlich kürzer geworden, und viele Patienten kehren in ihre frühere Umgebung zurück, ein Großteil von ihnen in die Familie. Trotz der Einnahme von Neuroleptika kommt es jedoch in etwa 40 % der Fälle zu einer erneuten schizophrenen Episode, und der mit der Rückkehr der Patienten in die Klinik verbundene Anstieg von Wiederaufnahmen hat zum Schlagwort einer "Drehtürpsychiatrie" geführt. Eine wirksame Rückfallprophylaxe ist deshalb von großer Bedeutung.

Neben vorbeugenden pharmakologischen Maßnahmen spielt die Familie für die Rückfallprophylaxe insofern eine entscheidende Rolle, als sie einerseits eine den Patienten schützende Funktion ausüben kann, andererseits von den Familien die Aufgabe der Versorgung der Patienten und damit eine hohe Belastung übernommen und getragen wird. Rückfallprophylaktische Überlegungen und Maßnahmen müssen deshalb die Unterstützung und Entlastung <u>aller</u> beteiligten Familienmitglieder zum Ziel haben. Frühere, sehr populäre

Familientheorien, die den Eltern - besonders der Mutter - die Mitschuld an der Entstehung der schizophrenen Störung zusprachen, waren dazu nicht geeignet. Der Abbau von Schuldzuweisungen mit Hilfe einer differenzierten Betrachtung spezifischer Einflüsse und konkrete Ansätze zu deren Bewältigung sind unbedingt erforderlich. Psychoedukative Konzepte, die helfen, konstruktive Kommunikations- und Problemlöseprozesse in Familien mit einem schizophrenen Mitglied aufzubauen und zu unterstützen, haben sich dabei als vielversprechender Beginn etabliert.

Die vorliegende Arbeit soll dazu beitragen, die Art der Beteiligung von Familieninteraktionsprozessen am Verlauf schizophrener Psychosen zu klären, um daraus konkrete Veränderungs- und Bewältigungspotentiale, insbesondere im Hinblick auf Kommunikations- und Problemlösestrukturen in den Familien, abzuleiten.

2 DER BEGRIFF "SCHIZOPHRENIE"

Durch die Darstellung des Schizophreniekonzepts in seiner historischen Entwicklung, der Problematik der Diagnosestellung und der Beschreibung der verschiedenen Symptome und Unterformen der Schizophrenie soll versucht werden, einerseits die Vielschichtigkeit des Begriffs, zum andern aber auch seine konkreten Merkmale, deutlich zu machen.

2.1 Entwicklung des Schizophreniekonzepts

Das, was heute als Schizophrenie bezeichnet wird, wurde erstmals von Kraepelin (1896) als Krankheitseinheit zusammengefaßt und unter der Bezeichnung Dementia praecox beschrieben. Bei diesem Krankheitssyndrom handelte es sich um eine Reihe von psychotischen Symptomen, wie Halluzinationen, Wahnvorstellungen, unangemessene emotionale Reaktionen, stereotypes motorisches Verhalten und Aufmerksamkeitsstörungen. Dementia praecox kennzeichnete eine der beiden Hauptgruppen endogener oder organisch verursachter Psychosen, und zwar in Abgrenzung zum manischdepressiven Kranksein. Der Begriff Dementia wies auf die von Kraepelin angenommene unausweichlich fortschreitende Beeinträchtigung des Verstandes hin, die schließlich in "Verblödung" ende, das Wort praecox auf den Beginn der Erkrankung im Jugendalter.

Anstelle von "Dementia praecox" schlug Bleuler (1911) den Terminus Schizophrenie vor, da er die Auffassung Kraepelins, daß die Krankheit immer progredient zur "Demenz" führe, nicht teilte. Nach seinen Beobachtungen konnte der Krankheitszustand auf einer bestimmten Stufe stehenbleiben oder sich bei manchen Personen auch bessern. Heute weiß man aus den Untersuchungen des Sohnes von Eugen Bleuler, Manfred Bleuler (1972), von Ciompi & Müller (1976) und auch Huber et al. (1979), daß ungefähr ein Viertel schizophrener Erkrankungen vollständig ausheilen.

Eugen Bleuler (1911) beschrieb als "Gruppe der Schizophrenien" das für ihn zentrale Merkmal dieser Störung: eine Spaltung (schisis) der Persönlichkeit, das heißt, daß Prozesse des Denkens und Fühlens, die normalerweise integriert sind, aufgrund einer Lockerung der assoziativen Verknüpfungen auseinanderbrechen.

Beeinflußt von den damals neu aufkommenden psychodynamischen Interpretationen Freuds, sah Bleuler in der Assoziationsstörung - einer Störung des zielgerichteten Denkens - die Grunderkrankung, aus der viele Symptome sekundär, als Reaktion auf die Krankheit, resultieren. Als primäre Symptome nannte Bleuler: Störungen der Assoziationen, Autismus (Rückzug aus der Realität), affektive Störungen (flacher oder unangemessener Affekt) und Ambivalenz (sich widersprechende Impulse, Wünsche und Ideen). Diese als die "4 A" bekannt gewordenen Primärsymptome sind nach Bleuler bei allen schizophrenen Patienten vorhanden, während akzessorische Symptome, wie Halluzinationen, Wahnvorstellungen oder Katatonie, bei den einzelnen Patienten individuell unterschiedlich auftreten.

Als "nosologischen Dogmatismus" lehnte der amerikanische Psychiater Adolf Meyer (1951) die Klassifikationen Kraepelins und Bleulers ab und betonte die individuellen Formen der Schizophrenie in Abhängigkeit von der persönlichen Lebensgeschichte des einzelnen Patienten. Er nahm keine zugrundeliegende (verborgene) Störung an, sondern beschrieb die Symptome als "schizophrene Reaktionen" auf traumatische Ereignisse in der lebensgeschichtlichen Entwicklung, und zwar als das Ergebnis des komplexen Zusammenwirkens zwischen biologischen, sozialen und psychologischen Faktoren in der Vergangenheit des Patienten.

Im Unterschied zur schizophrenen Reaktion ließen sich bei den von Langfeldt (1937) so genannten "schizophreniformen Psychosen" keine vorausgehenden belastenden Situationen als Auslöser für den psychotischen Zusammenbruch erkennen. In dieser "Prozeßschizophrenie" wurde eine schrittweise Beeinträchtigung des Denkens und der Leistungsfähigkeit sowie ein allmählicher Rückzug aus Sozialkontakten beobachtet und - wie von Kraepelin - eine weitere Verschlechterung prognostiziert.

Dieser unterschiedliche Verlauf wurde in den 60er und 70er Jahren nach den Dimensionen "akut" gegenüber "chronisch" unterschieden sowie nach der prämorbiden Anpassung. Personen mit prämorbid guter Anpassung hatten vor der ersten psychotischen Episode normale Sozial- und Sexualkontakte; Personen mit prämorbid schlechter Anpassung lebten bereits lange vor dem Beginn der psychotischen Symptomatik zurückgezogen und hatten keine Sexualkontakte. Der Grad der prämorbiden Anpassung wurde mit der Phillips-Skala (1953) ermittelt. Für Patienten mit prämorbid guter Anpassung ist eine einmalige

Krankheitsepisode mit guter Heilungsprognose wahrscheinlicher als für Patienten mit prämorbid schlechter Anpassung.

Neben den unterschiedlichen Verlaufsformen wird die Schizophrenie nach Symptomkomplexen unterschieden. Kraepelin (1896) hatte drei Untertypen der Dementia praecox beschrieben: Katatonie, Hebephrenie und paranoide Schizophrenie. Einen vierten Typ, die Schizophrenia simplex, fügte Bleuler (1911) hinzu. Auf der Grundlage dieser vier Grundformen werden auch die heutigen Schizophrenie-Syndrome klassifiziert. Als weitere Unterformen der Schizophrenie nannten Kasanin (1933) die schizoaffektive und Hoch & Polatin (1949) die pseudoneurotische Schizophrenie.

Kurt Schneider (1967) beschrieb als Hinweise auf eine Schizophrenie folgende "Symptome ersten Ranges": Wahn und akustische Halluzinationen, Gedankeneingeben, Gedankenausstrahlung und Gedankenentzug sowie Gefühle, Handlungen und Impulse, die von außen "gemacht" werden. Die Diagnose kann jedoch auch nach Symptomen 2. Ranges gestellt werden; das sind diejenigen, die nicht zu den Symptomen 1. Ranges gehören, und zwar Sinnestäuschungen, Ratlosigkeit, depressive und frohe (Ver-)Stimmungen, erlebte Gefühlsverarmung und einfache Wahnideen.

Die unterschiedlichen Klassifizierungsansätze machen die große Variationsbreite der Schizophrenie deutlich. Ein Hauptproblem der Unterscheidung nach Untertypen liegt darin, daß die für diese Klasse angegebenen Merkmale nur selten in reiner Form anzutreffen sind, so daß es zu Mischformen und unzuverlässiger Diagnosestellung kommt.

2.2 Die Diagnose "Schizophrenie"

Aus den Klassifikationen Kraepelins, Bleulers und Kurt Schneiders entwickelten sich hauptsächlich zwei Diagnoseschemata: In den Vereinigten Staaten das "Diagnostic and statistical manual of mental disorders" (DSM-I,II,III) der American Psychiatric Association (APA; 1952, 1968, 1981) und in Europa das "British glossary of mental disorders" (1968), die allerdings beträchtliche Unterschiede aufweisen. Nach DSM-II (1968) umfaßt die Schizophrenie "eine Gruppe von Störungen, die in charakteristischen Beeinträchtigungen des Denkens, der Stimmung und des Verhaltens zum Ausdruck kommen";

diese werden kurz erläutert. Dagegen beschreiben die Definitionen im British Glossary (1968) die Einzelheiten der Symptome ausführlicher und nennen auch Ausschlußkriterien, wie zum Beispiel die "Desorientiertheit".

Ein Vergleich der Diagnosen in New York und Großbritannien (Cooper et al., 1972) zeigte gravierende Unterschiede auf: Nur 50 % der in New York als schizophren diagnostizierten Patienten erhielten auch in Großbritannien diese Diagnose. Die restlichen 50 % fielen unter Affektive Störungen, Neurosen, Persönlichkeitsstörungen und andere (s. Tabelle 2.1). Die breit und wenig präzise formulierten Definitionen des DSM-II von 1968 haben für den hier vorliegenden Zusammenhang deshalb besondere Bedeutung, weil die amerikanische Schizophrenie-Forschung, aus der ein Großteil der hier interessierenden Untersuchungen stammt, auf der Anwendung dieser Diagnose basiert.

Tabelle 2.1: Vergleich der Diagnosen in USA und Großbritannien

	New York		London	
	Hospital Diagnosis	Project Diagnosis	Hospital Diagnosis	Project Diagnosis
Schizophrenia	118	56	59	61
Affective illness	13	62	68	76
Neurosis	5	3	10	7
Personality disorder	2	8	8	5
Other	54	63	29	25
	192	192	174	174

(aus: Cooper et al., 1972)

Das heute übliche DSM-III von 1981 ist mit dem europäischen Schizophrenie-Konzept besser vergleichbar und definiert die Schizophrenie enger: "Die Hauptmerkmale dieser Gruppe von Störungen sind: das Vorkommen bestimmter psychotischer Merkmale während der aktiven Phase der Erkrankung, charakteristische Symptome, die verschiedene psychische Prozesse betreffen, Verschlechterung eines zuvor bestehenden Leistungsniveaus, Beginn vor dem 45. Lebensjahr und eine Dauer von mindestens 6 Monaten. Die Beeinträchtigung ist nicht durch eine Affektive Störung oder durch eine organisch bedingte psychische Störung verursacht. In irgendeiner Phase der Erkrankung treten bei Schizophrenie immer Wahnphänomene, Halluzinationen oder bestimmte formale Denkstörungen auf." In der Anmerkung hierzu heißt es: "Obgleich die Schizophrenie wahrscheinlich eine Gruppe von Störungen verschiedener Ätiologien darstellt, lautet der übliche Begriff meist "Schizophrenie" anstelle der terminologisch eher angemessenen "Schizophrenen Störungen". (S. 191).

In der klinischen Arbeit mit schizophrenen Patienten und ihren Familienangehörigen spricht man von "Psychosen", um negative Konnotationen, die dem Begriff der Schizophrenie in der Bevölkerung anhaften, zu vermeiden. Im folgenden werden die Begriffe "Schizophrenie", "schizophrene Störungen" und "schizophrene Psychosen" als Synonyme verwendet.

2.2.1 Diagnostische Kriterien

Nach der Untersuchung von Cooper et al. (1972), in der die großen Diskrepanzen zwischen britischen und amerikanischen Schizophrenie-Diagnosen bekannt wurden, setzten verstärkte Bemühungen um eine Objektivierung der diagnostischen Kriterien ein. Als Instrument zur Erhebung der Informationen hat sich das strukturierte Interview PSE (Present State Exam) von Wing et al. (1974) durchgesetzt. Zur Bestimmung der Diagnose entwickelten Spitzer et al. (1978) die Research Diagnostic Criteria (RDC), die eine relativ hohe Reliabilität der Diagnose ermöglichen (Interrater-Übereinstimmung: kappa = .84; Einzelheiten der diagnostischen Verfahren und Angaben über deren Zuverlässigkeit und Gültigkeit finden sich bei Neale & Oltmanns, 1980). Sie basieren hauptsächlich auf den Symptomen ersten Ranges von Kurt Schneider (1957, 1971; vgl. Abschnitt 2.1) und stimmen - mit einigen Ausnahmen - mit der Definition von Schizophrenie nach DSM-III überein. Dies sind die in der Forschung zurzeit gebräuchlichsten Diagnosekriterien, und die Ergebnisse von Studien, die unter Verwendung dieser diagnostischen Kriterien gewonnen wurden, lassen sich - unabhängig von der Problematik ihrer Anwendung in der klinischen Praxis - relativ gut miteinander vergleichen.

Die diagnostischen Kriterien zur Schizophrenie nach Spitzer et al. (1978) sind im Anhang (Anhang 1) aufgeführt.

2.2.2 Symptome der Schizophrenie

Schizophrenie ist ein heterogenes Konzept, und die Symptome des schizophrenen Patienten erstrecken sich über mehrere Bereiche: Denken und Sprache, Wahrnehmung, Emotionen, motorisches Verhalten und Sozialkontakte. Im typischen Fall sind nicht alle, sondern nur einige dieser Bereiche betroffen (es wird, je nach vorherrschendem Symptomkomplex, von verschiedenen Unterkategorien der Schizophrenie gesprochen), jedoch sind die Beeinträchtigungen immer mit einer ganzen Reihe von Symptomen verbunden.

In der International Pilot Study of Schizophrenia (IPSS) der WHO wurden von Sartorius, Shapiro & Jablonsky (1974) an 1202 Patienten 13 Symptome ermittelt, die bei mehr als 50 % der als schizophren diagnostizierten Patienten vorhanden sind (Tabelle 2.2, IPSS, 1974; übersetzt von der Autorin).

Tabelle 2.2: Relative Häufigkeiten von Symptomen, die bei mindestens 50 % schizophrener Patienten vorhanden sind (IPSS, 1974)

Symptom	% schizophrener Patienten
Mangel an Einsicht	97
Akustische Halluzinationen	74
Verbale Halluzinationen (Rede und Gegenrede)	70
Beziehungsideen	70
Beziehungswahn	70
Mißtrauen	66
Affektive Verflachung	66
Stimmen mit direkter Anrede an den Patienten	65
Wahnstimmung	64
Verfolgungswahn	64
Mangelnde Krankheitseinsicht	64
Gedankenentzug, "gemachte" Gedanken	52
Gedankenlautwerden	50

Carpenter, Strauss & Bartko (1974) bestimmten 12 Symptome, die am besten geeignet sind, die Schizophrenie differentialdiagnostisch gegenüber nicht-schizophrenen Störungen abzugrenzen.

Im einzelnen lassen sich folgende charakteristische Symptome beschreiben:

Denkstörungen und Besonderheiten der Sprache

- Inhaltliche Denkstörungen

Inhaltlich drückt sich der in der IPSS-Studie bei 97 % der Patienten festgestellte "Mangel an Einsicht" in Vorstellungen und Interpretationen der Realität aus, mit denen der Rest der Gesellschaft nicht übereinstimmt; der Patient selbst hält seine Überzeugungen oder sein Verhalten jedoch nicht für ungewöhnlich. Diese wahnhaften Überzeugungen treten in unterschiedlichen Formen auf:
Wahnvorstellungen: Eine normale Wahrnehmung gewinnt aus irgendeinem Grund eine besondere Bedeutung für den Patienten, und es entwickelt sich ein häufig bis in Einzelheiten ausgearbeitetes Wahnsystem.
Einige typische Wahnvorstellungen sind:
- Der Glaube, eine fremde Person oder Macht kontrolliere die Gedanken und Handlungen des Patienten; er sei ein unmündiger Mensch ohne freien Willen und eine andere Person habe sich seines Verstandes oder Körpers bemächtigt.
- Der Glaube, jemand wolle ihm Schaden zufügen oder ihn töten ohne besonderen Grund; der Glaube, er würde verfolgt.
- Der Glaube, Dinge, die er sieht oder worüber er liest, seien eine spezielle Botschaft an ihn.
- Der Glaube, er sei eine besonders auserwählte Person mit ganz besonderen Fähigkeiten; dabei spielen oft religiöse Inhalte eine Rolle.

Gedankeneingeben: Gedanken, die nicht die des Patienten selbst sind, werden in seinen Kopf eingegeben. Sie kommen scheinbar von anderen Menschen über Telepathie oder Radiowellen, Laser-Strahl etc.
Gedankenausstrahlung: Es besteht der Eindruck, die Gedanken des Patienten würden aus seinem Kopf gesendet, so daß jeder weiß, was er denkt und keiner seiner Gedanken privat bleibt.

Gedankenentzug: Gedanken verschwinden aus dem Kopf des Patienten, als ob sie von jemandem herausgenommen würden. Sein Verstand ist völlig leer, und er ist unfähig, über etwas nachzudenken.
"Gemachte" Gefühle, Handlungen oder Impulse: Manche Patienten glauben, ihre Gefühle, Handlungen oder Impulse seien von irgendeiner äußeren Kraft gemacht und werden ihnen eingegeben.

- Formale Denk- und Sprachstörungen

Inkohärenz und Zerfahrenheit: Nach E. Bleulers Theorie der Assoziationsstörung (1911) werden die Gedanken des schizophrenen Patienten von eindringenden Assoziationen beeinflußt, die verhindern, daß sich der Gedankengang folgerichtig auf ein Ziel zubewegt. Denken und Sprachäußerungen "entgleisen" und wirken unzusammenhängend und zerfahren. Der Patient hat Schwierigkeiten, bei einem Gesprächsgegenstand zu bleiben und seine Äußerungen auf den Gesprächspartner und die Situation abzustimmen; sein Denken folgt einer für ihn eigenen Logik, und er kann in der Gesprächssituation die Perspektive des Kommunikationspartners nicht einnehmen. Entsprechend schwierig ist es für den Gesprächspartner, die Bedeutung seiner Äußerungen zu verstehen; sie erscheinen vage und unbestimmt.
Sprachanomalien: Manche Patienten verwenden selbst erfundene Wörter, sogenannte Neologismen. Beim Versuch, die Kommunikation aufrechtzuerhalten, verwenden einige Patienten eine seltsam gestelzte und manirierte Sprache.
Mutismus: Einige verstummen für Stunden oder Tage vollkommen oder geben nur eine knappe Antwort.

Wahrnehmungsstörungen

Etwa zwei Drittel der Patienten berichten über akustische Halluzinationen; seltener (bei etwa 15 % der Patienten) sind optische, olfaktorische oder gustatorische Halluzinationen (Sartorius et al., 1974). Bei den akustischen Halluzinationen sind es häufig die Stimmen von Gott oder dem Teufel, manchmal auch von Nachbarn oder Verwandten, die dem Patienten etwas befehlen oder sein Verhalten und das, was um ihn herum geschieht, kommentieren; oft sind es zwei oder mehrere Stimmen, die über den Patienten reden. Die Gedanken des Patienten werden scheinbar laut ausgesprochen. Akustische Halluzinationen können die Aufmerksamkeit des Patienten so stark auf sich ziehen, daß er seine Umwelt vergißt und nicht beachtet; sie können sein Verhalten beeinflussen und bestimmen.

Affektive Störungen

Veränderungen des Affekts schizophrener Patienten können in einer verminderten Intensität der Gefühle bestehen; die Patienten erleben ihre Gefühle als flach und abgestumpft (66 % der IPSS-Schizophrenie-Patienten). Diese Apathie gilt sowohl für Gefühle der Freude als auch des Ärgers oder der Traurigkeit. Bei manchen Patienten erscheint der Affekt unangemessen. Ihre emotionalen Reaktionen stehen in keinem Zusammenhang zu den Ereignissen. Die Gefühle scheinen für den Patienten unkontrollierbar zu werden, so daß er vielleicht lacht oder weint, auch wenn er gar nicht fröhlich oder traurig ist. Eine Veränderung, die oft bereits in der Vorphase der Erkrankung berichtet wird, bezieht sich auf die besondere Empfindlichkeit oder auch Überempfindlichkeit der Patienten. Vor der akuten Erkrankung und in ihrer Anfangsphase sind viele Patienten besonders empfindsam und durch relativ geringfügige Anlässe, wie eine milde Kritik oder eine leichte Zurückweisung, schnell verletzt. Die affektiven Reaktionen des schizophrenen Patienten können auch ambivalent sein, das heißt, positive und negative Emotionen werden gleichzeitig hervorgerufen.

Motorische Störungen

Ähnlich wie die affektiven Störungen drücken sich Störungen der Motorik sowohl quantitativ als auch qualitativ aus: Quantitativ ist eine Reduktion der allgemeinen Energie, Spontaneität und Initiative (bis hin zur völligen Bewegungslosigkeit - dem Stupor - beim katatonen Typ der Schizophrenie) zu beobachten oder auch eine Zunahme der motorischen Aktivität. Qualitativ verändert sind exzentrisch wirkende, schlecht koordinierte oder situationsunangemessene Bewegungsabläufe. Manche Schizophrene wirken in ihren Bewegungen steif und eckig oder auch manieriert, und der Verlust der Natürlichkeit im Bewegungsablauf kann besonders bei Jugendlichen ein erstes Zeichen beginnender Schizophrenie sein. Insgesamt sind motorische Störungen relativ selten; bei den IPSS-Schizophrenie-Patienten waren es 5 %.

Sozialer Rückzug

Schwierigkeiten im sozialen Umgang treten bei fast allen schizophrenen Patienten auf. Der Kontakt zu anderen Menschen wird vermieden oder er wird schwieriger, so daß der Patient sich mehr und mehr zurückzieht und isoliert lebt. Einer regelmäßigen Arbeit nachzugehen, mit Mitarbeitern und Vorgesetzten umzugehen und geforderte Aufgaben zu erfüllen, wird problematisch. Bisher ist nicht entschieden, ob die mangelnde Fähigkeit des Patienten, tragfähige Kontakte zu seinen Mitmenschen herzustellen, in der Krankheit selbst begründet liegt, oder eine Reaktion auf die bereits vorhandenen Defizite und einen Versuch zu deren Bewältigung bedeutet.

Probleme der persönlichen Versorgung

Für einige Patienten bedeuten die persönliche Pflege und Sauberkeit ein Problem. Manchmal treten auch Veränderungen des Schlafs und der Eßgewohnheiten auf.

Merkwürdiges Verhalten

Hierzu kann zählen, daß der Patient ungewöhnliche Haltungen einnimmt oder seltsame Gewohnheiten oder Verhaltensmuster zeigt.

2.2.3 Unterformen der Schizophrenie

Syndrome

Nach den RDC-Kriterien werden 5 Unterformen der Schizophrenie entsprechend der vorherrschenden Symptomatik bestimmt:

1. Paranoide Form
2. Hebephrene ("disorganized") Form
3. Katatone Form
4. Undifferenzierte Form
5. Residualzustand

Die Beschreibung der besonderen Merkmale dieser nach ihrer Phänomenologie unterschiedenen Unterformen befindet sich im Anhang (Anhang 2).

Schizoaffektive Psychosen

Der schizoaffektive Typ der Schizophrenie ist durch ausgeprägte Affektstörungen gekennzeichnet. Die Patienten können depressiv, gehemmt und suizidal sein (depressive Form) oder euphorisch, antriebsgesteigert und überaktiv (manische Form). Gleichzeitig sind Symptome der Schizophrenie vorhanden, wie schizophrene Denkstörungen oder Verfolgungswahn. Die RDC-Kriterien unterscheiden zwischen einer "hauptsächlich affektiven" und einer "hauptsächlich schizophrenen" Psychose, wobei der zeitliche Verlauf und das gemeinsame Auftreten der unterschiedlichen Symptome entscheidend sind.

Verlaufsformen

Eine weitere Unterscheidung wird nach dem bisherigen Verlauf der schizophrenen Erkrankung getroffen: Eine Akute Schizophrenie unterscheidet sich deutlich von einer Chronischen Schizophrenie, wobei die Zwischenkategorien "subakut" und "subchronisch" weniger eindeutige Unterformen bilden. Die Unterscheidungskriterien sind im Anhang (Anhang 3) enthalten.

Einen Überblick über die historische Entwicklung des Schizophreniekonzepts und die Bedeutung des Schizophrenie-Begriffs aus jüngerer und heutiger Sicht geben beispielsweise Neale & Oltmanns (1980) oder Schied et al. (im Druck).

3 DIE BEDEUTUNG DER FAMILIE FÜR DIE ENTSTEHUNG SCHIZOPHRENER PSYCHOSEN (MONOKAUSALE ANSÄTZE)

Die familiäre Umgebung wird seit langem als ursächlich für die Entstehung einer Schizophrenie - oder zumindest als ursächlich daran beteiligt - angesehen. Hier sollen zunächst die Theorien über die Entstehung der Schizophrenie aufgrund von familiären Einflüssen dargestellt werden; im zweiten Teil dieses Abschnitts werden dann die empirischen Belege zu den theoretischen Annahmen gesammelt und referiert, die - vorweggenommen - nicht ausreichen, die Entstehung einer Schizophrenie aus familiären Umgebungsbedingungen zu begründen, so daß die theoretischen Annahmen entsprechend relativiert werden müssen (Abschnitt 5).

Bei der Zusammenstellung der theoretischen Ansätze und der empirischen Arbeiten handelt es sich um eine Literaturauswahl; eine vollständige Literaturübersicht über "Schizophrenie und Familie" würde über den Rahmen dieser Arbeit weit hinausgehen. Die Auswahl wurde von dem Gesichtspunkt geleitet, die Verbindung von Modellvorstellungen, in die der empirische Teil dieser Arbeit einzuordnen ist (Expressed-Emotion-Konzept), zu langfristigen theoretischen Entwicklungen herzustellen und den derzeitigen Forschungsstand gegenüber Fehlentwicklungen der Theorienbildung abzugrenzen.

3.1 Theorien zur Familienätiologie der Schizophrenie

Die psychologische Ursachenforschung im Bereich schizophrener Störungen wurde und wird von mehreren Disziplinen bestimmt, die sich in ihren theoretischen Grundannahmen, ihrem methodischen Vorgehen und ihren Zielen unterscheiden: Die Klinische Psychologie, geprägt von psychoanalytischen Konzepten, untersuchte familiäre Einflüsse im Hinblick auf Möglichkeiten ihrer Veränderung; dabei waren Familienforschung und Familientherapie eng miteinander verknüpft (zum Beispiel Bowen, 1960). Die Sozialpsychologie betrachtete die Familie als Kleingruppe und versuchte, mit Hilfe von Konstrukten, wie zum Beispiel "Rolle" oder "Macht", Gruppenprozesse zu verstehen und zu erklären (Parsons & Bales, 1955). Eine Verbindung beider Disziplinen in der Schizophrenieforschung fand in den 50er und 60er Jahren statt, als Symptomveränderungen mit Hilfe veränderter Rollenstrukturen in der Familie erreicht wurden (Lidz et al., 1965; Bowen, 1960; Wynne et al., 1958).

Gleichzeitig entwickelte sich aus dem Bereich der Informationstheorie und Kybernetik die Kommunikationstheorie und -therapie (Bateson et al., 1956). Strukturelle Gesetzmäßigkeiten von Systemen, wie zum Beispiel der Informationsübermittlung und -verarbeitung, wurden auf das System Familie übertragen und Interventionsstrategien daraus abgeleitet. Schließlich trug die Experimentalpsychologie dazu bei, die von den Nachbardisziplinen vorgeschlagenen Konzepte auf Wahrnehmungs-, Lern- und kognitive Prozesse hin zu analysieren und methodisch zu fundieren.

Im einzelnen geht die heutige Familieninteraktionsforschung im Bereich der Schizophrenie auf folgende Autoren und Konzepte zurück:

3.1.1 Tiefenpsychologie

In der psychoanalytischen Literatur betonte Freud die Bedeutung der frühen Erfahrungen des Kindes innerhalb der Familie als Grundlage für spätere Fehlentwicklungen. Dabei galten als Erfahrungen neben den realen Interaktionen in der Familie auch die in der Fantasie des Kindes bestehenden Repräsentanzen der Familie; als entscheidend wurde die innerpsychische Konfliktverarbeitung des Kindes angesehen. Psychosen führte Freud auf eine "Ichspaltung" zurück, bei der zwei gegensätzliche psychische Einstellungen gegenüber der Realität nebeneinander existieren: "... die eine, die der Realität Rechnung trägt, die normale, und eine andere, die unter Triebeinfluß das Ich von der Realität ablöst." (Freud, 1938).

10 Jahre später wurde von Frieda Fromm-Reichmann der Begriff der "schizophrenogenen Mutter" (1948) geprägt. Sie ging damit über die auf die inneren Triebkräfte gerichtete Psychologie Freuds hinaus und analysierte Mutter-Kind-Dyaden, wobei sich ihr Interesse nicht nur auf die pathologische Verarbeitung des Kindes, sondern auf den Beziehungsanteil der Mutter richtete. Als "schizophrenogen" wurde eine Mutter bezeichnet, die sich zwar intensiv mit ihrem Kind beschäftigt, dabei aber kritisch, emotional kühl und den Bedürfnissen des Kindes unzugänglich bleibt; eine Mutter, die "nicht in der Lage ist, zwischen ihrem Selbst und dem ihres Kindes eine klare Grenze zu ziehen und zwischen ihren eigenen Bedürfnissen und Gefühlen und denen des Kindes zu unterscheiden. Diese Mütter verhindern, daß es zu einer integrierten Persönlichkeitsentwicklung des Kindes kommt. Mütter, die außerordentlich tief in das Leben ihres Kindes eindringen und eingreifen,

sich seinen Bedürfnissen und Gefühlen als Individuum verschließen, es überfürsorglich behüten, ununterbrochen kontrollieren und überwachen, verhindern seine eigenständige und integrierte Identitätsentwicklung. Solche Mütter fühlen sich als Frau unerfüllt und unvollständig und geben ihrem Kind zu verstehen, daß ihr Leben ohne es sinnlos wäre. Dementsprechend erwächst im Kind das Gefühl, es sei seine Pflicht, Lebensinhalt der Mutter zu sein. Sich von ihr zu trennen, hieße, sie zu töten, aber ebenso, selbst zugrunde zu gehen. Der frühkindliche Glaube an die eigene Allmacht setzt sich so bis in die Jahre der Adoleszenz fort. Beim Versuch, sich zu lösen, kommt es zur psychotischen Dekompensation." (Simon u. Stierlin, 1984, S. 305).

In der Nachfolge Freuds beschäftigten sich Psychoanalytiker verstärkt mit den von Freud als Ich-Funktionen bezeichneten Prozessen (Glover, 1939; Hartmann, 1939 - 1958, 1964; Horney, 1942; A. Freud, 1946; Erikson, 1950.) Einen ausführlichen Überblick über ichpsychologische Theorieansätze geben G.u.R. Blanck, 1974, 1979. Unter den Ich-Analytikern hat vor allem Sullivan (1953) den sozialen Bezug des einzelnen zu seiner familiären Umwelt betont und psychische Störungen auf die Art der frühen zwischenmenschlichen Beziehungen des Kindes zurückgeführt. Schizophrenie wird als Folge zu schwach ausgebildeter "Ich-Grenzen" (Federn, 1956) verstanden, die unter Belastung zusammenbrechen; wie es zu Defiziten der Ich-Entwicklung kommt, wird in Abhängigkeit von den sehr frühen Mutter-Kind-Interaktionen beschrieben.

Parallel zu den Ich-Analytikern in den Vereinigten Staaten entwickelte sich der psychoanalytische Ansatz in Großbritannien ebenfalls in die Richtung einer stärkeren Berücksichtigung interpersoneller Einflüsse auf die Persönlichkeitsentwicklung. "Objektbeziehungen" (Klein, 1952) wurden zum zentralen Begriff der theoretischen Konzepte; danach werden die für die Schizophrenie charakteristischen psychischen Mechanismen der Ich-Spaltung und Projektion dann wirksam, wenn eine realitätsgerechte Wahrnehmung der Bezugspersonen und der eigenen Person dadurch verhindert wird, daß positive Vorstellungen und Erwartungen vom anderen (verinnerlichte Objekte; Objektrepräsentanzen) in der frühen Mutter-Kind-Beziehung nicht gebildet wurden (Fairbairn, 1952; Guntrip, 1973; Kernberg, 1975).

3.1.2 Die Familie als Kleingruppe und Einheit

Nach dem Zweiten Weltkrieg wuchs das Interesse an Gruppenprozessen. Die große Anzahl von Menschen, die unter den psychischen Belastungen des Krieges litt, mußte anstelle von Einzeltherapie in Gruppen behandelt werden; gleichzeitig gewannen unter den Auswirkungen des Krieges die sozialen Bedingungen, unter denen ein Mensch lebt, an Bedeutung. Vor diesem Hintergrund entwickelten sich erste Ansätze zur Behandlung schizophrener Patienten in Gruppen (Jones, 1953) und unabhängig davon soziologische Theorien über gruppendynamische Prozesse (z.B. Cartwright & Zander, 1968) und über die Rolle des einzelnen als Teil einer Gruppe (Bales, 1950; Parsons & Bales, 1955). Für die Untersuchung von familiären Einflüssen auf die Entstehung einer Schizophrenie bedeutete dies die Einbeziehung der Gesamtfamilie in die Analyse familieninterner Strukturen, das heißt der Werte, Normen und Rollen, die innerhalb einer Familie und der Familienmitglieder untereinander bestehen.

Spaltung und Strukturverschiebung in der Ehe (Lidz et al., 1957)

Lidz und seine Mitarbeiter (1957) sahen - ausgehend von den in Familien schizophrener Patienten besonders häufig beobachteten gescheiterten Ehen (Lidz & Lidz, 1949) - in einer gestörten Ehebeziehung der Eltern die Grundlage für Identifikationskonflikte des Kindes, auf die das Kind als Heranwachsender mit schizophrener Symptomatik reagiert. Mit psychoanalytischen Tests und Interviews untersuchten sie 14 Familien von schizophrenen Patienten und fanden, daß die Ehebeziehungen dieser Eltern deutlich von Ehebeziehungen abweichen, die nach den Kritrien bestimmter Normen und Rollenübernahmen als normal gelten. Nach Parsons & Bales (1955) läßt sich die Rolle des Vaters in der Familie als "adaptiv-instrumental" und die der Mutter als "integrativ-expressiv" kennzeichnen, wobei sich die Rolle des einzelnen auf die an ihn gerichteten Erwartungen der anderen Beteiligen gründet. In einer harmonischen Ehe besteht eine ausgewogene Rollenverteilung und ein Gleichgewicht in der gegenseitigen Unterstützung und Bedürfnisbefriedigung. Im Gegensatz dazu beschreiben Lidz et al. (1957) die elterlichen Ehebeziehungen in den untersuchten 14 Familien als gestört, und zwar 8 von ihnen als Ehespaltung ("marital schism") und 6 als Strukturverschiebung ("marital skew").

Das Muster der Ehespaltung ist durch offene Konflikte und ständigen Streit zwischen den Partnern gekennzeichnet. Jeder versucht, eigene Bedürfnisse unter Mißachtung der Bedürfnisse des anderen durchzusetzen und den anderen zur Anpassung zu zwingen, was mit Widerstand beantwortet wird. Es wird mit Trennung gedroht, doch beide sind unfähig, sich voneinander zu lösen. Die Eltern versuchen, sich vor den Kindern gegenseitig abzuwerten und damit das Kind als Verbündeten zu gewinnen. In Ehen, in denen Strukturverschiebung besteht, werden offene Feindseligkeiten vermieden. Während sich einer von beiden - in den beschriebenen Fällen die dominante Mutter - exzentrisch und auffällig verhält, wird dieses Verhalten durch Passivität und Schwäche des Vaters gefördert. Nicht nur das auffällige Verhalten der Mutter, sondern auch die passive, seiner männlichen Rolle widersprechende Haltung des Vaters, werden als pathologisch bezeichnet. "Gespaltene" Ehen wurden überwiegend bei den Eltern weiblicher, "strukturverschobene" Ehen bei den Eltern männlicher schizophrener Patienten gefunden. Beiden Versionen ist gemeinsam, daß sowohl die Identifizierung der Tochter mit der Mutter als auch die des Sohnes mit dem Vater dadurch beeinträchtigt wird, daß die Vorbilder stark mit den Aspekten der Abwertung und Schwäche behaftet sind. Durch die starke Einbindung der Kinder in die eigenen Bedürfnisse und Abhängigkeiten der Eltern wird dem Kind in der Familie eine unrealistische Sichtweise vermittelt. "Transmission of irrationality" nennen Lidz et al. (1957) diesen Prozeß.

Die "undifferenzierte Familien-Ich-Masse" (Bowen, 1960)

Während bei Lidz et al. (1957) problematische Rollenstrukturen der Eltern den Identifikations- und Individuationsprozeß des Kindes beeinträchtigten, betonte Bowen (1960) die Bedeutung der emotionalen Entwicklung innerhalb der Familie. Als einer der Begründer psychoanalytischer Familientherapie ging er von der Hypothese aus, daß sich in der Schizophrenie ein Prozeß manifestiert, der die gesamte Familie umfaßt und daß die Psychose beim Patienten Symptom eines größeren Familienproblems ist. Der Begriff der "Familieneinheit" bzw. der "Familie als Einzelorganismus" waren für seine Auffassung von Schizophrenie entscheidend.

Er nahm die Angehörigen von 14 jungen schizophrenen Patienten mit in die Klinik auf, wo sie in ihrem Zusammenleben beobachtet und in gemeinsamen

Sitzungen psychotherapeutisch behandelt wurden. Dabei stellte er fest, daß sich Familien, die ständig mit einem psychotischen Mitglied leben, im Zustand eines intensiven Konflikts und eines emotionalen Aufruhrs befinden; eines emotionalen Aufruhrs der gesamten Familie, dem sich auch der Therapeut oder das Klinikpersonal kaum entziehen konnten. Dieses Phänomen führte zu dem Begriff der "undifferenzierten Familien-Ich-Masse" ("undifferentiated family ego mass"). Darunter sind Familien zu verstehen, die eine emotionale Einheit bilden, das heißt die Gefühle eines Familienmitglieds gehen scheinbar kollektiv auf die anderen Familienmitglieder über und werden von diesen geteilt.

Die elterlichen Ehen in den untersuchten Familien waren durch große emotionale Distanz gekennzeichnet, die zum Teil von äußerer Harmonie überdeckt war. Wie es zu dieser emotionalen Trennung ("emotional divorce") kommt, beschreibt Bowen (1960) als einen Prozeß über mehrere Generationen hinweg und auf der Grundlage des psychoanalytischen Konzepts der Selbst-Objekt-Differenzierung (z.B. Spitz, 1954; Mahler, 1968). Danach muß jeder heranwachsende Mensch ein differenziertes und von allen anderen Personen unabhängiges und getrenntes Selbst entwickeln. Es werden Vorstellungen von der eigenen Person und von anderen gebildet, die in einer fortschreitenden Subjekt-Objekt-Differenzierung zur Individuation und zu einem differenzierten Selbst führen (vgl. Simon & Stierlin, 1984). Menschen, die ein differenziertes Selbst erreicht haben, sind in der Lage, Familienangehörigen oder anderen emotionale Nähe entgegenzubringen, ohne in einer emotionalen Einheit mit dem anderen zu verschmelzen. Ist nun bei einem Kind von Großeltern, die als reif und differenziert gelten, die Selbst-Objekt-Differenzierung gestört, so wird diese Tochter oder dieser Sohn einen Partner mit ebenfalls gering differenziertem Selbst wählen. In der Verbindung dieser beiden Partner kommt es aus Angst vor drohender emotionaler Verschmelzung zur emotionalen Trennung und anstelle von emotional unabhängigen und getrennten Individuen zur "undifferenzierten Familien-Ich-Masse", in deren Sog ein Kind dieser Eltern unweigerlich gezogen wird, was später - stärker systemisch orientiert - von Bowen (1978) als Dreiecksbildung ("Triangulation") beschrieben wird. Die Chancen des Kindes zur Entwicklung eines emotional unabhängigen Selbst sind sehr gering geworden. Selbstisolation und das Abbrechen aller emotionalen Beziehungen und Kontakte - charakteristische Symptome der Schizophrenie - scheinen die einzige kompensatorische Lösung zu sein.

"Pseudo-Gegenseitigkeit" und "Gummizaun" (Wynne et al.,1958, 1969)

Wie Bowen (1960) beschreiben auch Wynne et al. (1958,1969) Beziehungsstrukturen in Familien Schizophrener, die auf dem psychoanalytischen Konzept einer gestörten Selbst-Objekt-Differenzierung beruhen: Die aus der Selbst-Objekt-Differenzierung entstehenden Vorstellungen und Konzepte der einzelnen Familienmitglieder sind mangelhaft ausgebildet, und jede Abweichung oder Veränderung einer einmal bestehenden Sichtweise erscheint als so bedrohlich, daß sie aus der Wahrnehmung ausgeblendet oder verzerrt wahrgenommen wird. "Gesunde Familien" sind für zeitliche und situationsbedingte Veränderungen offen, denen die in der Familie geltenden Rollen und Normen in einem von Spontaneität und Vitalität gekennzeichneten Wachstumsprozeß angepaßt werden. Dagegen bestehen in den Familien Schizophrener starre Normen und stereotype Rollen, um deren Aufrechterhaltung jedes Familienmitglied bemüht ist. Unter diesen stereotypen Rollenzuweisungen sind nur zwei Beziehungsstile möglich, und zwar entweder die Pseudo-Gemeinschaft ("pseudo mutuality") oder die Pseudo-Feindschaft ("pseudo hostility") (Wynne et al., 1958). In der Pseudo-Gemeinschaft werden innerhalb der Familie nur liebevolle, harmonisierende und freundschaftliche Gefühle und Verhaltensweisen gezeigt und wahrgenommen; in der Pseudo-Feindschaft dagegen werden ständig haßvolle, feindselige Gefühle und Verhaltensweisen gezeigt und wahrgenommen (vgl. Simon & Stierlin, 1984). Auch wenn sich diese beiden Beziehungsstile gegensätzlich äußern - liebevoll versus feindselig -, so ist ihnen die undifferenzierte, stereotype Wahrnehmung gemeinsam, aus der alle Informationen ausgeblendet werden, die der festgefügten Rollenstruktur widersprechen. Dies gilt nicht nur für die Wahrnehmung von Informationen innerhalb der Familie, sondern auch gegenüber der Außenwelt. Eine klare Abgrenzung zwischen Familie und Außenwelt besteht nicht; es werden nur solche Erfahrungen mit der Außenwelt in die Familie aufgenommen, die die bestehende Sichtweise bestätigen, während gegensätzliche Erfahrungen als nicht existent betrachtet und behandelt werden. "Diese beständige, aber elastische Grenze haben wir den Gummizaun genannt. Diese Metapher soll all das umfassen, was die familiäre Pseudo-Gemeinschaft und die verstärkenden gemeinsamen Familienmechanismen bei der Schaffung einer Situation bewirken, in der jemand fühlt, daß er seinen eigenen Wahrnehmungen nicht vertrauen kann, und aus der es anscheinend keinen Ausweg gibt." (Wynne et al., 1969, S. 58, Original: 1958). Wynne et al. (1958) betonen, daß sie den schizophrenen

Patienten nicht als passives Opfer dieser Familienstruktur ansehen, sondern als eine aktiv an der Aufrechterhaltung dieser Struktur beteiligte Person.

3.1.3 Gestörte Kommunikation in der Familie

Parallel zu den geschilderten Theorieansätzen, die von psychoanalytisch orientierten Psychiatern aufgrund von Beobachtungen in psychiatrischen Kliniken entwickelt wurden, wurde das Problem der Schizophrenie von kommunikations- und systemtheoretischer Warte aus behandelt. Die Art, wie Familienmitglieder miteinander interagieren und kommunizieren (zur Problematik der Definition dieser Begriffe wird auf Abschnitt 3.2 verwiesen), rückte in den Mittelpunkt des Interesses und wurde ersten systematischen Beobachtungen unterzogen. Schizophrenie wurde von dieser Warte aus als das Ergebnis einer gestörten Kommunikation in der Familie des schizophrenen Patienten angesehen.

Das Double-Bind-Konzept (Bateson, Jackson, Haley & Weakland, 1956)

Bateson und seine Mitarbeiter untersuchten die formalen Kommunikationsstrukturen in Familien mit einem schizophrenen Mitglied und machten Unterschiede deutlich zwischen dem Inhalt einer Botschaft, also was kommuniziert wird, und der Art, wie kommuniziert wird. Als "Double Bind" beschrieben sie 1956 eine "spezifische Kommunikations- und Beziehungssituation, die auf einen bzw. alle Beteiligten eine unausweichlich paradoxe Wirkung hat" (Simon & Stierlin, 1984, S.66).

Die Grundlage für die Kommunikationsanalyse der Bateson-Gruppe bildet die "Theorie der logischen Typen" (Whitehead & Russell, 1940); danach muß zwischen einer Klasse und ihren Gliedern unterschieden werden, die einem jeweils unterschiedlichen logischen Typus angehören. Analog dazu enthalten die zwischenmenschlichen Interaktionen Botschaften auf mindestens zwei Ebenen, von denen eine - die Meta-Kommunikation - einen höheren Abstraktionsgrad besitzt und einem unterschiedlichen logischen Typus zuzuordnen ist. Die Meta-Ebene markiert den Kontext, d.h. sie bildet den Bezugsrahmen für die Botschaft und gibt an, wie diese zu verstehen ist. So werden verbale Äußerungen auf der Meta-Ebene von Signalen der Körperhaltung, der Gestik, des Gesichtsausdrucks sowie des Zusammenhangs, in dem die Interaktion stattfindet, begleitet und in ihrer Bedeutung kommentiert. Da für die verschiedenen Kommunikationsebenen unterschiedliche Begriffe verwendet werden, sind sie im allgemeinen als verschiedene Ebenen und damit als verschiedene logische Typen erkennbar. Zum Beispiel werden das Verhalten in einer Spiel-Situation oder die Verwendung einer Metapher in der Poesie oder ein Scherz ihrem unterschiedlichen Bezugsrahmen zugeordnet und dementsprechend in ihrer Bedeutung verstanden. Werden jedoch die Kommunikationsebenen nicht richtig unterschieden und ihre Signale als gleichwertig angesehen, obwohl sie verschiedenen logischen Typen angehören, so fehlt die Kontextmarkierung, das heißt der Bezugsrahmen, der den Interaktionspartnern angibt, wie das gezeigte Verhalten zu verstehen ist. Aussagen, die Botschaften beider Kommunikationsmodi enthalten, die sich gegenseitig widersprechen, führen dann zu der Paradoxie, daß der eine Teil der Aussage nur gültig sein kann, wenn der andere Teil nicht gilt und umgekehrt, so daß die Bedeutung der Gesamtaussage nicht mehr verstanden werden kann.

Simon & Stierlin (1984) fassen die Elemente einer Double-Bind-Situation (Bateson et al., 1956) wie folgt zusammen: "Zwei oder mehrere Personen stehen zueinander in einer engen und lebenswichtigen Beziehung (lebenswichtig hier im physischen oder psychischen Sinne). In diesem Beziehungskontext kommt es zu einer Mitteilung, die sich aus mehreren Bestandteilen zusammensetzt. Diese Bestandteile schließen sich jedoch gegenseitig aus: Es läßt sich nicht entscheiden, welcher Teil der Gesamtaussage richtig oder falsch, gültig oder ungültig ist. Ferner ist es unmöglich, dieser Situation dadurch zu entkommen, daß man das Feld räumt oder darüber kommuniziert (...). Derartige Situationen konstellieren sich im allgemeinen zwischen Eltern und Kindern oder in Abhängigkeitsbeziehungen materieller oder ideeller Art, die durch starke Loyalität oder faktisches Ausgeliefertsein, etwa an einen Experten (im Krankheitsfalle beispielsweise an einen Arzt) gekennzeichnet sind. Kommt es in einem derartigen Interaktionszusammenhang zu sich widersprechenden Aussagen oder Aufforderungen zum Handeln, so entsteht für den Betroffenen eine Zwickmühle oder Beziehungsfalle. Die sich gegenseitig kommentierenden und entwertenden Aussagen werden zumeist gleichzeitig auf verbaler und nonverbaler Ebene gegeben. Ihr Empfänger wird notgedrungen verwirrt, da seine Wahrnehmungen nicht miteinander vereinbar sind. Aus der Falle läßt sich nur entkommen, vollzieht man einen weiteren Abstraktionsschritt, indem man über die Situation redet, das heißt metakommuniziert. Erst wenn auch dies verboten oder unmöglich gemacht wird, läßt sich im strengen Sinne von einer Doppelbindungs-Situation sprechen. Eine paradoxe Mitteilung als solche bedeutet somit noch keine Doppelbindung." (S. 66) Die Form des Double-Bind beschreiben Bateson und seine Mitarbeiter (1956) als charakteristisch für die Kommunikation in Familien mit einem schizophrenen Mitglied. Mit dieser Form der Kommunikation wird einerseits die ungewöhnliche Sprache des schizophrenen Patienten umschrieben bzw. erklärt: In seinen Äußerungen ist der Unterschied zwischen den Kommunikationsebenen verwischt oder aufgehoben, die Markierung der Bedeutung einer Botschaft durch ihren Bezugsrahmen fehlt, und die Äußerung wird unverständlich. Zum anderen wird mit der Double-Bind-Hypothese die Entstehung der Schizophrenie auf diese Form der Kommunikation zurückgeführt, und zwar auf eine Reihe von sich wiederholenden Double-Bind-Situationen in der Mutter-Kind-Interaktion, die Bateson et al. (1956) folgendermaßen beschreiben: "Nach unserer Hypothese weist die Familiensituation des Schizophrenen folgende allgemeinen Merkmale auf:

1. Ein Kind, dessen Mutter Angst bekommt und sich zurückzieht, sobald es auf sie reagiert wie auf eine liebende Mutter. Das heißt, die bloße Existenz des Kindes hat für die Mutter eine spezielle Bedeutung, die in ihr Angst und Feindseligkeit erregt, sobald die Gefahr besteht, daß sie mit dem Kind in innigen Kontakt gerät.
2. Eine Mutter, die ihr Gefühl der Angst und Feindseligkeit gegenüber dem Kind nicht akzeptieren kann und es deshalb verleugnet, indem sie ein liebevolles Verhalten an den Tag legt, um das Kind zu veranlassen, in ihr die liebevolle Mutter zu sehen, und um sich zurückzuziehen, wenn das Kind das nicht tut. (...)
3. Das Fehlen von jemand in der Familie, zum Beispiel eines starken und einsichtigen Vaters, der sich in die Beziehung zwischen Mutter und Kind einmischen und das Kind angesichts der aufgetretenen Widersprüche unterstützen kann" (dt. Übersetzung: 1969, S. 24) "Angesichts einer Situation mit diesen Merkmalen wird die Mutter eines Schizophrenen nach unserer Hypothese mindestens zwei Arten von Botschaft zugleich ausdrücken. (...) Diese Botschaftsarten lassen sich grob charakterisieren als (a) feindseliges Verhalten oder Rückzug, wann immer das Kind sich ihr nähert, und (b) simulierte Liebe oder Annäherung, wann immer das Kind auf ihr feindseliges Verhalten oder ihren Rückzug reagiert, womit sie ihren Rückzug verleugnet. (...) Die Folge ist, daß das Kind seine Wahrnehmung metakommunikativer Signale systematisch verzerren muß." (S. 25) "Das Kind wird also bestraft, wenn es genau unterscheidet, was sie ausdrückt, und es

wird bestraft, wenn es das nicht tut; es ist gefangen in einem "Double Bind", in einer "Beziehungsfalle". (S. 27) "In einer Beziehung, die höchst bedeutend für sein Leben und Modell für alle anderen Beziehungen ist, wird das Kind auf jeden Fall bestraft, ob es nun Liebe und Zuneigung zeigt oder nicht, und die Wege zur Flucht aus der Situation - wie etwa die Erlangung von Unterstützung durch andere - sind ihm abgeschnitten. Darin besteht der Grundcharakter der Double-Bind-Beziehung zwischen Mutter und Kind." (S. 29) In dieser Beschreibung der Double-Bind-Situation, bezogen auf die Mutter-Kind-Interaktion, wird deutlich, daß die emotionale Beteiligung der Interaktionspartner - es geht um so fundamentale Begriffe wie Liebe, Feindseligkeit und Angst - einen entscheidenden Aspekt der in ihren Grundzügen eher formalen Kommunikationsanalyse ausmacht.

Die Mystifizierung (Laing, 1965)

In einer verwirrenden Form der Kommunikation zwischen Eltern und Kind sieht auch Laing (1965) den Ursprung der Schizophrenie. Karl Marx beschrieb mit dem Begriff Mystifizierung die Verdrehung von Tatsachen als eine Methode ausbeuterischer Verwirrungstaktiken. Analog dazu versteht Laing (1965) unter Mystifizierung ein Verhalten der Eltern gegenüber dem Kind, das dieses veranlaßt, das eigene Erleben in Zweifel zu ziehen und die Aussagen der Eltern darüber für realer zu halten als die eigene Wahrnehmung. Dabei ist es das Bestreben der Eltern, das Kind zu einem Verhalten zu veranlassen, das seiner wirklichen oder vermeintlichen Sicherheit dient. Sowohl dieser aktive Prozeß der Verschleierung von Motiven und Tatsachen wird als Mystifizierung bezeichnet als auch der Zustand der Konfusion, der dadurch beim Kind bewirkt wird.

Laing (1965) schildert eine auffallend starre, jegliche Veränderungen abwehrende Familienstruktur, wie sie von Wynne et al. (1958) als "Pseudo-Gegenseitigkeit" beobachtet wurde. Die Entwicklung des Kindes zu Autonomie und stabiler Identität ist zwangsläufig mit Veränderungen der Familienbeziehungen und Auseinandersetzungen verbunden. Um Streitfragen jedoch nicht entstehen zu lassen, kommentieren die Eltern die Situation in verschleiernder und vertuschender Weise. So wird zum Beispiel die Tatsache, daß die Eltern wollen, daß das Kind zu Bett geht, "mystifiziert", indem sie sagen "ich bin überzeugt, du bist müde und möchtest jetzt ins Bett, nicht wahr?" (Laing, 1965/dt. Übersetzung: 1969, S.277). Das Kind lernt, seiner eigenen Wahrnehmung - nämlich der, daß es nicht müde ist - zu mißtrauen.

Kommunikationsabweichungen (Communication Deviance/CD) (Wynne & Singer, 1963)

Mit "Pseudo-Gegenseitigkeit" wurde von Wynne et al. (1958, 1961) ein Beziehungsstil in Familien mit einem schizophrenen Mitglied umschrieben, der die Grundlage für Wahrnehmungsverzerrungen und Fehlinterpretationen der Realität bildet. Die späteren Untersuchungen der Gruppe um Lyman Wynne richteten sich auf konkreter definierbare Aspekte der familiären Beziehung, und zwar auf formale Gesichtspunkte des elterlichen Kommunikationsstils. Dabei wurde die Hypothese verfolgt, daß die Denkstörung schizophrener Patienten die Folge eines Kommunikationsstils der Eltern sei, der bestimmte Besonderheiten und Abweichungen von der normalen Kommunikation aufweist ("Kommunikationsabweichung"/"Communication Deviance"/CD; Wynne & Singer, 1963).

Wynne & Singer (1963) analysierten die Protokolle von Rorschach- und TAT-Tests, die mit den Eltern und Geschwistern von schizophrenen Patienten durchgeführt worden waren. Dabei wurden die projektiven Testtafeln von jedem Familienangehörigen einzeln gegenüber dem Testleiter interpretiert und erläutert. Die Auswertung erfolgte unabhängig von der inhaltlichen Deutung der Bilder; vielmehr kam es auf den Sprachstil an, mit dem die einzelnen Familienangehörigen die Tafeln gegenüber dem Interviewer erklärten. Dieser Kommunikationsstil wurde nach zwei Hauptkategorien ausgewertet:

1. Amorphe Sprechweise: Darunter sind vage Formulierungen ohne Bezug zu einem gemeinsamen, allgemein verständlichen Erfahrungshintergrund zu verstehen. Der Sprecher geht von seiner subjektiven Erfahrung aus; Gedanken sind blockiert; die Sprechweise ist umständlich; es bleibt unklar, was der Sprecher mitteilen möchte.

2. Fragmentierte Sprechweise: Zusammenhang und Intention der Mitteilung sind klarer als bei der "amorphen" Sprechweise, jedoch wird das Gesagte

häufig unterbrochen von Gedankensprüngen und Ideen, die nicht dazugehören; der begleitende Affekt wechselt häufig, und es ist schwierig, der Kommunikation zu folgen.

Eltern mit einem amorphen oder fragmentierten Kommunikationsstil konnten ohne Kenntnis der Diagnose den schizophrenen Patienten zugeordnet und von Patienten mit anderer Psychopathologie sowie von Kontrollpersonen unterschieden werden (Wynne & Singer, 1963; Singer & Wynne, 1966). Die Theorie, die sich auf die beobachteten Kommunikationsabweichungen gründet, besagt, daß die Voraussetzung zur Kommunikation ein gemeinsamer Aufmerksamkeitsfokus ist, der es ermöglicht, den Mitteilungen allgemein verständliche Bedeutungen zuzuordnen (Singer & Wynne, 1965a,b). In der Kommunikationsabweichung kommt die mangelnde Fähigkeit der Familienmitglieder zum Ausdruck, "einen gemeinsamen Aufmerksamkeitsfokus und einen Kontext verläßlicher Bedeutungen zu teilen" (Simon & Stierlin, 1984, S. 187). Für den Interaktionspartner bedeutet das, daß er keine konkreten Vorstellungen entwickeln kann über das, was der Sprecher mitteilt und meint. Für die Entwicklung des Kindes in Abhängigkeit von den Interaktionen mit den Eltern resultiert daraus die für die Schizophrenie charakteristische Denkstörung und die mangelnde Fähigkeit zur Einschätzung der Realität.

In diesem Abschnitt (ätiologische Theorien) wurden diejenigen Grundzüge des CD-Konzepts beschrieben, die zunächst von Wynne & Singer (1963) als ursächlich für die Schizophrenie angesehen wurden. Später wurde das Konstrukt der Kommunikationsabweichung in ein multimodales Konzept zur Entstehung und insbesondere zum Verlauf schizophrener Störungen einbezogen und in prospektiven Langzeitstudien als Prädiktor für die Entwicklung einer Schizophrenie empirisch bestätigt (vgl. Abschnitt 5.3).

3.1.4 Zusammenfassung der Familientheorien zur Entstehung schizophrener Störungen

Eine gemeinsame Annahme der geschilderten Theorien war, daß die Entstehung schizophrener Psychosen unmittelbar auf Einflüsse der familiären Umwelt auf die Entwicklung des Kindes zurückzuführen sei. Dabei verlagerte sich das Forschungsinteresse von Persönlichkeitscharakteristika der Eltern - besonders der Mutter - und innerpsychischen Verarbeitungsmechanismen des Individuums hin zu interpersonellen Prozessen in der Familie. Ungewöhnliche

Beziehungsstile, die speziell in Familien mit einem schizophrenen Mitglied beobachtet wurden, wurden für die Entstehung schizophrener Störungen verantwortlich gemacht. Insbesondere die Theorien der Arbeitsgruppen von Bateson (1956), Lidz (1957) und Wynne (1958, 1963) haben diese Beziehungsmerkmale thematisiert und bilden die theoretische Grundlage für die darauffolgende empirische Familieninteraktionsforschung im Bereich der Schizophrenie.

In einer vergleichenden Analyse der Theorieansätze kommen Mishler & Waxler (1965) zu folgendem Resümee: Die Theorien betonen unterschiedliche Aspekte ungewöhnlicher familiärer Beziehungen, wie emotionale und motivationale Aspekte, Rollen, Werte und Normen, Kommunikationsformen; sie sind deshalb untereinander schwer vergleichbar. Die Konzepte sind durch einen "unnötig hohen Grad an Vagheit und mangelnde Präzision" (S. 307) gekennzeichnet und stellen "eher kunstvolle Gebilde als wissenschaftliche Theorien dar" (S. 311). Ihre besondere Bedeutung für die empirische Forschung liegt in dem Wechsel von einer auf das Individuum bezogenen Sichtweise zur Betrachtung der Familie als Untersuchungseinheit, und sie enthalten Hypothesen und Konzepte, die einer empirischen Überprüfung leicht zugänglich sind (Mishler & Waxler, 1965).

3.2 Empirische Ergebnisse zur Familienätiologie der Schizophrenie

Die Theorien über "Pseudogegenseitigkeit" (Wynne et al., 1958), "Ehespaltung und Strukturverschiebung in der Ehe" (Lidz et al., 1957), "emotionale Trennung" (Bowen, 1960), "Kommunikationsabweichungen" (Wynne & Singer, 1963) sowie die "Double-Bind"-Hypothese (Bateson et al., 1956) lösten eine große Anzahl empirischer Untersuchungen aus. Dabei bildeten sich familienstrukturelle Merkmale wie Dominanz und Konflikt, affektive Beziehungen und Kommunikationsstrukturen als Kernvariablen heraus.

Gestörte Familienbeziehungen wurden sowohl zur Erklärung der Entstehung schizophrener Symptome herangezogen, als auch zu deren Aufrechterhaltung, so daß die empirische Untersuchung der als relevant erachteten Beziehungs- und Kommunikationsmerkmale eng mit dem Ziel ihrer familientherapeutischen Veränderung verbunden war (vgl. Goldstein & Strachan, 1987).

Die Studien sind in mehreren Übersichtsartikeln systematisch analysiert worden (Mishler & Waxler, 1965; Riskin & Faunce, 1972; Jacob, 1975; Goldstein & Rodnick, 1975; Doane, 1978; Hirsch, 1979). In einer Meta-Übersicht faßt Helmersen (1983) die Übersichtsreferate und ihre unterschiedlichen Analyseschwerpunkte zusammen.

Die Familienstudien vor 1960, in denen Daten mit Hilfe von Interviews, Fragebögen und kasuistischen Darstellungen, vereinzelt auch mit psychologischen Tests, gewonnen wurden, wurden zu Beginn der 60er Jahre durch die Familieninteraktionsforschung im engeren Sinne abgelöst, das heißt durch Studien, in denen das Verhalten der Familienmitglieder untereinander direkt beobachtet wurde (vgl. Nordmann, 1983). Ziel dieser Untersuchungen war es, Hypothesen zur "Familienätiologie psychischer Störungen" (Nordmann, 1983) empirisch zu überprüfen; dabei bildete die Genese der Schizophrenie den Ausgangspunkt.

Es ist bis heute nicht gelungen, die Begriffe "Interaktion" und "Kommunikation" eindeutig zu definieren. Sie sind Bestandteil der Alltagssprache und des Alltagsverständnisses. "Interaktion" wird meist als wechselseitige Steuerung der Familienmitglieder verstanden, während der Begriff "Kommunikation" enger gefaßt wird und sich auf das verbale und nonverbale familiäre Gesprächsverhalten bezieht (Hahlweg et al., 1988).

Zur Stimulation der Interaktionsprozesse wurden projektive Tests (TAT; Familien-Rorschach), apparative Verfahren und Spiele (z.B. SIMFAM) und Diskussionsaufgaben (z.B. Revealed Differences Technique; Structured Family Interview; s. Cromwell et al., 1976; Scholz, 1978) verwendet, und zwar entweder im Haus der Familie oder unter Laborbedingungen.

Die Auswertung der Interaktionen erfolgte in erster Linie mit mikroanalytischen Interaktionsmaßen (Nordmann, 1983); sie erfassen formale (inhaltsfreie), stilistische Parameter, z.B. zur verbalen Aktivität als Indikator für Dominanz oder Konflikt, oder auch die Qualität von Äußerungen unter Einbeziehung des nonverbalen Verhaltens.

(Eine Zusammenfassung der wichtigsten Verfahren zur Analyse der Familieninteraktion ist bei Cierpka (1988) zu finden.)

Eine erste Literaturübersicht über Studien, in denen die Familieninteraktion quantitativ erfaßt wurde, geben Riskin und Faunce (1972). Sie kommentieren insgesamt 286 Studien, die zwischen 1960 und 1971 veröffentlicht wurden, und zwar sowohl Studien zur Interaktion in Familien mit einem schizophrenen Mitglied als auch Studien der sozialpsychologischen und experimentalpsychologischen Grundlagenforschung: Mishler & Waxler; Wynne & Singer; Reiss; Ryder, Olson und Goodrich; Palo-Alto-Gruppe; Cheek; Winter & Ferreira; Lennard & Bernstein; Hill; Straus; Goldstein - alle in den Jahren zwischen 1960 und 1971 (Riskin & Faunce, 1972).

Riskin & Faunce (1972) fassen die Studien unter einer Reihe von allgemeinen Gesichtspunkten zusammen, die deren Ergebnisse schwer interpretierbar werden lassen (so daß substantielle Ergebnisse in ihrer Literaturübersicht in den Hintergrund treten):

1. Eine interdisziplinäre Isolation fällt auf: Die Studien wurden nach unterschiedlicher Forschungstradition mit unterschiedlichen Untersuchungsmethoden und vor unterschiedlichem theoretischem Hintergrund durchgeführt.

2. Replikationsstudien fehlen.

3. Ein Vergleich der Ergebnisse wird dadurch erschwert, daß die zugrundeliegenden Prämissen oft nicht explizit genannt wurden, so daß

4. das Ziel der Untersuchung, wie zum Beispiel die Operationalisierung und Überprüfung eines Konzepts oder eine Verbesserung der Untersuchungsmethode, nicht klar erkennbar ist.

5. Die Stichproben sind nicht miteinander vergleichbar.

6. Zur Klassifizierung wird anstelle der traditionellen, individuellen Nosologie eine neue, familienorientierte Nosologie, wie zum Beispiel "schizophrenogene Familie", verwendet.

7. Trotz eines insgesamt verbesserten methodischen Vorgehens müssen einige Untersuchungen als "anekdotenhaft" ("some casualness") bezeichnet werden.

8. Die Frage, ob quantitative und experimentelle Studien sinnvoller seien als nicht-quantitative, naturalistische Studien, wird als "entweder-oder" diskutiert und nicht im Sinne eines Kontinuums.

9. Begriffe wie "System", "Dynamik", "Prozess", "Kommunikation" und "Interaktion" werden uneinheitlich verwendet und erschweren das klare Verständnis der Untersuchung. (Riskin & Faunce, 1972)

Inhaltlich wurden folgende Schwerpunkte der Familieninteraktion untersucht:

Beziehungsstrukturen:
- Konflikt
- Dominanz
- Affekt

Kommunikation:
- Klarheit und Genauigkeit der Kommunikation
- Kommunikationsabweichungen (CD) (Wynne & Singer, 1963)
- "Double-Bind" (DB; Bateson et al., 1956)

Jacob (1975) gibt einen Überblick über 57 Studien in der Zeit zwischen 1961 und 1973, die die Interaktion in Familien mit psychischen Störungen und in Familien ohne psychische Störung vergleichen. 30 davon enthalten Familien mit einem schizophrenen Mitglied.

(Um umständliche Formulierungen zu vermeiden, werden im folgenden Familien mit einem schizophrenen Mitglied auch "Schizophrenie-Familien" und Familien, in denen kein Mitglied unter einer psychischen Störung leidet, "Normalfamilien" genannt. Familien, in denen ein Mitglied unter einer psychischen Störung leidet, die nicht spezifisch von anderen Störungen abgegrenzt ist, werden auch "gestörte Familien" genannt.) Die zu analysierenden Studien wurden von Jacob (1975) nach zwei Kriterien ausgewählt:

a) Die Familieninteraktionsvariablen sind durch die systematische Beobachtung, Aufzeichnung und Kodierung in einer Experimental- und einer Kontrollgruppe erhoben worden, wobei die Familienmitglieder entweder "frei" miteinander interagieren oder eine experimentelle Aufgabe durchführen.

b) Die Eltern und mindestens ein Kind nehmen an der beobachteten Interaktion teil.

Um zu aussagekräftigen Ergebnissen zu kommen, müssen nach Jacob (1975) 6 Voraussetzungen erfüllt sein:

1. Vergleichbarkeit der Gruppen hinsichtlich relevanter demographischer Variablen
2. "Blinde" Kodierung, d.h. die Auswerter kennen die Diagnose und Gruppenzugehörigkeit der Familie nicht
3. Ausreichende Interrater-Übereinstimmung
4. Getrennte Analysen für männliche und weibliche Patienten
5. Die Datenerhebung der Experimental- und Kontrollgruppe erfolgt im gleichen "Setting" (Beobachtungsrahmen)
6. Vergleichbare Behandlungsvorerfahrungen der Experimental- und Kontrollgruppe.

Während die meisten Untersuchungen in Familien mit anderen Störungen als der Schizophrenie 5 Kriterien erfüllen, ist in der überwiegenden Anzahl der Studien zur Schizophrenie nur eines der genannten Kriterien erfüllt (Jacob, 1975).

Für die Interaktion in Familien mit einem schizophrenen Mitglied kommt Jacob (1975) zu folgenden Ergebnissen:

3.2.1 Beziehungsstrukturen

KONFLIKT

In 7 Studien (Tabelle 3.1) wurden 16 Gruppenvergleiche zu Konflikt-Variablen durchgeführt. Als Indikatoren für Konflikte in der Familie galten sowohl quantitative Prozeßvariablen zur verbalen Aktivität als auch qualitative Einschätzungen der Interaktion (Ratingskalen) (Tabelle 3.1).

9 Gruppenvergleiche ergaben keine signifikanten Unterschiede; in 3 Vergleichen (Lennard et al., 1965; Mishler & Waxler, 1968) fanden mehr Unterbrechungen in den Normalfamilien statt; 3 Vergleiche (Farina & Holzberg, 1968; Friedman & Friedman, 1970) zeigten - qualitativ beurteilt - mehr Konflikte, mangelnde Übereinstimmung und "failure to agree" in Familien mit einem schizophrenen Mitglied; dagegen zeigte ein Gesamtvergleich ein größeres Ausmaß an mangelnder Übereinstimmung in nicht gestörten Familien (Cheek, 1964, 1965).

Tabelle 3.1: Zusammenstellung empirischer Ergebnisse zu KONFLIKT-Variablen in Schizophrenie-Familien (nach Jacob, 1975)

16 Gruppenvergleiche in 7 Studien:	Variablen:	Konfliktvariable häufiger in S-Familien	Konfliktvariable häufiger in KG-Familien	keine signif. Unterschiede
Cheek, 1964 a,b; 1965 b Farina & Holzberg, 1968 Ferreira et al., 1966 Friedman & Friedman, 1970 Lennard et al., 1965 Mishler & Waxler, 1968 Stabeneau et al., 1965	a) quantitativ (verbale Aktivität): Unterbrechungen, Versuche zu unterbrechen unterbrochen werden gleichzeitig sprechen anstelle des anderen spr. ("intrusions") b) qualitativ: Übereinstimmung/ mangelnde Übereinstimmung "failure to agree" Konflikt (Ratingskala)	"Konflikt", "Widerspruch", "keine Einigung" (3 Vergleiche)	"Unterbrechungen" (3 Vergleiche) "Widerspruch" (1 Vergleich)	9 Gruppenvergleiche

DOMINANZ (Macht, Einfluß)

In Tabelle 3.2 sind 9 Studien aufgelistet, in denen in 17 Gruppenvergleichen Variablen zum Konstrukt "Dominanz" und damit verwandten Dimensionen, wie "Macht" und "Einfluß", untersucht wurden. Sowohl quantitative und qualitative Prozeßvariablen als auch "outcome"-Variablen galten als Indikatoren für die dominierende Rolle eines Familienmitglieds. Unter "outcome" ist das Ergebnis einer vorgegebenen Spielsituation zu verstehen, bei der "gewinnen" Dominanz bedeutet; auch ein Vergleich von Fragebögen, die einmal von jedem Familienmitglied einzeln und ein zweitesmal von der Familie gemeinschaftlich beantwortet wurden, galt als "outcome"-Maß: je stärker die individuelle Beantwortung vom Gemeinschaftsergebnis abweicht, umso größer der Einfluß eines anderen Familienmitglieds, das seine Beantwortung durchgesetzt hat.

Von 17 Analysen ergaben 7 keine signifikanten Gruppenunterschiede zur Dominanz- und Machtverteilung. Von 5 Untersuchungen zeigten eine als "outcome"-Maß größere Dominanz bei schizophrenen Vätern (Haley, 1962) und 4 als qualitative Prozeßanalyse größere Dominanz bei normalen Vätern, normalen Kindern und schizophrenen Müttern (Farina & Holzberg, 1968; McCord et al., 1962). Die 5 Vergleiche der verbalen Aktivität (Cheek, 1964, 1965; Ferreira et al., 1966; Mishler & Waxler, 1968) brachten inkonsistente Ergebnisse: Einmal waren es die Mitglieder der Schizophrenie-Familien, einmal die der Normalfamilien, die als dominanter angesehen wurden. Jacob (1975) weist bei diesen Ergebnissen auf die erwähnten Unterschiede der Studien hinsichtlich ihrer Forschungsmethode hin (Diagnostik; Interaktionsmaß; getrennte Analyse für weibliche und männliche Kinder).

Tabelle 3.2: Zusammenstellung empirischer Ergebnisse zu DOMINANZ-Variablen in Schizophrenie-Familien (nach Jacob, 1975)

17 Gruppenvergleiche in 8 Studien:	Variablen:	mehr DOMINANZ in S-Familien			KG-Familien		keine signif. Unterschiede / Inkonsistenz
		Kind	Mutter	Vater	Kind/Mutter	Vater	
Cheek, 1964 a,b; 1965 a Farina & Holzberg, 1968 Ferreira & Winter, 1965 Ferreira et al., 1966 Friedman & Friedman, 1970 Haley, 1962 Lennard et al., 1965 McCord, Porta, McCord, 1962 Mishler & Waxler, 1968	a) quantitative Prozeßvariablen (verbale Aktivität): erfolgreiche Unterbrechungen Redezeit Äußerungslänge Häufigkeit des Angesprochenwerdens "wer-spricht-zu-wem" Anzahl der Äußerungen b) qualitative Prozeßvariablen: Dominanz-Ratings c) Ergebnis-Variablen: Übereinstimmung zwischen individueller und Familienentscheidung Spiel-Gewinn			1 x	4 x		7 / 5

AFFEKT / EMOTIONALES KLIMA

Das emotionale Klima in der Familie wurde am Ausmaß und an der Qualität der in der Familieninteraktion enthaltenen Gefühle gemessen. Trainierte Beobachter schätzten die Interaktionsbeiträge auf ihren emotionalen Gehalt hin ein. Dabei wurde unterschieden zwischen

- Interaktionen, in denen Gefühle geäußert werden (gegenüber Interaktionen, in denen keine Gefühle geäußert werden)
- Interaktionen, in denen positive Gefühle geäußert werden und
- Interaktionen, in denen negative Gefühle geäußert werden.

31 Gruppenvergleiche in 7 Studien (Tabelle 3.3) ergaben folgendes Bild: Bei 14 Vergleichen wurden keine signifikanten Unterschiede des emotionalen Ausdrucks in Familien mit einem schizophrenen Mitglied gegenüber Normalfamilien festgestellt. 5 Vergleiche ergaben sowohl mehr emotionale Beteiligung als auch mehr positive Gefühle in den Normalfamilien (Mishler & Waxler, 1968; Morris & Wynne, 1965). Die übrigen Ergebnisse sind insofern sehr inkonsistent, als ein höheres Ausmaß an negativen Gefühlen sowohl für die Schizophreniefamilien (Friedman & Friedman, 1970) als auch für die Normalfamilien (Cheek, 1964, 1965) berichtet wird. Darüber hinaus sind Differenzierungen der Ergebnisse notwendig, die berücksichtigen, ob es sich um männliche oder weibliche Patienten handelt und ob Geschwister bei der Familieninteraktion anwesend sind.

Tabelle 3.3: Zusammenstellung empirischer Ergebnisse zu AFFEKT-Variablen in Schizophrenie-Familien (nach Jacob, 1975)

31 Gruppenvergleiche in 7 Studien	Variablen (Rating-Skalen)	mehr affekt. Beteiligung in		mehr pos. Affekt in		mehr neg. Affekt in		keine signifik. Unterschiede
		S-Fam	KG-Fam	S-Fam	KG-Fam	S-Fam	KG-Fam	
Cheek, 1964 a,b; 1965 a Friedman & Friedman, 1970 McCord et al., 1962 Mishler & Waxler, 1968 Morris & Wynne, 1965 Winter & Ferreira, 1967 Winter et al., 1966	Gefühle, unabhängig vom Inhalt positive Gefühle negative Gefühle		2		3	3	4	14

Jacob (1975) faßt die Ergebnisse der genannten Querschnittsstudien zu den Bereichen "Dominanz", "Konflikt" und "affektive Beziehungen" dahingehend zusammen, daß sich Beziehungsmuster, wie sie in den theoretischen Voranna hmen vermutet worden waren, durch die Untersuchungen nicht bestätigen ließen; er stellt fest: "In summary, then, it would appear that family interaction studies, although based on a potentially sound methodological strategy, have not yet isolated family patterns that reliably differentiate disturbed from normal groups" (S. 56). Dabei weist Jacob (1975) auf die Schwierigkeiten bei der Analyse der Ergebnisse hin: Die unterschiedliche Erfüllung der anfangs genannten 6 methodologischen Voraussetzungen, nämlich Unterschiede der Diagnose, der Datenerhebung und -auswertung sowie demographischer Faktoren.

Eine optimistischere Perspektive als Jacob (1975) entwickelt Doane (1978) in ihrer Literaturübersicht, und zwar optimistischer in bezug auf die empirische Bestätigung der für "gestörte" und "normale" Familien vermuteten Unterschiede der Familienstrukturmerkmale Konflikt, Dominanz und Affekt. In ihrem 3 Jahre später erschienenen Übersichtsartikel, der neben den bereits erwähnten Untersuchungen nur einige wenige, etwas später erschienene Veröffentlichungen berücksichtigt (Untersuchungen mit Schizophrenie-Familien: Mishler & Waxler, 1975; Wild et al., 1975; Solvberg & Blakar, 1975), zieht sie folgendes Fazit aus den bisherigen Ergebnissen:

a) "Gestörte" Familien unterscheiden sich von Normalfamilien durch ausgeprägte Eltern-Kind-Koalitionen und entsprechend gering ausgebildete Koalitionen zwischen den Eltern untereinander. Maße für Koalitionen sind: Übereinstimmung bei Diskussionsaufgaben; "wer-spricht-zu-wem" und gegenseitige Unterstützung.

b) Konfliktreiche Ehebeziehungen der Eltern sind in "gestörten" Familien häufiger.

c) Schizophrenie-Familien verhalten sich untereinander instabil, und die Eltern tendieren dazu, um die Unterstützung des Kindes zu rivalisieren.

d) Normalfamilien gehen flexibler miteinander um, leben harmonischer und in größerer emotionaler Nähe zusammen und können unterschiedliche Aufgaben effektiver gemeinsam lösen.

Doane (1978) betont eine strukturelle Sichtweise, nämlich daß gestörte Familieninteraktionen weniger darauf beruhen, ob und in welchem Ausmaß die einzelnen Konstrukte als individuelle Maße in einer Familie und bei einzelnen Personen vorhanden sind, als vielmehr auf dem Verhältnis, in dem diese Konstrukte innerhalb der Familie verteilt sind: "It would seem that who is the most dominant or powerful member of the family is less important than whether an alliance between generations exists, thus giving the child relatively more of the power (and hence, responsibility) for the family functioning." (S. 363) Doane weist besonders auf das Problem der Operationalisierung von so komplexen Interaktionen, wie "Dominanz", "Konflikt" und "affektive Beziehungen" hin.

3.2.2 Kommunikation

KLARHEIT UND GENAUIGKEIT DER KOMMUNIKATION

Die Variablen zur Klarheit und Genauigkeit der Kommunikation wurden in erster Linie mit Hilfe von Rating-Verfahren untersucht, mit denen die Elemente der Interaktion, wie zum Beispiel das gegenseitige Aufeinander-Eingehen (Mishler & Waxler, 1968) oder die Vagheit des Ausdrucks beim Erzählen von TAT-Geschichten (Friedman & Friedman, 1970) von trainierten Beobachtern eingeschätzt wurden (vgl. Tabelle 3.4). Zur Beurteilung dieser Daten ist ihre Reliabilität eine wichtige Voraussetzung. Neben den mit Schätzskalen erhobenen Maßen wurden auch Variablen mit größerer Objektivität gemessen, wie zum Beispiel das "Abreißen der Rede" ("speech disruptions", Mishler & Waxler, 1968). Haley (1968) maß die Klarheit und Genauigkeit der Kommunikation an ihrem Ergebnis: Die richtige Antwort von Kindern war abhängig von der Klarheit der Instruktion der Eltern.

Die Ergebnisse zur Klarheit der Kommunikation ergeben ein einheitlicheres Bild als die Ergebnisse zu den Bereichen Dominanz, Konflikt und affektive Beteiligung. Nach Jacob (1975) erbrachten nur 5 von 24 Vergleichen keine signifikanten Gruppenunterschiede für Familien mit bzw. ohne schizophrenes Mitglied (Tabelle 3.4).

Tabelle 3.4: Zusammenstellung empirischer Ergebnisse zu Variablen der KLARHEIT UND GENAUIGKEIT DER KOMMUNIKATION in Schizophrenie-Familien (nach Jacob, 1975)

24 Gruppenvergleiche in 9 Studien:	Variablen:	weniger klare, weniger genaue Kommunikation in S-Fam	KG-Fam	keine signif. Unterschiede
Behrens, Rosenthal & Chodoff, 1968 Cheek 1964 a,b; 1965 a Ferreira & Winter, 1968 a Friedman & Friedman, 1970 Haley, 1968 Meyers & Goldfarb, 1961 Mishler & Waxler, 1968 Morris & Wynne, 1965 Stabeneau et al., 1965	Klarheit der Verständigung Vagheit des Ausdrucks "amorphe" vs. "fragmentierte" Sprechweise Themenkontinuität/Themenwechsel Informationsaustausch Stellungnahmen des Sprechers oder erbetene Stellungnahmen aufeinander eingehen; sich auf die Situation oder auf die andere Person beziehen Aufmerksamkeit "Abreißen der Rede": unvollständige Sätze, Wiederholen, Lachen, Pausen "elliptical affirmations" richtiges Ergebnis aufgrund klarer Instruktion der Eltern	19		5

Von den übrigen 19 Vergleichen zeigten 9 eine weniger klare Kommunikation in den Schizophrenie-Familien (Behrens et al., 1968; Ferreira & Winter, 1968 a; Friedman & Friedman, 1970; Haley, 1968; Meyers & Goldfarb, 1961; Morris & Wynne, 1965). Die Ergebnisse von Mishler & Waxler (1968) aus 10 Gruppenvergleichen zum "Abreißen der Rede" ("speech disruptions") und zum gegenseitigen Aufeinander-Eingehen ("responsiveness") müssen danach unterschieden werden, wie der prämorbide Status des Patienten war, ob es sich um weibliche oder männliche Personen handelt und ob Geschwister bei der Familieninteraktion anwesend waren oder nicht. Sie lassen stärker als die anderen Kommunikationsmaße unterschiedliche Interpretationen zu: Werden sie als Merkmale "gestörter" gegenüber "nicht gestörter" Kommunikation verstanden, so machen sie die Gesamtergebnisse uneinheitlich, denn es wird ein höheres Ausmaß an "speech disruptions" für Normalfamilien berichtet. Werden sie jedoch als größere Flexibilität der nicht-gestörten Familien gegenüber einer größeren Sprachrigidität in Familien mit einem schizophrenen Mitglied interpretiert, wie Mishler & Waxler (1968) dies tun, so bestätigen auch diese Ergebnisse die Hypothese der klareren und effektiveren Kommunikation in Normalfamilien. In diesem Zusammenhang stellen Nordmann et al. (1983) die Frage: "Inwieweit lassen sich Störungen von Syntax und Semantik als Merkmale gestörter Interaktion interpretieren?" (S. 19) Sie stellen fest, daß diese Frage bisher noch nicht ausreichend geklärt ist.

Im Gegensatz zu den Bereichen Konflikt, Dominanz und Affekt besteht hinsichtlich der Beurteilung der Ergebnisse zur Klarheit der Kommunikation Übereinstimmung zwischen Jacob (1975) und Doane (1978).

Goldstein & Rodnick (1975) prüfen mit Hilfe der vorliegenden Ergebnisse zur Familienätiologie der Schizophrenie drei Grundannahmen:

1. Familien schizophrener Patienten unterscheiden sich von Familien, in denen andere psychische Störungen auftreten, in ihrer Rollenstruktur, ihren emotionalen Beziehungen und in ihrem Kommunikationsstil.

2. Diese Unterschiede sind so frühzeitig vorhanden, daß sie die Entwicklung des späteren schizophrenen Patienten signifikant beeinflussen.

3. Die gestörten Familienbeziehungen sind eine notwendige, aber nicht ausreichende Bedingung. (engl. Original: S. 48)

Ihre Analyse führt zu folgendem Ergebnis:

Eindeutige Hinweise auf Unterschiede in den Bereichen Dominanz, Konflikt und Affekt - sei es gegenüber Familien ohne psychische Störung, sei es in Abgrenzung zu anderen psychischen Störungen - (Annahme 1) lassen sich aus den Ergebnissen nicht ableiten. Die Kommunikation ist in Familien mit einem schizophrenen Mitglied weniger klar und verständlich als in Familien ohne psychische Störung (wobei über schizophreniespezifische Unterschiede noch keine Aussage gemacht werden kann).

Goldstein & Rodnick (1975) weisen in ihrem Übersichtsreferat darauf hin, daß sich für die vermuteten Unterschiede, selbst wenn sie sich aufzeigen lassen, ein ätiologischer Zusammenhang zur Schizophrenie auf die Grundannahmen 2 und 3 stützen würde. Zur Untersuchung dieser Annahmen schlagen sie einerseits eine "high-risk"-Forschungsstrategie (vgl. Abschnitt 5.3) und andererseits die stärkere Berücksichtigung von Ergebnissen benachbarter Disziplinen, besonders biologischer und genetischer Faktoren, vor.

KOMMUNIKATIONSABWEICHUNGEN (CD)

Zum Konzept der Kommunikationsabweichungen (Communication Deviance; CD Wynne & Singer, 1963) wurde sowohl von der Gruppe Wynne/Singer selbst als auch von anderen Autoren eine Reihe von Untersuchungen durchgeführt. Dabei lag der Schwerpunkt der Untersuchungen auf dem CD-Ausmaß der Eltern und dessen Zusammenhang zu den Denkstörungen des schizophrenen Kindes. (In den Übersichtsartikeln von Doane, 1978, Liem, 1980, und Helmersen, 1983, sind die aus Querschnittsstudien gewonnenen CD-Ergebnisse zusammengefaßt.) Im Gegensatz zu den bisher behandelten Interaktionsmaßen wurde CD bis auf einige Ausnahmen nicht direkt aus der Beobachtung der Kommunikation zwischen den Familienmitgliedern gewonnen, sondern aus der Interaktion zwischen den Eltern (jeweils einzeln) und einem trainierten Interviewer. Die Eltern interpretierten Rorschach- oder TAT-Tafeln gegenüber einem Interviewer, und die Transkripte dieser Interpretationen wurden mit dem CD-Zeichensystem (Singer & Wynne, 1966) nach formalen Kommunikationsmerkmalen ausgewertet.

Singer & Wynne bezeichnen die Testsituation, in der sich ein Elternteil gegenüber dem Interviewer zu projektiven Bildern äußert, als Analogie zur Interaktion der Familienmitglieder untereinander, und zwar als "an analogue of those many daily occurences in which two or more individuals attempt to establish a consensually shared view of an ambiguous reality" (Singer et al., 1978, S. 500).

Die CD-Kategorien kennzeichnen zwei Kommunikationsstile (Wynne & Singer, 1963):

"Fragmentierte Sprechweise" und
"Amorphe Sprechweise".

Aufgrund des CD-Scores der Eltern unterschieden Singer & Wynne (1963; 1965 a, b) zuverlässig die Eltern Schizophrener von den Eltern in Kontrollgruppen-Familien (Normalfamilien und Familien mit neurotischer oder Borderline-Störung), wobei die Unterscheidung "blind" erfolgte, also ohne Kenntnis der jeweiligen Diagnose. Mit hohen Übereinstimmungen ließen sich diese Ergebnisse in den darauffolgenden Studien bestätigen, in denen CD auf dieselbe oder ähnliche Weise ermittelt worden war:

Wild et al., 1965: Aufgrund des CD-Scores (nach dem "Object-Sorting-Test") lassen sich 80 % der Eltern Schizophrener vs. Normalfamilien bestimmen.

Morris & Wynne, 1965: Mit dem CD-Score der Eltern, getrennt nach "amorphem" und "fragmentiertem" Kommunikationsstil, ermittelt aus transkribierten Familientherapiesitzungen, läßt sich die Diagnose des Kindes bestimmen.

Glaser, 1976: CD differenziert zwischen Eltern Schizophrener und Nichtschizophrener, unabhängig von der Wortmenge der Äußerungen (s. hierzu die Ergebnisse von Hirsch & Leff, 1971, 1975).

Jones, 1977: Mit zwei von sechs faktorenanalytisch ermittelten CD-Dimensionen (bei den Eltern) kann auf die Diagnose Schizophrenie (beim Kind) geschlossen werden.

Lediglich der Versuch einer Replikation von Hirsch & Leff (1971, 1975) führte zu widersprüchlichen Ergebnissen: In ihrer Untersuchung wurden für

CD zwar signifikante Unterschiede zwischen Eltern akut Schizophrener und Eltern von Patienten mit neurotischen Störungen festgestellt, jedoch mit größeren Überschneidungen der CD-Scores für die einzelnen Gruppen. Bei getrennter Analyse zeigte nur das CD-Maß des Vaters signifikante Unterschiede. Das CD-Maß des Vaters korrelierte mit der Wortmenge der Äußerungen, und Hirsch & Leff interpretierten CD als ein Artefakt, das durch große Wortmengen, besonders bei Vätern, entsteht.

Die Studie von Hirsch und Leff wurde nochmals analysiert, und als Gründe für die abweichenden Ergebnisse nannten Rutter (1978) Unterschiede der Stichprobe und Singer et al. (1978) eine unterschiedliche Anwendung und Auswertung der Testprozedur. In einigen Untersuchungen wurde CD auch durch die direkte Beobachtung der Familieninteraktion bei gemeinsamen Testaufgaben ermittelt, und zwar bei einer 20-Fragen-Aufgabe (Wild et al., 1975), beim Familien-Rorschach-Test (Shapiro & Wild, 1976; Hermann & Jones, 1976), bei einer "Object-Identification"-Aufgabe (Dell, 1977, zit. n. Liem, 1980) und "Videotape-Feedback"-Aufgaben (Lieber, 1977). Liem (1980) faßt die Ergebnisse dieser Studien dahingehend zusammen, daß sie die Daten aus den individuellen Testprotokollen nicht entkräften, daß sie sich aber in einigen Details unterscheiden. Generell kommt CD in der Testsituation zwischen einem Elternteil und dem Interviewer häufiger vor als in der Familieninteraktionssituation (Glaser, 1976; Dell, 1977). Liem (1980) weist in diesem Zusammenhang darauf hin, daß beide Situationen von der natürlichen, häuslichen Umgebung der Familie abweichen, so daß die Gültigkeit des CD-Maßes an weiteren Faktoren geprüft werden muß.

Auf die Bedeutung von CD als ätiologischer Faktor wird in Abschnitt 5 ausführlich eingegangen.

"DOUBLE-BIND"

Als besonders problematisch hat sich die empirische Überprüfung des "Double Bind"-Konzepts erwiesen. Eine Schwierigkeit (jedoch nicht die einzige) liegt in der Komplexität des als "Double Bind" (DB) umschriebenen Phänomens; es enthält sowohl Besonderheiten der Kommunikationsform als auch Merkmale der Beziehungsstruktur; eine intensive Beziehung zwischen den

Interaktionspartnern wird als Voraussetzung für die verhängnisvolle Wirkung paradoxer Botschaften postuliert (vgl. Abschnitt 3.1.3).

In drei Übersichtsartikeln sind die wichtigsten Untersuchungen zum DB zusammengefaßt und kommentiert worden (Olson, 1971; Sluzki & Ransom, 1976; Angermeyer, 1978). Sie lassen sich zu den beiden folgenden thematischen Schwerpunkten gruppieren:

1. Wie häufig treten DB-Botschaften bei den Eltern Schizophrener auf? (Beavers, 1965; Berger, 1975; Ringuette & Kennedy, 1966; Beakel & Mehrabian, 1969; Yeomans, 1970; Sojit, 1971; Bugental, 1971; Hassan, 1974).

Olson (1971) stellt fest, daß alle diese Untersuchungen mit erheblichen Einschränkungen behaftet sind. So geht beispielsweise aus den Untersuchungen von Beavers (1965), Berger (1975) und Sojit (1971) die Tendenz hervor, daß Eltern Schizophrener häufiger DB-Botschaften vermitteln, jedoch wird dies auf sehr indirektem Weg erschlossen: In einer Interviewsituation verwendeten Mütter von Schizophrenen gegenüber dem Interviewer häufiger abschweifende, ausweichende Formulierungen (Beavers, 1965); männliche schizophrene Patienten konnten sich häufiger an derartige Äußerungen ihrer Mütter erinnern, wenn ihnen solche in Fragebogenform vorgelegt wurden (Berger, 1965); die Eltern Schizophrener konnten sich untereinander schwerer auf die inhaltliche Bedeutung ihrer Botschaften einigen (Sojit, 1971). In keiner dieser Untersuchungen traten DB in der direkten Kommunikation mit dem schizophrenen Familienmitglied auf. Bei einer direkten Beobachtung von auf Video aufgezeichneten Eltern-Kind-Interaktionen, bei denen Diskrepanzen zwischen verbalem und nonverbalem Ausdruck analysiert wurden (Beakel & Mehrabian, 1969), bestätigte sich die Hypothese, daß solche Diskrepanzen in Familien ohne psychische Störung seltener sind, nicht.

Die Problematik, DB zu entdecken und in seiner Wirkung zu untersuchen, wird besonders durch die Studie von Ringuette & Kennedy (1966) deutlich; in den hier verwendeten Briefen von Müttern an ihr schizophrenes Kind konnten weder die DB-Botschaften von DB-Experten reliabel identifiziert werden, noch ließen die Briefe sich von Briefen von Kontrollpersonen unterscheiden.

2. Wie reagieren Schizophrene auf DB-Botschaften? (Ciotola, 1961; Potash, 1965; Loeff, 1966; Kingsley, 1969; Newman, 1977)

In diesen Studien wurde versucht, eine DB-Situation experimentell herzustellen und die Reaktion und das Diskriminationsvermögen Schizophrener in einer solchen Situation zu prüfen. Die zum Teil sehr artifiziellen Methoden, eine DB-Botschaft zu simulieren (z.B. akustische Signale aus einem "Rauschen" herauszuhören), als auch die Ergebnisse dieser Untersuchungen, waren nicht geeignet, die Hypothese einer für Schizophrene charakteristische Reaktion auf die gleichzeitige Vermittlung sich widersprechender Botschaften zu bestätigen. Im übrigen blieb in diesen Experimenten der Beziehungsaspekt, der eine wesentliche Voraussetzung für die DB-Situation bedeutet, völlig unberücksichtigt. Ebenso unberücksichtigt blieb die Möglichkeit alternativer Reaktionen, zum Beispiel durch Metakommunikation den Konflikt zu lösen.

Die quantitativen Untersuchungen zum DB beziehen sich in erster Linie auf die Art der Kommunikation, und zwar wurden im Bereich der Schizophrenieforschung neben Selbstbeurteilungen und Fragebögen keine direkten Interaktionen zwischen Eltern und schizophrenem Kind beobachtet, sondern die Kommunikation zwischen den Eltern untereinander oder die Kommunikation zwischen Müttern und einem Interviewer.

Folgende Fragen des methodischen und konzeptuellen Vorgehens blieben nach diesen Untersuchungen ungelöst (vgl. Olson, 1971): Wie läßt sich DB operationalisieren? Wie kann es reliabel und valide erfaßt werden? Welche verschiedenen DB-Situationen gibt es? Solange diese Fragen offen bleiben, sind alle weiteren Fragen nach einem möglichen pathogenen Einfluß des DB-Phänomens nicht beantwortbar.

3.2.3 Zusammenfassung der Ergebnisse zur Familienätiologie der Schizophrenie

Die genannten Untersuchungen gingen der Frage nach, wie sich die Familien Schizophrener in ihrer Rollenstruktur, ihren emotionalen Beziehungen und ihren Kommunikationsformen von anderen Familien unterscheiden.

Methodische Aspekte dieser Untersuchungen wurden besonders in den Übersichtsreferaten von Riskin & Faunce (1972) und Jacob (1975) behandelt; sie halten eine bessere Vergleichbarkeit der in den Studien verwendeten Maße, besser standardisierte Diagnosen und differenziertere Analysen, z.B. getrennt nach weiblichen und männlichen Patienten (Jacob, 1975), für erforderlich. Doane (1978) hebt besonders die Schwierigkeit hervor, eindeutige Verbindungen herzustellen zwischen objektiven Prozeßdaten, wie zum Beispiel der Häufigkeit von Unterbrechungen oder der Redezeit, und komplexen Konstrukten der Familienbeziehungen, wie "Macht" oder "Konflikt".

Inhaltlich ließen sich schizophreniespezifische Interaktionsmuster durch die große Anzahl von Querschnittsstudien nicht bestätigen. Die Ergebnisse zu den Bereichen "Dominanz", "Konflikt" und "Affekt" wurden als sehr inkonsistent beurteilt (Jacob, 1975; Goldstein & Rodnick, 1975). Beide halten eine geringere Klarheit und Verständlichkeit der Kommunikation in Schizophrenie-Familien für erwiesen. Ergänzt wurden diese Unterschiede durch Besonderheiten der Eltern Schizophrener, die in einem abweichenden Stil mit ihren Kindern kommunizieren (Liem, 1980; Helmersen, 1983).

Der Hauptgrund für die große Inkonsistenz der Ergebnisse liegt wohl im Diagnose-Konzept. Das in der Zeit dieser Untersuchungen verwendete DSM-II (1968) fügte dem ohnehin sehr heterogenen Bild schizophrener Störungen die Probleme unzuverlässiger Diagnosestellung hinzu (vgl. Abschnitt 2.2).

4 MULTIPLE VERURSACHUNG: FAKTOREN, DIE AN DER ENTSTEHUNG UND AM VERLAUF SCHIZOPHRENER PSYCHOSEN BETEILIGT SIND

In diesem Abschnitt wird ein kurzer Überblick über Ursachen- und Verlaufsfaktoren gegeben, die nach neueren, heuristischen Modellvorstellungen zusammenwirken. Die Aussagen beruhen auf Querschnittsuntersuchungen mit schizophrenen Patienten während florider Krankheitsepisoden und zum Zeitpunkt der Remission sowie zum Teil auf prospektiven Verlaufsstudien. In sogenannten High-Risk-Studien wurden Personen mit erhöhtem Schizophrenierisiko vor der Erkrankung untersucht. Das erhöhte Schizophrenierisiko wurde vor allem durch die biologische Zugehörigkeit zu schizophrenen Personen (Eltern oder Kinder) (vgl. Abschnitt 4.2.5) und durch Verhaltensauffälligkeiten von Kindern, die als schizophreniespezifisch angesehen werden (vgl. Abschnitt 5.3), definiert.

Hahlweg (1986) stellt fest, daß die Suche nach familiären, schizophreniespezifischen Kommunikations- und Interaktionsmustern bis zum Ende der 70er Jahre enttäuschend verlaufen ist; erst mit einem Wandel der theoretischen Modelle zur Entstehung und zum Verlauf der Schizophrenie erhielt die Familieninteraktionsforschung im Bereich schizophrener Störungen neue Impulse, das heißt, die Vorstellungen gingen weg von eindimensionalen Annahmen (entweder rein biologische oder rein interaktionelle Verursachung) und hin zu einem interaktiven Vulnerabilität-Streß-Modell (Zubin & Spring, 1977; Nuechterlein & Dawson, 1984).

Die Ursachenforschung der vergangenen 10 Jahre versteht schizophrene Störungen nicht mehr als eine statische Psychopathologie, sondern als einen Interaktionsprozeß, in dem verschiedene Faktoren der biologischen Ausstattung, der Lebens- und Familienumwelt und des individuellen Verhaltens miteinander in Berührung kommen und sich gegenseitig beeinflussen. Innerhalb dieser Entwicklung entstanden Modellvorstellungen über die Entstehung schizophrener Episoden, die biologische und interaktionistische Ansätze zu integrieren versuchen. Zubin & Spring (1977) beschrieben interne biologische Besonderheiten und Defizite der Lernentwicklung des Individuums auf einer Metaebene als "Vulnerabilität", die dann zu schizophrenen Episoden führt, wenn durch belastende Umweltbedingungen eine Streß-Schwelle überschritten wird. In dieses Modell haben Nuechterlein & Dawson (1984) neuere empirische Ergebnisse integriert und ein heuristisches, interaktives Vulnerabilität-Streß-Modell vorgeschlagen (Abbildung 4.1).

4.1 Vulnerabilität-Streß-Modell

Nach Nuechterlein & Dawson (1984) lassen sich die Entstehung und der Verlauf schizophrener Störungen als ein interaktiver Prozeß beschreiben, an dem mehrere Komponenten in unterschiedlicher Weise beteiligt sind. Eine wichtige Unterscheidung wird dabei zwischen stabilen Vulnerabilitätsindikatoren und Episodenindikatoren getroffen. Bestimmte Patientenmerkmale werden als "vermittelnde Vulnerabilitätsfaktoren" beschrieben, die während aller Lebensphasen nachweisbar sind (stabile Vulnerabilitätsindikatoren), die aber während verschiedener Krankheitsphasen unterschiedlich ausgeprägt sind (Episodenindikatoren). Die folgende Darstellung des Vulnerabilität-Streß-Modells orientiert sich im wesentlichen an Hahlweg (1986):

Das Modell erkennt eine starke biologische Komponente in der Ätiologie und im Verlauf der Schizophrenie an. Es geht aber davon aus, daß nicht die Krankheit selbst, sondern lediglich bestimmte, sich interaktiv bedingende Vulnerabilitätsmerkmale vererbt oder durch prä- bzw. perinatale Traumata erworben werden. Es sind dies a) eingeschränkte Kapazität zur Informationsverarbeitung bzw. Aufmerksamkeit, b) autonome Hyperreaktivität auf aversive Reize und c) eingeschränkte soziale Kompetenz bzw. Bewältigungsstrategien. Damit die Schizophrenie selbst ausgelöst wird, müssen diese Faktoren in Interaktion treten mit ungünstigen Umweltbedingungen, nämlich mit a) sozialen Stressoren (vor allem belastende Lebensereignisse), b) einem nichtunterstützenden sozialen Netzwerk und/oder einem emotional belastenden Familienklima. Der zur schizophrenen Episode hinführende Prozeß beginnt damit, daß einer der genannten Umweltfaktoren Streß erzeugt, der aufgrund unzureichender Bewältigungsstrategien zu autonomer tonischer Hypererregung führt. In der Folge werden die kognitiven Defizite verstärkt, was im Sinne einer positiven Feedback-Schleife wiederum den sozialen Streß erhöht. Nach dem Überschreiten einer hypothetischen Schwelle tritt der Prozeß in ein Prodromalstadium ein, in welchem symptomatisch vor allem Streß-Anzeichen dominieren (Schlafstörungen, Erregbarkeit usw.). Auch in diesem Stadium schaukeln sich die Defizite durch additive und interaktive Effekte weiter

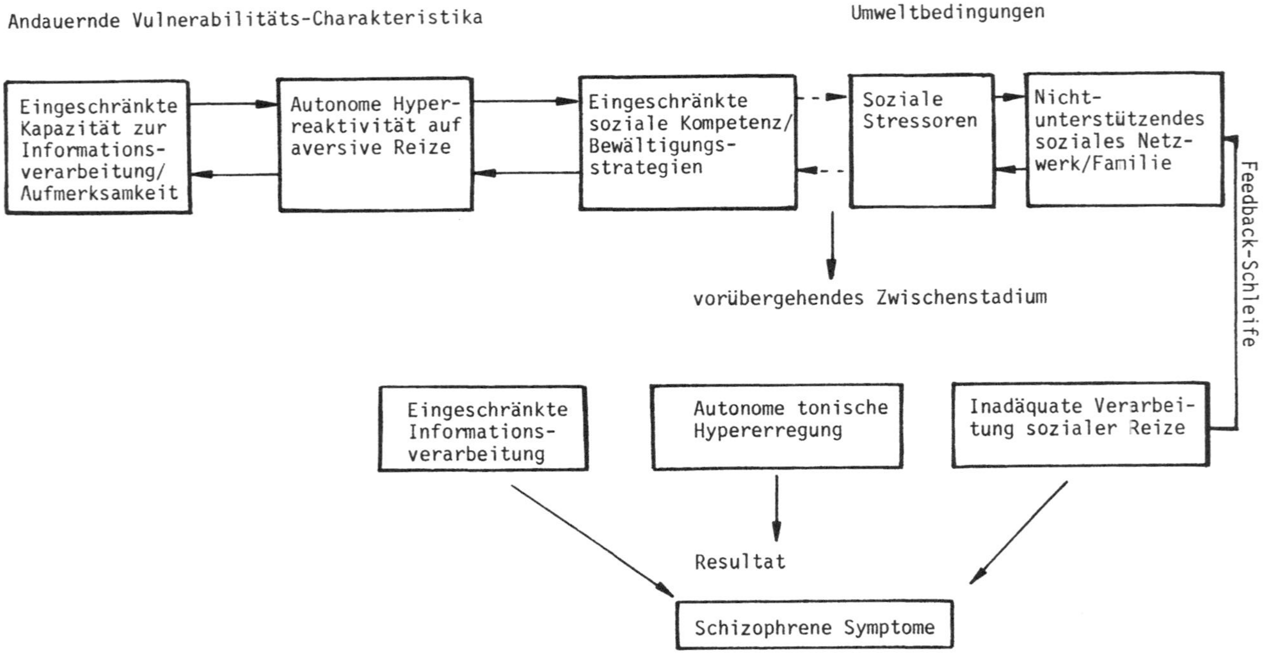

Abbildung 4.1: Interaktives Vulnerabilität-Streß-Modell (Nuechterlein & Dawson, 1984)

auf, und so kommt es schließlich zum Ausbruch der eigentlichen schizophrenen Symptome. Schizophrenie wird verstehbar als ein zirkulärer Prozeß, in dem anlage- und umweltbdingte Besonderheiten der Person mit Umweltreaktionen interagieren und sich gegenseitig beeinflussen.

Das Vulnerabilität-Streß-Modell scheint derzeit am besten geeignet, die vielfältigen Befunde der empirischen Schizophrenieforschung zu integrieren.

4.2 Komponenten verschiedener Ursachen schizophrener Störungen

Das Vulnerbilität-Streß-Modell von Nuechterlein & Dawson (1984) enthält Komponenten aus folgenden Bereichen:

- Kapazität zur Informationsverarbeitung und Aufmerksamkeit
- Erregungsniveau und Reaktionsbereitschaft
- Sozialkontakte und soziale Kompetenz
- soziale Streßfaktoren: wichtige Lebensereignisse, soziales Netzwerk; Bewältigungspotential
- Familienklima und Familieninteraktion
- genetische Komponenten

Empirische Ergebnisse aus diesen Bereichen werden im folgenden knapp zusammengefaßt referiert. Ausgenommen sind hier das Familienklima und die Familieninteraktion, die in Abschnitt 5 behandelt werden.

Zur ausführlicheren Darstellung wird auf die Übersichtsreferate von Nuechterlein & Dawson (1984), Dawson & Nuechterlein (1984), Wallace (1984) und Lukoff et al. (1984) verwiesen.

4.2.1 Eingeschränkte Kapazität zur Informationsverarbeitung und Aufmerksamkeit

Nuechterlein & Dawson zeigen in ihrer Literaturübersicht (1984) einige Defizite der Informationsverarbeitung und Aufmerksamkeit auf, die bei Risikopersonen, bei Personen mit florider schizophrener Symptomatik und bei nicht-psychotischen, relativ gut remittierten schizophrenen Patienten in ähnlicher Form vorhanden sind: Bei Aufgaben, die eine große Informationsverarbeitungskapazität erfordern oder in denen Ablenkungsreize vorhanden sind, kann der Aufmerksamkeitsfokus nicht aufrecht erhalten werden; weitere Leistungsminderungen zeigen sich in der Erhaltung der Reaktionsbereitschaft über eine Zeitspanne hinweg, der Selektion relevanter Reize mit entsprechender Reaktion sowie bei kurzzeitigen Gedächtnisleistungen bei hoher Speicherkapazität. Diese Einschränkungen der Informationsverarbeitung gelten als stabile Vulnerabilitätsindikatoren. Dagegen ist die Aufmerksamkeitsleistung bei Aufgaben, die eine relativ geringe Informationsverarbeitungskapazität erfordern, nur bei Patienten mit florider schizophrener Symptomatik verringert.

Nuechterlein & Dawson (1984) kommen zu dem Schluß, daß für bestimmte Aufgaben die kognitive Leistungskapazität herabgesetzt ist; dabei ist unklar, welche Diskrepanzen zwischen der Aufgabenstellung und deren kognitiver Verarbeitung entstehen und inwieweit sich die fehlende Kapazität auf andere, aufgabenfremde Stimuli richtet.

4.2.2 Psychophysiologische Besonderheiten: Autonome Hyperreaktivität und Reaktionsbereitschaft

Dawson & Nuechterlein (1984) beschreiben in ihrer Literaturübersicht psychophysiologische Besonderheiten der autonomen Erregung, gemessen an der Hautleitfähigkeit (elektrodermalen Aktivität), die während florider schizophrener Episoden, in remittiertem Zustand und bei Personen mit erhöhtem Schizophrenie-Risiko gefunden wurden.

Bei florid schizophrenen Patienten sind elektrodermale Anomalien in zwei verschiedenen Richtungen zu beobachten: Ein Teil von ihnen zeigt eine höhere autonome Erregung als gesunde Kontrollpersonen, bei einem anderen Teil bleibt die Orientierungsreaktion auf neutrale äußere Reize aus. Diese beiden abweichenden Reaktionen gelten auch für remittierte Patienten.

Personen, die aufgrund ihrer biologischen Zugehörigkeit zu Schizophrenen oder aufgrund psychometrisch definierter Merkmale als Risikopersonen gelten, reagieren entweder mit besonders hoher Erregung auf aversive Reize oder zeigen als sogenannte "Nonresponder" keine Reaktionsbereitschaft.

In der besonderen Erregbarkeit von Risikopersonen gegenüber aversiven Reizen sehen Dawson & Nuechterlein (1984) einen vermutlich genetisch übermittelten Vulnerabilitätsfaktor, während die tonische Hyperaktivität bei einem Teil der florid schizophrenen und remittierten Patienten wahrscheinlich eine später erworbene Folge der besonderen Vulnerabilität bedeutet.

Die fehlende Reaktion der "Nonresponder" kann nach Dawson & Nuechterlein (1984) entweder eine ebenfalls erworbene bzw. erlernte Folge der zugrundeliegenden Übersensibilität sein; sie kann aber auch einen Vulnerabilitätsfaktor eigener Art bedeuten.

4.2.3 Sozialverhalten und soziale Kompetenz

Wallace (1984) gibt einen Literaturüberblick und stellt zusammenfassend fest:

Die soziale Anpassung in dem Sinne, daß bestimmte Rollen und Funktionen in der Gemeinschaft und im Beruf übernommen und erfüllt werden, ist besonders bei Personen mit chronischer Schizophrenie sehr gering; dies gilt auch für die Anzahl und Qualität ihrer Beziehungen zu anderen Personen.

Untersuchungen mit Risikopersonen und auch retrospektive Informationen zeigen, daß ein Mangel an interpersonellen Beziehungen meist bereits vor dem ersten Auftreten schizophrener Symptome vorhanden ist. Kinder mit erhöhtem Schizophrenie-Risiko (Kinder schizophrener Eltern) wurden nach Beurteilungen von Gleichaltrigen, von Lehrern und aufgrund von Interviews als unsozial, wenig kooperativ, ängstlich-depressiv, unfreundlich und isoliert eingeschätzt.

Die frühen Anzeichen von eingeschränktem Sozialverhalten sprechen gegen die Annahme, daß es sich um eine Folge der schizophrenen Störung handelt, und werden von Wallace (1984) als Vulnerabilitätsfaktoren interpretiert. Das Ausmaß an fehlender sozialer Kompetenz während der Kindheit, Jugend und des Erwachsenenalters steht im Zusammenhang mit dem Schweregrad der Erkrankung.

4.2.4 Soziale Streßfaktoren

Neben den verschiedenen Vulnerabilitätscharakteristika der Person sind soziale Streßfaktoren, das heißt belastende Situationen aus der sozialen Lebensumwelt, an der Entstehung und am Verlauf schizophrener Störungen beteiligt. Einen Hauptteil der sozialen Lebensumwelt bildet die Familie; auf diesen Bereich wird ausführlich in Kapitel 5 eingegangen. Darüber hinaus können wichtige lebensverändernde Ereignisse, wie sie beispielsweise von Holmes & Rahe (1967) in einer Skala erfaßt wurden (berufliche Veränderungen, Umzug, Tod eines nahen Freundes etc.) bei vulnerablen Personen eine schizophrene Episode auslösen: In den 3-5 Wochen vor dem Ausbruch einer schizophrenen Episode kamen wichtige Lebensereignisse besonders häufig vor (Brown & Birley, 1968; Leff et al., 1973). Die mit Vulnerabilitätsmerkmalen zusammenhängenden Probleme der betroffenen Person können ihrerseits das Eintreffen belastender Ereignisse, wie zum Beispiel den Verlust der Arbeit, begünstigen, so daß hier eine enge Wechselwirkung besteht (Leff et al., 1973).

Betont werden muß, daß die sozialen Streßfaktoren erst dann krankheitsauslösende Wirkung erhalten, wenn sie aufgrund mangelnder sozialer Fertigkeiten (z.B. Cohen, 1978) oder weil ein unterstützendes soziales Netzwerk (Freunde, Nachbarn) fehlt (Randolph & Escobar, 1982), nicht bewältigt werden können. Einen Überblick über Studien zum Einfluß sozialer Streßfaktoren geben Lukoff et al., 1984.

4.2.5 Genetische Übermittlung

Eine genetisch übermittelte Anfälligkeit ("Vulnerabilität") für die Schizophrenie wird inzwischen mit großer Wahrscheinlichkeit angenommen. Man weiß jedoch noch wenig darüber, worin diese Störung besteht und unter welchen äußeren und inneren Einflüssen die Vulnerabilitätsfaktoren zur Entstehung der Schizophrenie oder zum Ausbruch einzelner schizophrener Episoden führen.

Das Morbiditätsrisiko, das in der allgemeinen Bevölkerung bei 1 % liegt, ist für Verwandte ersten Grades von schizophrenen Patienten etwa 10 mal so groß; es wird für die Kinder eines schizophrenen Elternteils auf 12,8 % und für die Geschwister auf 10,1 % geschätzt (Gottesman & Shields, 1982).

In Zwillingsuntersuchungen wurden die Konkordanzraten für Schizophrenie von eineiigen und zweieiigen Zwillingspaaren verglichen und höhere Konkordanzraten für eineiige Zwillinge festgestellt. Die Größe dieser Unterschiede variierte in den verschiedenen Studien beträchtlich, was auf Probleme der Diagnose- und Konkordanzbestimmung zurückzuführen war. Gottesman & Shields (1982) haben die Schizophrenie-Konkordanzraten aus den verschiedenen Studien zusammengefaßt und auf 46 % für eineiige Zwillinge und 14 % für zweieiige Zwillinge beziffert.

Für 12 eineiige Zwillingspaare, die voneinander getrennt aufwuchsen, gibt es eine Schizophrenie-Konkordanz von 58 % (Gottesman & Shields, 1982); gemeinsame Umwelteinflüsse, auf die auch bei eineiigen Zwillingen die größere Konkordanz zurückgeführt werden könnte, sind hier auszuschließen. Natürlich läßt die geringe Anzahl dieser Zwillingspaare keine Generalisierung des Ergebnisses zu.

Schließlich wurden Kinder oder Geschwister schizophrener Patienten, die von Familien ohne psychopatholgische Auffälligkeiten adoptiert worden waren und unabhängig von ihren biologischen Eltern und Geschwistern aufwuchsen, mit adoptierten Kindern verglichen, die aus psychopatholgisch unauffälligen Familien stammten. Heston (1966) fand für adoptierte Kinder von chronisch schizophrenen Müttern ein Morbiditätsrisiko von 16,6 % gegenüber 0 % in der Kontrollgruppe. Erhöhte Risiken wurden ebenfalls in der dänischen Adoptionsstudie von Rosenthal und seinen Mitarbeitern gefunden und zwar 18,8 %

versus 10,1 % (Rosenthal et al., 1968, 1971; Wender et al., 1974) sowie in der finnischen Adoptionsstudie von Tienari et al. (1985) (16,5 vs. 7,7 %).

Auf umgekehrtem Wege, also ausgehend von adoptierten schizophrenen Kindern, fand man bei deren biologischen Eltern und anderen Verwandten einen signifikant höheren Anteil von Personen mit schizophrenen Störungen, verglichen mit den Adoptiveltern und -verwandten dieser Kinder (Kety et al., 1978).

Die Zwillings- und Adoptionsstudien kommen zu ähnlichen oder übereinstimmenden Ergebnissen, die auf eine genetische Prädisposition hinweisen. Allein aufgrund der Erbanlagen kann die Schizophrenie jedoch nicht entstehen, sonst müßte bei eineiigen Zwillingen die Schizophrenie-Konkordanz 100 % betragen, und das ist nicht der Fall. Im übrigen liegt ein besonderes Problem dieser Forschungsstrategie in den speziellen Bedingungen, die für die Situation adoptierter Kinder gelten, so daß sich die Ergebnisse nur eingeschränkt verallgemeinern lassen.

5 FAMILIENFAKTOREN IM KONTEXT DES VULNERABILITÄT-STRESS-MODELLS

Nach der kurzen Darstellung komplexer theoretischer Modellvorstellungen über die mehrdimensionale Verursachung schizophrener Störungen (Abschnitt 4) sollen im folgenden Abschnitt Annahmen und empirische Ergebnisse über den Einfluß von Familienfaktoren behandelt werden, die als Elemente im Gesamtgefüge des Vulnerabilität-Streß-Modells anzusehen sind. Es werden Aspekte der Einstellung und des Interaktionsverhaltens von Angehörigen diskutiert, die - im Gegensatz zu den im Abschnitt 3 berichteten Ergebnissen aus Querschnittsuntersuchungen - in prospektiven Längsschnittstudien untersucht wurden; dabei wird zwischen deren Bedeutung für die Entstehung schizophrener Psychosen und ihrem Einfluß auf den Krankheitsverlauf unterschieden.

Unter folgenden Gesichtspunkten hat die Rolle des familiären Umfeldes schizophrener Patienten einen neuen Stellenwert erhalten:

a) Die medikamentöse Therapie der Schizophrenie hat sich stark geändert. Durch die Behandlung der Akutsymptomatik mit Neuroleptika sind die stationären Behandlungszeiten deutlich verkürzt worden, und zur Verhinderung von Rezidiven wird die neuroleptische Langzeitmedikation erfolgreich angewandt. Jedoch kommt es trotz Neuroleptika-Medikation in 40 % der Fälle innerhalb von 2 Jahren zu Rückfällen (Hogarty et al., 1979), so daß zusätzliche psychosoziale Maßnahmen, insbesondere die Einbeziehung der familiären Umgebung, für die Rückfallprophylaxe erforderlich sind.

b) Im Rahmen der Expressed-Emotion-Forschung (vgl. Abschnitt 5.1) wurden Konzepte entwickelt, die auf eine deutliche Beteiligung familiärer Faktoren hinweisen; dies gilt insbesondere für den Verlauf schizophrener Störungen. Danach spielt die emotionale Atmosphäre im Hause der Patienten eine entscheidende Rolle, ob sie innerhalb von 9 Monaten nach Entlassung aus einer stationären Behandlung einen Rückfall erleiden oder nicht.

c) Die Konzepte lassen sich in den theoretischen Rahmen eines interaktiven Vulnerabilität-Streß-Modells einordnen.

Die daraus resultierende derzeitige Sichtweise unterscheidet sich in einigen wichtigen Voraussetzungen von früheren Untersuchungen:

1. Die Frage nach Einflüssen der Familienumwelt auf die Entwicklung schizophrener Psychosen bezieht sich auf das interaktive Zusammenwirken von Faktoren der Familienumwelt mit Vulnerabilitätsmerkmalen der Indexperson.

2. Ein ätiologischer Zusammenhang läßt sich nur in prospektiven Längsschnittuntersuchungen bestimmen, in denen Familienfaktoren vor der Manifestation einer schizophrenen Störung beobachtet und die mögliche Krankheitsentwicklung über mehrere Jahre hinweg verfolgt wird.

3. Das am Prozeß orientierte Modell unterscheidet Familienfaktoren, die an der Entstehung schizophrener Störungen beteiligt sind, von Familienfaktoren, die an ihrem Verlauf beteiligt sind. Entstehungsfaktoren sind bereits vor dem ersten Ausbruch der Schizophrenie vorhanden und werden in "High-Risk"-Studien (vgl. Abschnitt 4.2) untersucht. Bei Verlaufsfaktoren werden Familien, in denen die Indexperson bereits als schizophren diagnostiziert wurde, daraufhin beobachtet, wie sich Familienvariablen auf die Krankheitsentwicklung und die Wahrscheinlichkeit einer erneuten psychotischen Episode auswirken.

5.1 Die emotionale Einstellung zum Patienten: Konzept der "Expressed Emotion" (EE)

Expressed Emotion (EE) kennzeichnet emotionale und kognitive Aspekte der Einstellung von Angehörigen gegenüber ihrem als schizophren diagnostizierten Familienmitglied, die im folgenden erläutert werden.

5.1.1 Historische Entwicklung des EE-Konzepts

Das EE-Konzept geht auf die Untersuchungen von Brown und seinen Mitarbeitern (Brown, 1959; Brown et al., 1962) in England zurück und wurde in einer Reihe von Studien entwickelt, die der Frage nachgingen, unter welchen Bedingungen manche schizophrene Patienten nach der Entlassung aus einer stationären Behandlung einen Rückfall erleiden und welche Bedingungen möglicherweise schützende Funktion haben. Brown (1959) hatte festgestellt, daß Rückfälle bei Patienten, die entweder in große Heime oder zu ihren Eltern oder Ehepartnern zurückkehrten, häufiger auftraten als bei Patienten, die in kleineren Wohngemeinschaften oder zusammen mit Geschwistern lebten. Hinzu kam, daß Rückfälle umso häufiger waren, je mehr Zeit die Patienten zusammen mit ihren Angehörigen verbrachten. Dies führte zur genaueren Betrachtung des Familienklimas, das bei vulnerablen Personen, die bereits eine schizophrene Episode erlitten haben, einen Rückfall begünstigt. (Zur ausführlichen Beschreibung des EE-Konzepts wird auf Leff & Vaughn (1985), Brown (1985) und auch Hooley (1985) verwiesen.)

5.1.2 Camberwell Family Interview (CFI)

Rutter & Brown (1966) entwickelten nach einer Reihe von Voruntersuchungen das Camberwell Family Interview (CFI) zur Erfassung der als relevant erachteten Einstellungen von Familienangehörigen gegenüber dem schizophrenen Familienmitglied. Mit diesem standardisierten Interview werden die Familienangehörigen, bei denen der Patient lebt, über die wichtigsten Ereignisse und Verhaltensweisen des Patienten während der letzten 3 Monate vor dem Ausbruch der schizophrenen Episode befragt. Für das ursprünglich vier Stunden dauernde Interview haben Vaughn & Leff (1976 b) die heute üblicherweise verwendete Kurzform, die etwa eineinhalb Stunden in Anspruch nimmt, entwickelt.

Das Hauptziel des CFI besteht darin, aus der Art, wie sich der Angehörige zu den im Interview angesprochenen Bereichen im Zusammenhang mit dem Verhalten des Patienten äußert, die Einstellungen und Gefühle des Angehörigen gegenüber dem Patienten zu erfassen. Als Maß für die Einstellungen und Gefühle des Angehörigen gegenüber dem Patienten, und damit als Maß für das emotionale Klima in der Familie, wird ein Expressed-Emotion-Index (EE-Index) für jeden einzelnen Angehörigen ermittelt. Einzelheiten zur Durchführung und Auswertung des CFI sind im empirischen Teil dieser Arbeit, Abschnitt 8.2.2, beschrieben.

5.1.3 EE-Index

Zur Beschreibung des EE-Index sei auf Abschnitt 8.2.2 im empirischen Teil dieser Arbeit verwiesen. An dieser Stelle soll nur die inhaltliche Bedeutung des EE-Index zum besseren Verständnis der nachfolgenden Ergebnisse aus der EE-Forschung zusammengefaßt werden:

Nach der Auswertung des Camberwell Family Interviews wird jeder Angehörige entweder als niedrig-EE (NEE) oder als hoch-EE (HEE) eingestuft. Die Einstufung beruht auf einem Gesamturteil, das aus der Einschätzung einzelner Skalen resultiert. Die Äußerungen eines Angehörigen im Interview werden auf fünf Skalen eingeschätzt: Kritische Haltung, feindselige/ablehnende Haltung, übermäßige emotionale Beteiligung (EOI), positive Bemerkungen und Wärme. Für die empirische Schizophrenieforschung sind jedoch bisher nur die drei folgenden Skalen von Bedeutung:

<u>KRITISCHE HALTUNG</u>

Schildert ein Angehöriger das Verhalten des Patienten mit dem Ausdruck von Mißbilligung oder Ärger, so werden diese Äußerungen als kritische Kommentare gewertet. Für die Bewertung spielt neben einem negativen Inhalt, der eindeutig ablehnend formuliert sein muß, vor allem die Stimmqualität eine Rolle. Unterschiede im Tonfall (Lautstärke, Tonhöhe, Geschwindigkeit und Intensität der Rede) machen die Einstellung des Angehörigen zum geschilderten Verhalten deutlich; zum Beispiel "... bis Mittag liegt er im Bett rum und tut <u>absolut nichts</u>!" (Aufgebrachter, erregter Tonfall).
Die Summe aller als kritische Kommentare zu wertenden Äußerungen bildet die Skala "Kritik". Bei 6 und mehr kritischen Kommentaren wird der Angehörige als HEE eingestuft.

<u>ABLEHNUNG/FEINDSELIGE HALTUNG</u> ("Hostility")

Kritik, die über die negative Bewertung des Verhaltens hinausgeht und sich in ablehnender oder generalisierender Weise gegen die <u>Person</u> des Patienten richtet, wird als "Feindseligkeit" beurteilt. Enthält das Interview eine derartige Äußerung, so wird der Angehörige aufgrund dieser Skala als HEE eingestuft.

ÜBERMÄßIGE EMOTIONALE BETEILIGUNG ("Emotional Overinvolvement", EOI)

Geht aus den Berichten des Angehörigen eine übermäßige Sorge um den Patienten hervor und sind damit Verhaltensweisen der Angehörigen verbunden, die - gemessen am Alter und an der Situation des Patienten - als unangemessen und überfürsorglich anzusehen sind, so wird hierfür ein globaler Index auf der EOI-Skala ("extreme Überfürsorglichkeit") bestimmt, der von 0 bis 6 reicht. Überfürsorglichkeit drückt sich auch durch Selbstanklagen der Angehörigen, völlige Einschränkung der eigenen Bedürfnisse zugunsten des Patienten und selbstaufopferndes Verhalten aus. Zum Beispiel: "Ich gehe nie ohne ganz dringenden Grund aus dem Haus, damit ich immer da bin, wenn er mich braucht". Bei einem Wert von 4 oder höher wird der Angehörige als HEE auf dieser Skala eingestuft.

HEE kann sich aufgrund dieser drei Beurteilungsskalen in zwei inhaltlich unterschiedlichen Formen ausdrücken:

HEE in Form einer kritischen/ablehnenden Haltung

a) Ein HEE-Angehöriger weist eine kritische Haltung gegenüber dem Patienten auf, das heißt, er mißbilligt dessen Verhalten in vielen Bereichen und Situationen.

b) Ein HEE-Angehöriger ist gegenüber dem Patienten ablehnend oder auch feindselig eingestellt.

HEE in Form von emotionalem Überengagement

Die Haltung des HEE-Angehörigen ist von selbstaufopfernder Überfürsorglichkeit für den Patienten und extremer Besorgnis geprägt.

Schließlich können HEE-Angehörige auch aufgrund beider Skalen als HEE eingestuft werden. Bei NEE-Angehörigen sind diese Einstellungsmerkmale nicht vorhanden, oder sie liegen unter den genannten Ausprägungen. (Diese Zuweisung erfolgt schizophreniespezifisch; für die Angehörigen Depressiver gelten bereits 2 kritische Kommentare als HEE.)

Die beiden Skalen "Wärme" und "Positive Bemerkungen" blieben bisher in der EE-Literatur von untergeordneter Bedeutung; sie haben im Gegensatz zu den Skalen "Kritik" und "EOI" keinen empirischen Vorhersagewert erlangt. Sie könnten jedoch in zukünftigen Untersuchungen zur Klärung der Frage beitragen, welche Aspekte des emotionalen Klimas in der Familie der Rückfallgefahr vorbeugen.

Die Reliabilität der einzelnen Skalen, die von trainierten Beurteilern eingeschätzt werden, liegt zwischen r = .80 und r = .90.

5.2 Interaktionsverhalten der Familienangehörigen: "Affective-Style" (AS)

Die EE-Skalen erfassen die Einstellungen der Angehörigen gegenüber dem Patienten, wie sie sich in einem Interview gegenüber dem Interviewer äußern, wenn der Angehörige über den Patienten spricht. Welche Familieninteraktionen aufgrund dieser Einstellungen unmittelbar zwischen Patienten und Angehörigen stattfinden, bleibt zunächst offen. In engem Zusammenhang zum EE-Konzept entwickelten Doane et al. (1981) das "Affective-Style"-Zeichensystem (AS). In Anlehnung an die relevanten EE-Variablen Kritik, Feindseligkeit und Emotionales Überengagement konstruierten sie Beobachtungskategorien, die einzelne Ausschnitte aus der realen Interaktion zwischen Angehörigen und Patienten auf mikroanalytischer Ebene abbilden. Eine Eins-zu-eins-Beziehung zwischen den Kategorien und den EE-Bereichen wurde dabei nicht angestrebt. Mit dem AS-Zeichensystem werden wörtliche Transkripte von verbalen Interaktionen zwischen den Familienmitgliedern kodiert.

5.2.1 "Familiendiskussion"

Zur Erhebung der Interaktionsvariablen wurde die Revealed-Differences-Technique von Strodtbeck (1954) in modifizierter Form verwendet (Goldstein 1968): Die Familienmitglieder - im allgemeinen Patient, Mutter und Vater - diskutieren zu dritt über ein Familienproblem, zu dem unterschiedliche Meinungen bestehen. Das Thema wird vor der Diskussion in Absprache mit der Familie festgelegt; es wurde von der Familie als für sie relevant beurteilt, so daß ein persönliches Engagement und ein gewisses Maß an affektiver Beteiligung während der Diskussion anzunehmen ist. Die Familienmitglieder diskutieren 10 Minuten lang über das Problem, teilen sich ihre Meinungen und Gefühle dazu mit und versuchen, eine Lösung zu finden. Dabei werden sie vom Versuchsleiter allein gelassen. Die Diskussion wird auf Video aufgezeichnet, und es werden Transkripte davon angefertigt. (Auf das hier kurz beschriebene Verfahren zur Generierung von Familieninteraktionsvariablen wird im empirischen Teil dieser Arbeit, Abschnitt 8.2.3, ausführlich eingegangen.)

5.2.2 AS-Beobachtungskategorien

Das AS-Zeichensystem von Doane et al. (1981) umfaßt folgende Hauptdimensionen und Einzelkategorien:

KRITIK GEGENÜBER DEM PATIENTEN

a) Persönliche Kritik: Kritik, die in einer scharfen, generalisierenden Form geäußert wird und sich auf die gesamte Person und breite Verhaltensklassen des Patienten bezieht.

b) Spezifische Kritik: Eine umschriebene, mildere Form der Kritik, bei der einzelne Verhaltensaspekte des Patienten und spezifischere Situationen angesprochen werden.

SCHULDVORWÜRFE

Die Äußerungen enthalten zwei Komponenten: Dem Patienten wird die Schuld für negative Ereignisse zugeschrieben, und die Angehörigen machen deutlich, wie unangenehm sie davon mitbetroffen sind.

EINMISCHUNG/"GEDANKENLESEN" ("Intrusiveness")

Angehörige äußern sich so, als ob sie die Gedanken und Gefühle des Patienten besser kennen würden als der Patient selbst.

a) Kritische "Einmischung": Die Einmischung des Angehörigen enthält strafende, Kritik übende Elemente.

b) Neutrale "Einmischung": Die Einmischung hat eine neutralere Qualität und bezieht sich auf das emotionale Befinden des Patienten, seine Wünsche und Vorlieben.

(Das deutsche Wort "Einmischung" gibt nur einen Teilaspekt des englischen Wortes "intrusiveness" wieder. Im Verlauf dieser Arbeit soll "Einmischung/Gedankenlesen" mit dem Wort "intrusiveness" gleichbedeutend sein.)

UNTERSTÜTZUNG

a) Unmittelbare Unterstützung: Der Angehörige drückt gegenüber dem Patienten in direkter Form sein Interesse an der Person und an den Problemen des Patienten aus sowie seine Bereitschaft, ihm zu helfen und ihn zu unterstützen.

b) Sekundäre Unterstützung: Die Unterstützung wird in indirekter Form, zum Beispiel durch Anerkennung einzelner Fortschritte des Patienten, ausgedrückt.

Das AS-Zeichensystem wurde in jüngerer Zeit in der Familieninteraktionsforschung im Bereich schizophrener Störungen häufig verwendet; dabei wurden aus den Beobachtungskategorien Interaktionsprofile gebildet, insbesondere in Form eines positiven vs. negativen affektiven Klimas. In den folgenden Abschnitten wird auf die verschiedenen Untersuchungen und Ergebnisse Bezug genommen.

Einzelheiten zur Anwendung des AS-Zeichensystems, Beispiele zu den Kategorien und Angaben über seine Reliabilität, die als ausreichend gilt, werden von Doane et al. (1981) berichtet.

5.3 Entstehungsbedingungen: Familienfaktoren, die einer schizophrenen Störung vorausgehen

In drei Langzeitstudien wurde und wird derzeit noch der Einfluß von Familienbeziehungen auf die Entstehung einer Schizophrenie untersucht: In der UCLA-High-Risk-Studie (Goldstein, 1985), der Israelischen High-Risk-Studie (Marcus et al., 1987) und der Finnischen Adoptionsstudie (Tienari et al., 1987). Eine Übersicht über diese Studien, soweit sie sich auf Familienvariablen beziehen, gibt Goldstein (1988).

Im theoretischen Zusammenhang des Vulnerabilität-Streß-Modells wurden Familienbeziehungen vor dem Ausbruch einer schizophrenen Störung untersucht. Als Indexpersonen in den Risikofamilien wurden in den Studien von Marcus et al. (1987) und Tienari et al. (1987) Kinder schizophrener Eltern definiert; in der UCLA-Studie waren es Jugendliche im Alter zwischen 14 und 19 Jahren, die starke Verhaltensstörungen, jedoch keine psychotischen Symptome aufwiesen.

Die Israelische High-Risk-Untersuchung

In der 1967 begonnenen Israelischen High-Risk-Studie wird der Einfluß der Familienumwelt im Zusammenhang mit psychophysiologischen Faktoren untersucht, die als Hinweise auf Vulnerabilitätsmerkmale dienen könnten. Von 50 Kindern schizophrener Eltern (überwiegend schizophrener Mütter) und 50 Kindern von Eltern ohne psychische Störung wuchs die eine Hälfte in einem Kibbutz und die andere Hälfte in der traditionellen Kleinfamilie in der Stadt auf. Die Risiko-Kinder und die Kinder der Kontrollgruppe waren im Matching-Verfahren nach Alter, soziokulturellen Merkmalen und Familiengröße zusammengestellt worden und stammten aus denselben Schulklassen. Ihr Alter lag zu Beginn der Studie zwischen 8 und 14 Jahren. Neben neuropsychologischen Maßen wurde die Familienumgebung, in der die Kinder lebten, untersucht. Familienvariablen wurden nach Selbstberichten der Eltern und nach Beurteilungen von Sozialarbeitern, also nicht durch direkte Beobachtung, erhoben. Als Kriterium für ein ungünstiges, das heißt die Entstehung der Schizophrenie begünstigendes Familienklima wurde ein überfürsorglicher, inkonsistenter oder feindseliger Beziehungsstil zwischen Eltern und Kind festgelegt. 13 Jahre später wurde die Psychopathologie der jungen Frauen und Männer erhoben, und zwar für 90 der ursprünglich 100 Personen. 26

erhielten eine DSM-III-Diagnose, davon 22 in der Risiko- und 4 in der Kontrollgruppe, wobei der überwiegende Teil dieser Personen (16) im Kibbutz aufgewachsen war. Für 9 von ihnen lautete die Diagnose Schizophrenie oder Schizophrenie-Spektrum. Sie befanden sich nur in der Gruppe der Kinder von schizophrenen Eltern und nur bei denjenigen, die in einem ungünstigen Familienklima aufwuchsen. Gleichzeitig wiesen alle diese Fälle psychophysiologische Anomalien auf. Der mögliche Zusammenhang zwischen Familienvariablen und psychophysiologischen Besonderheiten der Indexperson ist bisher nicht bekannt und muß berücksichtigt werden. Die Ergebnisse sind noch nicht vollständig, da bisher noch nicht alle Kinder das für den Ausbruch der Schizophrenie kritische Alter erreicht haben.

Die Finnische Adoptionsstudie

In der Finnischen Adoptionsstudie wird der Einfluß genetischer Komponenten in Verbindung mit unterschiedlichen Familienbedingungen in Adoptivfamilien untersucht. In einer in ganz Finnland erhobenen Stichprobe werden Kinder schizophrener Mütter, die von nicht-verwandten Familien adoptiert wurden, mit Kindern von Müttern ohne psychische Störung, die ebenfalls von nicht-verwandten Familien adoptiert wurden, verglichen. Bisher sind 247 Fälle (112 Index- und 135 Kontrollfamilien) analysiert worden (Tienari et al., 1987).

Neben der Unterscheidung zwischen biologischen und Adoptiveltern wurde mit Hilfe von Beobachtungs- und Rating-Verfahren die Qualität der familiären Umgebung beurteilt. Die Einschätzungen basierten auf einem gemeinsamen Interview mit der gesamten Familie, einem gemeinsamen Interview mit den Eltern allein, einer Familieninteraktionsaufgabe entsprechend dem Familien-Rorschach-Test und schließlich der Interpersonal Perception Method von Laing et al. (1966). Mit den Adoptiveltern wurde zusätzlich ein Einzelinterview, der Rorschach-Test und ein Teil des Wechsler Adult Intelligence Test (Wechsler, 1981) durchgeführt. Mit Hilfe aller aus den Interviews gewonnenen Informationen wurde das Familienklima in 5 Kategorien von "gesund" bis "ernsthaft gestört" eingestuft.

Von 10 als psychotisch diagnostizierten Personen gehörten 8 der Gruppe von 112 Indexpersonen an (= 7,14 %) und 2 der Kontrollgruppe von 135 Personen (= 1,48 %), was dem Erkrankungsrisiko in der Gesamtbevölkerung entspricht.

Bei allen Fällen, die eine Schizophrenie entwickelten, war das Familienklima als "gestört" eingestuft worden, während in den Familien, die als "gesund" beurteilt wurden, das allgemeine Erkrankungsrisiko nicht überschritten wurde.

Diese Ergebnisse stützen ein interaktives Vulnerabilität-Streß-Modell und sprechen ebenso gegen eine rein genetische wie gegen eine rein familienumweltbedingte Verursachung. Sie bedeuten vielmehr einen gemeinsamen Effekt der biologischen Ausstattung und der Familienumgebung, in der das Risiko-Kind aufwächst.

Die UCLA-Risiko-Studie

Bisher am intensivsten untersucht wurden Familienfaktoren in der UCLA-Risiko-Studie (Goldstein et al., 1968 - derzeit noch andauernd). Die 1965 begonnene Langzeituntersuchung ging den beiden Hauptfragen nach, ob sich schizophrene Störungen aufgrund von bestimmten nicht-psychotischen Verhaltensauffälligkeiten einerseits und aufgrund der emotionalen Familienbeziehungen und der Familienkommunikation andererseits vorhersagen lassen. Die Familien wurden nach der Art der Verhaltensauffälligkeiten der Indexperson und nach Familien-Parametern in 4 Gruppen mit unterschiedlich hohem Schizophrenie-Risiko unterteilt. Mit dem "Communication Deviance"-Maß (CD; Wynne et al., 1977) (vgl. Abschnitt 3.2.2) wurde die elterliche Kommunikation erfaßt und in niedrige, mittlere und hohe CD-Werte unterteilt; zur Erfassung der affektiven Beteiligung in Familieninteraktionen wurden auf Video aufgenommene Problemgespräche der Familie transkribiert und die Äußerungen der Eltern mit dem "Affective Style"-Zeichensystem (Doane et al., 1981; vgl. Abschnitt 5.2) kodiert. Es wurden Gruppen mit positiver, neutraler und negativer affektiver Beteiligung unterschieden.

Nach 5- und 15-jähriger Follow-up-Zeit wurden "blind", also ohne Kenntnis der Familienvariablen, Diagnosen für die Indexpersonen gestellt. Als Kriterium wurde (anstelle einer reinen Schizophrenie-Diagnose) die erweiterte Schizophrenie-Spektrum-Diagnose (Schizophrenie, schizoide, paranoide und borderline Persönlichkeitsstörung) analog zur Dänischen Adoptionsstudie (Kety et al., 1968) festgelegt. Unter diese Diagnose fallen Blutsverwandte Schizophrener häufig, nicht jedoch Verwandte von Personen mit anderen, nicht-psychiatrischen Störungen (Kety et al., 1968). Außerdem hatten die jugendlichen Indexpersonen zum Zeitpunkt der 5-Jahres-Kontrolle, als die Gruppen mit unterschiedlichen Diagnosen gebildet wurden, die Risikoperiode für den Ausbruch einer reinen Schizophrenie noch nicht durchschritten. Während die Form der Verhaltensauffälligkeiten nur geringen oder keinen Vorhersagewert besaß (Goldstein, 1985), wurden die Diagnosen Schizophrenie oder Schizophrenie-Spektrum nur in Familien mit hohen CD-Werten gestellt. CD in Kombination mit AS besaß den höchsten prognostischen Wert bei der Vorhersage der Entwicklung einer Schizophrenie oder schizophrenieähnlichen Störung für die 15-jährige Follow-up-Zeit (Goldstein, 1987) (Tabelle 5.1).

Tabelle 5.1: Vorhersage von psychischen Störungen: CD/AS kombiniert (UCLA-Studie; Goldstein, 1986; zit. n. Hahlweg et al., im Druck)

		AS			
		niedrig	mittel	hoch	
	niedrig	4	1	3	K*
		1	1	1	A*
		0	0	1	S*
CD	mittel	2	0	1	K
		6	4	2	A
		0	1	③	S
	hoch	4	0	0	K
		4	1	1	A
		1	①	⑧	S

*K = keine Diagnose
*A = andere Diagnose (Depression; andere Persönlichkeitsstörungen)
*S = Schizophrenie-Spektrum (Schizophrenie, schizoide, paranoide, borderline Persönlichkeitsstörung)

In einer weiteren Analyse wurde neben CD und AS auch der EE-Status aufgrund der Erstinterviews mit den Angehörigen - nicht aufgrund des sonst üblichen Camberwell Family Interviews - bestimmt. Die Jugendlichen ließen sich drei Elterngruppen zuordnen: beide Eltern hoch-EE, beide Eltern niedrig-EE oder ein Elternteil hoch- und eines niedrig-EE. Tabelle 5.2 zeigt für diese Substichprobe von 45 Familien den Vorhersagewert der CD-, AS- und EE-Maße für den 15-Jahres-Zeitraum. Die Schizophrenie-Spektrum-Diagnose konnte aufgrund dieser Faktoren jeweils einzeln signifikant vorherbestimmt werden. Am häufigsten traf sie zu, wenn die drei Faktoren in hoher bzw. negativer Ausprägung gemeinsam vorhanden waren. In den Fällen, in denen CD bereits als hoch und AS als negativ eingestuft worden waren, bedeutete eine hohe EE-Ausprägung keinen zusätzlichen Effekt (Goldstein, 1985). Auf die Zusammenhänge zwischen der im Interview geäußerten Einstellung gegenüber der Indexperson (EE) und affektiven Komponenten der realen Interaktion (AS) wird in Abschnitt 6.1 ausführlich eingegangen.

Tabelle 5.2: Vorhersage der Diagnose (DSM III; 15 Jahre Follow-up) (UCLA-Studie; Goldstein, 1983; zit. n. Hahlweg et al., im Druck)

	CD			AS			EE		
	K*	A*	S*	K	A	S	K	A	S
niedrig	8	3	1	11	11	1	5	12	1
mittel	3	13	14	1	6	2	6	5	6
hoch	4	7	10	4	4	12	1	4	7
	$p < 0.002$			$p < 0.0008$			$p < 0.04$		

*K = keine Diagnose
*A = andere Diagnose (Depression, andere Persönlichkeitsstörungen)
*S = Schizophrenie-Spektrum (Schizophrenie, schizoide, paranoide, borderline Persönlichkeitsstörung)

Mit diesen Ergebnissen wird belegt, daß ein ungünstiges Familienklima in Form eines negativen affektiven Klimas zwischen Eltern und Jugendlichen und in Form ungewöhnlicher, unklarer Kommunikation zwischen den Eltern der Entwicklung einer schizophrenen Symptomatik vorausgeht. Die Frage bleibt jedoch offen, inwiefern Aspekte des ungünstigen Familienklimas nicht bereits eine Folge von sehr früh vorhandenen Schwierigkeiten im Verhalten der jugendlichen Indexpersonen bedeuten.

Gemeinsam stützen die Ergebnisse der drei geschilderten Längsschnittuntersuchungen die theoretischen Annahmen des Vulnerabilität-Streß-Modells und weisen darauf hin, daß eine belastende Familienumwelt in Verbindung mit genetisch bedingten und/oder erworbenen Vulnerabilitätsmerkmalen an der Entwicklung schizophrener Störungen beteiligt ist. Wie die verschiedenen Einflüsse miteinander interagieren und welche Effekte den im Jugendalter festgestellten Auffälligkeiten bereits vorausgegangen sind, läßt sich noch nicht beantworten.

5.4 Verlaufsfaktoren

5.4.1 EE als Rückfall-Prädiktor

In der ursprünglichen Studie von Brown et al. (1962) erlitten 76 % der Patienten, die nach einer stationären Behandlung in eine HEE-Familie zurückkehrten, und 28 % der Patienten in NEE-Familien innerhalb von 9 Monaten einen Rückfall. Diesem ersten Ergebnis folgten zunächst drei prospektive Studien, in denen die prädiktive Validität des EE-Maßes untersucht wurde. Dabei kamen die beiden englischen Studien von Brown et al. (1972) und Vaughn & Leff (1976) zu ähnlichen Ergebnissen wie die amerikanische Replikationsstudie (Vaughn et al., 1984): Die Rückfallquoten lagen bei Patienten in HEE-Familien zwischen 48 und 58 %, in NEE-Familien zwischen 6 und 17 %. Diese signifikanten Unterschiede wurden inzwischen durch weitere, kulturübergreifende Ergebnisse erhärtet. In weiteren 5 Untersuchungen wurde die Rückfallquote schizophrener Patienten in Abhängigkeit vom EE-Status der Familienangehörigen untersucht (Moline et al., 1985; Nuechterlein et al., 1986; Jenkins et al., 1986; Leff, Wig et al., 1987; Tarrier et al., 1988). Faßt man die Ergebnisse dieser Studien mit insgesamt 382 Patienten zusammen, so erlitten 54 % der schizophrenen Patienten mit einem HEE-Angehörigen innerhalb von 9 Monaten nach der Entlassung aus einer stationären Behandlung einen Rückfall, im Gegensatz zu nur 16 % der Patienten, die in eine NEE-Familie zurückkehrten. Als Rückfall-Kriterium galt eine Exazerbation der Symptome, die aufgrund des PSE-Interviews (Wing et al., 1974) ermittelt wurden. Die Rückfallquoten aus diesen insgesamt 8 Untersuchungen sind in Tabelle 5.3 (Hahlweg et al., im Druck) zusammengefaßt.

Tabelle 5.3: Expressed Emotion (EE) und Rückfall (%) nach 9 Monaten (zit. n. Hahlweg et al., im Druck)

Autor	N	NEE	HEE
Brown et al., 1972	101	16	58
Vaughn & Leff, 1976	37	6	48
Vaughn et al., 1984	54	17	56
Moline et al., 1985	24	31	91
Nuechterlein et al., 1986	27	0	40
Jenkins et al., 1986	44	26	59
Leff, Wig et al., 1987	70	9	31
Tarrier et al., 1988	25	20	53
Mittelwert	382	16 %	54 %

Diesen in hohem Maße interkulturell übereinstimmenden Ergebnissen stehen einzelne Befunde aus drei Studien gegenüber, bei denen keine signifikanten Zusammenhänge zwischen der Rückfallrate und dem EE-Status festgestellt wurden (Dulz & Hand, 1986; MacMillan et al.,1986; Parker et al., 1988):

Dulz & Hand (1986) fanden in einer deutschen Stichprobe eine Rückfallquote von 58 % für Patienten aus HEE-Familien und von 65 % für Patienten aus NEE-Familien. Eine genaue Betrachtung dieses der vorausgegangenen Forschung erheblich widersprechenden Ergebnisses zeigt drei Hauptunterschiede des Untersuchungsdesigns und der Auswertungsmethode auf (vgl. Vaughn, 1986): a) Die Kriterien für einen Rückfall waren wesentlich weiter gefaßt; b) Die Zuordnung zur Hoch- oder Niedrig-EE-Gruppe entsprach nicht genau dem festgelegten Modus und c) Die Patienten lebten nach ihrer Entlassung aus stationärer Behandlung bis zum Follow-up-Zeitpunkt nur zum Teil mit ihren Angehörigen zusammen.

MacMillan et al. (1986) stellten fest, daß EE weder prognostische Signifikanz aufweise, noch von der prämorbiden Psychopathologie der Patienten unabhängig sei, wie dies postuliert worden war. Die Hauptstudie (Johnstone et al.; Crow et al.; MacMillan et al., 1986) ging den Effekten unterschiedlicher Neuroleptika-Behandlungsformen nach. 120 Patienten (Ersterkrankungen) waren nach Zufall einer Behandlungs- und einer Placebo-Gruppe zugeordnet worden, und weitere 116 Patienten (ebenfalls Ersterkrankungen), die für eine Zufallszuordnung nicht geeignet waren, wurden standardmäßig weiterbehandelt. Die Patienten in dieser Gruppe der Standardbehandlung unterschieden sich in wesentlichen Punkten von den beiden Experimentalgruppen: Sie hatten eine schlechtere Verlaufsprognose, denn sie wiesen einen längeren Zeitraum der unbehandelten Psychose vor der Klinikaufnahme, einen längeren Klinikaufenthalt und eine hohe Wahrscheinlichkeit auf, nach der stationären Behandlung unbeschäftigt zu bleiben; darüber hinaus war das Rückfallkriterium für die Standardgruppe enger definiert. Aus diesen unterschiedlichen Populationen bildeten MacMillan et al. (1986) eine Substichprobe von 77 Patienten mit 88 Angehörigen und setzten folgende Variablen zum Verlauf, das heißt zur rückfallfreien Zeit nach der Klinikentlassung, in Beziehung:

- EE-Status von einem oder mehreren Angehörigen; die Gruppe der Hoch-EE-Angehörigen bestand aus Personen mit mehr als 6 kritischen Kommentaren im CFI; EOI kam nur vereinzelt vor.
- Kontaktdauer zwischen Patienten und Angehörigen
- Ausmaß der Symptomatik vor stationärer Behandlung
- Zeitraum der unbehandelten Erkrankung vor Klinikaufnahme
- Behandlungsform

In ihrer "Survival-Analyse" stellten MacMillan et al. (1986) fest, daß die Rückfallraten von Patienten mit HEE-Angehörigen (Skala "Kritik") signifikant höher waren als von Patienten mit NEE-Angehörigen: "Comparison of relapse rates in the two CC groups revealed higher relapse/readmission rates in the group with a score of six or more ..." (S. 138). Eine anschließende <u>multivariate</u> Analyse, die neben EE die Dauer der unbehandelten Psychose und die Behandlungsform enthielt, zeigte für EE keinen signifikanten Zusammenhang mehr zum Rückfall. Das bedeutet, daß die statistische Signifikanz, die für EE ursprünglich vorhanden war, nach Konfundierung mit anderen Variablen nicht mehr bestand. MacMillan et al. interpretieren ihre

Ergebnisse in der Weise, daß weder EE noch die Dauer des Kontakts signifikante Rückfallprädiktoren seien. Sie fassen ihre Ergebnisse dahingehend zusammen, daß der vorherigen Krankheitsdauer und insbesondere der Neuroleptika-Medikation die <u>größere</u> Bedeutung für die Verlaufsprognose zukomme als familiären Einflüssen. Mit dieser Gegenüberstellung der Effekte wird ein Mißverständnis deutlich, das zur Interpretation der MacMillan-Ergebnisse als Nicht-Replikation der EE-Befunde beigetragen haben mag: Ziel der EE-Forschung ist es nicht (wie es in früheren eindimensionalen Familientheorieansätzen der Fall war), die Wirkung familiärer Einflüsse an die Stelle biologischer Komponenten zu setzen und deren Bedeutung infrage zu stellen. Angestrebt werden vielmehr Erklärungen für das interaktive Zusammenwirken familiärer und biologischer Faktoren, über das bisher noch zu wenig bekannt ist. Mintz et al. (1987) sind auf die Konfundierung der Effekte in der Untersuchung von MacMillan ausführlich eingegangen und weisen im übrigen darauf hin, daß die Zusammensetzung der Substichprobe aus zwei nach unterschiedlichen Kriterien selegierten Populationen unzulässig ist. Zur Erklärung des Einflusses der unbehandelten Krankheitsdauer in Verbindung mit EE schlagen sie mehrere Modelle vor, die einem (indirekten) kausalen Einfluß von EE auf den Krankheitsverlauf nicht widersprechen. Besonders plausibel erscheint ihnen EE als "vermittelnde Variable" zwischen der unbehandelten Zeit der Psychose und dem Rückfallrisiko.

In Australien untersuchten Parker et al. (1988) den Krankheitsverlauf von 57 schizophrenen Patienten in Abhängigkeit vom EE-Status eines oder beider Elternteile. Der Faktor Hoch-EE allein war nicht mit einer höheren Rückfallrate innerhalb von 9 Monaten verknüpft; dagegen hingen höhere Rückfallraten mit kurzen Intervallen zwischen der stationären Behandlung und vorausgegangenen stationären Behandlungen zusammen sowie damit, ob der Patient mit einem oder zwei Elternteilen zusammengelebt hatte. Erst in Verbindung mit diesen zusätzlichen Einflußgrößen war Hoch-EE ein Rückfallprädiktor. Die Patienten in dieser Studie wiesen einige Besonderheiten auf: die Anzahl männlicher Patienten überwog, ein hoher Anteil war arbeitslos, das Durchschnittsalter der Patienten lag bei 26 Jahren, die Krankheit bestand bereits seit durchschnittlich 6 Jahren, und der Anteil an Ersterkrankungen betrug nur 25 %; ein hoher Anteil lebte mit nur einem Elternteil zusammen. Ein weiteres Problem für die Vergleichbarkeit der Ergebnisse bedeutet die Festlegung der Rückfallkriterien; weder eine stationäre Wiederaufnahme, noch eine Rückfalldefinition aufgrund von Symptomverschlechterungen scheinen als reliables Kriterium für einen interkulturellen Vergleich geeignet zu sein. Die Besonderheiten der australischen Stichprobe und deren möglicher Einfluß auf den geringen Vorhersagewert von EE in dieser Untersuchung werden von Parker et al. (1988) ausführlich diskutiert. Als Erklärung für die Diskrepanz der Ergebnisse zu den oben genannten interkulturell übereinstimmenden Ergebnissen schlagen sie mehrere Gründe vor: EE besitzt nicht die allgemeingültige Stärke der Wirksamkeit, wie sie in den vorausgegangenen Untersuchungen dokumentiert wird, das heißt, der Einfluß von EE auf den Krankheitsverlauf läßt sich nicht unabhängig von möglichen weiteren Einflußgrößen nachweisen. Auf die Art dieser weiteren Einflüsse gibt es bisher nur wenige Hinweise; jedoch scheint sich die vorausgegangene Krankheitsentwicklung des Patienten - insbesondere über einen längeren Zeitraum betrachtet - auf das Rückfallrisiko auszuwirken. Dabei kann EE sowohl als Reaktion auf die Krankheitsentwicklung als auch als ein den Krankheitsverlauf aktiv beeinträchtigender Faktor in Form eines zirkulären Prozesses verstanden werden.

5.4.2 Interagierende Faktoren

In HEE-Familien lebt eine beträchtliche Anzahl von Patienten, die keinen Rückfall erleiden, und es würde für zukünftige Präventivmaßnahmen einen wichtigen Fortschritt bedeuten, mehr über solche Faktoren zu erfahren, die dem als hoch-EE gekennzeichneten Familienklima entgegenwirken.

Bisher wurden Interaktionen zwischen EE, der Kontaktdauer des Patienten mit der Familie und der regelmäßigen Medikamenteneinnahme des Patienten festgestellt. Vaughn & Leff (1976) analysierten eigene Daten zusammen mit denen von Brown et al. (1972) und fanden, daß die Rückfallquote von Patienten, die länger als 35 Stunden pro Woche mit ihrem HEE-Angehörigen zusammen sind und außerdem auf die regelmäßige Neuroleptika-Einnahme verzichten, auf 92 % ansteigt. Umgekehrt sinkt die Rückfallquote von Patienten, die mit ihrem HEE-Angehörigen weniger als 35 Stunden pro Woche zusammen sind und die regelmäßig Neuroleptika einnehmen, auf einen Prozentsatz von 15 %, wie er auch für Patienten in NEE-Familien gefunden wird (Abbildung 5.1; Vaughn & Leff, 1976).

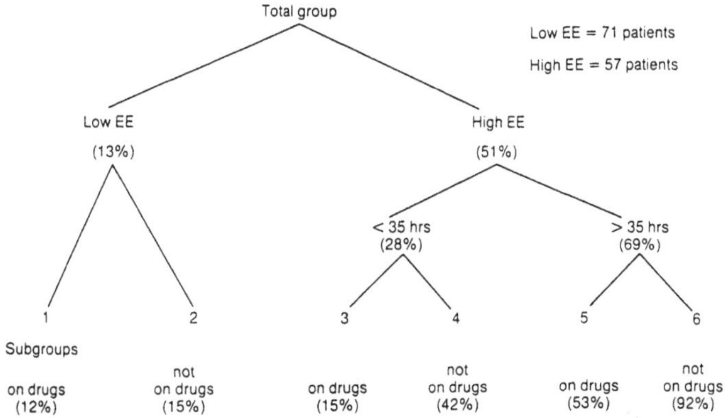

Fig. 1. Relapses rates (%) for patients who returned to high and low EE homes at 9-month follow-up as a function of medication compliance and degree of relative-patient contact. Data combined from Brown et al. (1972) and Vaughn and Leff (1976) studies.

Abbildung 5.1: Faktoren, die mit EE bei der Rückfallprädiktion schizophrener Psychosen interagieren (Vaughn & Leff, 1976; zit. n. Hooley, 1986, S. 28)

In späteren Untersuchungen (Vaughn et al., 1984; Jenkins et al., 1986; MacMillan et al., 1986) wurde dieser Zusammenhang nicht bestätigt; vielmehr waren Medikamenten-Compliance und Familien-EE voneinander unabhängige Prädiktoren mit additiver Wirkung. Allerdings konnte in diesen Studien die Neuroleptika-Einnahme nicht im selben Maße kontrolliert werden, wie in der früheren englischen Studie.

Der Effekt der Kontaktdauer zwischen Patient und Angehörigen wurde bisher nicht repliziert.

Ein weiterer Faktor scheint mit dem EE-Status in Verbindung zu stehen: Während in HEE-Familien keine lebensverändernden Ereignisse (vgl. Abschnitt 4.2) als Auslöser für eine psychotische Episode infrage kamen, traten derartige wichtige Ereignisse in den drei Wochen vor einem Rückfall bei Patienten in NEE-Familien häufiger auf (Leff & Vaughn, 1980). Das heißt, daß Rückfälle entweder mit einem angespannten Familienklima (häufige Kritik; übermäßige emotionale Beteiligung) oder mit wichtigen Lebensereignissen in Verbindung stehen.

5.4.3 Patientencharakteristika

Aus der überwiegenden Zahl der Studien zur Rückfallhäufigkeit im Zusammenhang mit dem EE-Status geht hervor, daß eine von Kritik oder Überfürsorglichkeit geprägte Familienatmosphäre bereits <u>vor</u> dem Ausbruch einer erneuten psychotischen Episode vorhanden ist, so daß die unterschiedliche Rückfallhäufigkeit in NEE- bzw. HEE-Familien eine Folge dieser Faktoren bedeuten kann. Andererseits liegt das Argument nahe, daß nach einer bereits erlebten ersten Krankheitsepisode und den damit zusammenhängenden Schwierigkeiten des Patienten das emotional gespannte Familienklima als eine Reaktion auf die Symptome des Patienten zu sehen ist. Diese Hypothese wurde in mehreren Untersuchungen widerlegt; es zeigte sich kein Zusammenhang zwischen EE und folgenden Patientenvariablen: Prämorbides Sozialverhalten (Miklowitz et al.,1983), Verhaltensauffälligkeiten und Arbeitsfähigkeit drei Monate vor stationärer Aufnahme (Brown et al., 1972; Vaughn & Leff, 1976;), klinische Symptome bei Aufnahme (Vaughn & Leff, 1976; Miklowitz et al., 1983; Nuechterlein et al., 1986) und Symptome bei Entlassung (Miklowitz et al., 1983; Nuechterlein et al., 1986).

Die Ergebnisse von MacMillan et al. (1986) und von Parker et al. (1988) deuten auf eine stärkere Beteiligung von Patientenmerkmalen und Unterschieden des bisherigen Krankheitsverlaufs hin, als dies in der überwiegenden Mehrzahl der Studien zur prognostischen Validität von EE (Tabelle 5.3) gefunden wurde. Aussagen über den Einfluß einzelner Patientencharakteristika auf die Entwicklung des Familienklimas werden durch die Heterogenität des schizophrenen Krankheitsbildes und die Mischung aus akuten und chronischen Krankheitsverläufen in den verschiedenen Studien erschwert. In einer relativ homogenen Stichprobe von ersterkrankten Patienten mit guter Remission untersuchten Goldstein et al. (Schizophrenie-Symposium Bern 1987; im Druck), ob sich der EE-Status der Angehörigen verändert, wenn sich die Symptomatik des Patienten kurzfristig, das heißt vom akuten Krankheitszustand zur Remission hin, verändert. Sie fanden keine Veränderung von EE in Abhängigheit von der Symptomveränderung des Patienten. Ebenso wenig hing der EE-Status im Gegensatz zu den Ergebnissen von MacMillan und von Parker von der Dauer des bisherigen Krankheitsverlaufs, von Alter, Bildungsgrad und sozialer Schichtzugehörigkeit, vom Alter der Patienten bei der Ersterkrankung oder von der prämorbiden Anpassung der Patienten ab. Auf einer mikroanalytischen Ebene jedoch, die den unmittelbaren Interaktionsprozeß innerhalb der Familie betrachtet (Abschnitt 6), ließen sich Zusammenhänge zur Symptomatik des Patienten erkennen. Abschnitt 6 geht auf die Merkmale des Interaktionsprozesses im Zusammenhang mit EE ein.

5.5 Familienfaktoren und Rückfallprophylaxe

Resultierend aus den Ergebnissen der Expressed-Emotion-Forschung einerseits und auf der Grundlage multifaktorieller Konzepte wie des Vulnerabilität-Streß-Modells andererseits sind eine Reihe von Behandlungsstrategien evaluiert worden, bei denen Neuroleptika-Medikation mit familientherapeutischen Interventionen kombiniert wurde.

5.5.1 Familienprogramme in der psychosozialen Rückfallprophylaxe

In Tabelle 5.4 (Hahlweg et al., im Druck) sind 5 Studien zusammengefaßt, in denen familientherapeutische Maßnahmen in Verbindung mit Neuroleptika-Behandlung zur Rückfallprophylaxe schizophrener Patienten angewandt wurden (Anderson/Hogarty et al., 1986; Falloon et al., 1984; Goldstein et al., 1978; Leff et al., 1982; Tarrier et al., 1985).

Tabelle 5.4: Psychosoziale Rückfallprophylaxe bei Schizophrenen: Familienprogramme (zit. n. Hahlweg et al., im Druck)

Studie	N	Neuroleptika	Information	Dauer (Monate)	Setting	Ziel-personen
Goldstein et al. (1978)	96	"	"	6	Klinik	Familie
Leff et al. (1982)	24	"	"	24	Klinik/ Haus-halt	Angeh. Gruppe
Falloon et al. (1984)	36	"	"	24	Haus-halt	Familie
Hogarty et al. (1986)	90	"	"	24	Klinik	Angeh. Gruppe, Familie
Tarrier et al. (1985)	80	"	"	13	Klinik	Familie

In der Untersuchung von Leff et al. (1982) wurde die Therapie in Gruppen durchgeführt, und die familientherapeutischen Interventionen bezogen sich auf die Angehörigen. In den übrigen Untersuchungen wurden die Patienten mit in die Familientherapie einbezogen. Darüber hinaus unterschieden sich die Behandlungen in ihrer Dauer, die zwischen 6 Monaten und 2 Jahren lag. Gemeinsamer Schwerpunkt des therapeutischen Vorgehens war das Ziel, sozialen Streß, Kritik am Patienten und emotionales Überengagement der Familienmitglieder abzubauen. Durch das Training elementarer Kommunikations- und Problemlösefertigkeiten sollte es den Familien ermöglicht werden, Konflikte konstruktiver zu lösen und belastende Ereignisse effektiver zu bewältigen. Im Rahmen dieser verhaltensorientierten Interventionen - Falloon et al. nennen sie "family management" - wurde, im Gegensatz zu traditionellen Ansätzen, jede schuldzuweisende Haltung gegenüber den Angehörigen vermieden und statt dessen versucht, latent vorhandene Stärken der Familien zu aktivieren und die Angehörigen in eine therapeutische Partnerschaft einzubeziehen (McFarlane, 1983). Ein wichtiges Element der Therapie bestand dabei in der Information über die bisher bekannten Entstehungs- und Verlaufszusammenhänge und über die daraus resultierende Bedeutung von medikamentöser Behandlung in Verbindung mit einem verständnisvollen, konstruktiven Umgang miteinander. Auf diese Weise wurde ein zusätzlicher Schutz des Patienten gegen Rückfälle sowie die Entlastung und Verbesserung der Lebenssituation aller Familienmitglieder angestrebt.

Die Ergebnisse dieser Studien, in die überwiegend Patienten in Hoch-EE-Familien einbezogen wurden, zeigen, daß die familientherapeutische Rückfallprophylaxe im geschilderten Sinne tatsächlich einen additiven Effekt zur Neuroleptika-Medikation hat: Die Rückfallraten nach einem Jahr liegen bei den Kontrollgruppen, in denen die Patienten nur neuroleptisch und mit Einzeltherapiemaßnahmen behandelt wurden, zwischen 41 % und 60 %, bei den familientherapeutisch behandelten Gruppen zwischen 8 % und 19 %. Nach 2 Jahren betragen die Rückfallraten in den Kontrollgruppen ca. 70 %, in den Experimentalgruppen ca. 20 %. In der Studie von Falloon et al. (1984) zeigte sich weiterhin, daß bei Patienten mit Familienbetreuung signifikant seltener schizophrene Symptome auftraten, daß sie weniger Neuroleptika einnehmen mußten und sozial deutlich besser angepaßt waren als Patienten mit reiner Neuroleptika-Behandlung.

5.5.2 Veränderung des EE-Status

In der Untersuchung von Leff et al. (1982) wurde der EE-Index vor dem Beginn der Angehörigen-Therapiegruppe und nach 9 Monaten erhoben. Die Anzahl kritischer Kommentare und die EOI-Werte (emotionales Überengagement) reduzierten sich signifikant in den Familien der Angehörigengruppe, während es nur geringfügige, nicht-signifikante Änderungen in der Kontrollgruppe gab.

In der Interventionsstudie von Tarrier et al. (1988) wurde ebenfalls eine Reduzierung der EE-Werte angestrebt. In der Gruppe von Hoch-EE-Familien, die an einem Streß-Bewältigungs- und Problemlösetraining ("BIF") teilgenommen hatten, wurde nach 9 Monaten eine signifikante Veränderung des EE-Status von hoch zu niedrig erreicht, und zwar verminderten sich sowohl die Anzahl kritischer Kommentare als auch der Score für Emotionales Überengagement. In zwei anderen Hoch-EE-Gruppen, die Informationen und eine Routinebetreuung, also kein BIF-Training, erhalten hatten, war dies nicht der Fall.

Hogarty et al. (1986) führten mit schizophrenen Patienten nach deren Entlassung aus stationärer Behandlung zusätzlich zur Neuroleptika-Medikation, die für alle Patienten galt, unterschiedliche rückfallprophylaktische Maßnahmen durch: ein Sozialtraining mit den Patienten, Familientherapie mit Patienten und Angehörigen (Information und Vermittlung effektiver, problemorientierter Bewältigungsstrategien) sowie eine Kombination beider Programme. Die Kontrollgruppe wurde nur mit Neuroleptika, also ohne zusätzliche psychoedukative Maßnahmen, behandelt. Vor Beginn der Rückfallprophylaxe und nach einem Jahr war der EE-Index der Angehörigen bestimmt worden. Unabhängig von den durchgeführten Maßnahmen blieben in den Familien, in denen sich der EE-Index nach einem Jahr von hoch-EE zu niedrig-EE verändert hatte, alle Patienten rückfallfrei; in Familien, in denen nach einem Jahr der EE-Index hoch blieb, gab es nur dann keinen Rückfall, wenn sowohl Familientherapie als auch Sozialtraining zusätzlich zur medikamentösen Behandlung durchgeführt worden waren (Tabelle 5.5).

Tabelle 5.5: Veränderung des EE-Status der Haushalte 1 Jahr nach Klinikaufnahme des Patienten und Rückfallraten (%) (Hogarty et al., 1986; zit. n. Hahlweg et al., im Druck)

	HEE → NEE	HEE → HEE
Kontrollgruppe	0 %	44 %
Sozialtraining	0 %	29 %
Familientherapie	0 %	33 %
Familientherapie und Sozialtraining	0 %	0 %

5.5.3 Veränderung von Interaktionsvariablen

Neben Einstellungsänderungen der Angehörigen, wie sie sich im EE-Status ausdrücken, spielen Aspekte der realen Interaktion zwischen Patienten und ihren Angehörigen eine entscheidende Rolle im Krankheitsverlauf. (Kapitel 6 beschreibt Zusammenhänge zwischen <u>Einstellungen</u> in Familien und Familien-<u>interaktion</u>.)

Die Beziehung zwischen der affektiven Beteiligung (AS) und dem kurzfristigen Krankheitsverlauf wurde von Doane et al. (1985) untersucht: Sie bildeten aus den AS-Beobachtungskategorien Personen- und Familienprofile und unterschieden 36 einzel- und familientherapeutisch behandelte Familien nach Interaktionsmustern: Das AS-Profil der Familie war entweder freundlich (benign) oder negativ oder gemischt, das heißt bei einem Elternteil freundlich und beim anderen negativ. AS wurde vor dem Therapiebeginn und nach 3 Monaten erhoben. Betrachtet man die AS-Muster vor und nach dreimonatiger familientherapeutischer bzw. einzeltherapeutischer Behandlungszeit in Verbindung mit den Rückfällen innerhalb von 9 Monaten, so ergibt sich folgendes Bild:

a) Negatives AS-Muster vor Therapiebeginn

In der Gruppe der Individualtherapie erlitten alle 6 Patienten aus Familien mit negativem AS-Muster einen Rückfall; in der Familientherapiegruppe blieben alle Patienten aus Familien mit negativem AS-Muster rückfallfrei (Tabelle 5.6).

Tabelle 5.6: Rückfallprädiktion aufgrund von AS vor Therapiebeginn (Doane et al., 1985, S. 37)

Table 3.—Pretherapy Affective Style (AS) as a Predictor of Relapse*

AS Pattern	Relapse, No.	No Relapse, No.
	Individual Therapy Group (N=18)	
Benign	3	4
Mixed	1	4
Negative	6	0
	Family Therapy Group (N=18)	
Benign	1	7
Mixed	0	2
Negative	0	8

*Fisher's exact test is not significant for either group. Mixed and negative groups are combined.

b) Negatives AS-Muster nach 3 Monaten

Alle 9 Patienten, die einen Rückfall erlitten, kamen aus Familien mit negativem AS (Tabelle 5.7).

Tabelle 5.7: Rückfallprädiktion aufgrund von AS nach dreimonatiger Therapie (Doane et al., 1985, S. 38)

Table 4.—Posttherapy Affective Style (AS) as a Predictor of Relapse

AS Pattern	Relapse, No.	No Relapse, No.
	Individual Therapy Group (N=16)*	
Benign	0	3
Mixed	0	3
Negative	9	1
	Family Therapy Group (N=18)†	
Benign	1	8
Mixed	0	3
Negative	0	6

*Fisher's exact test, $P=.06$. Mixed and negative groups are combined.
†Fisher's exact test is not significant. Mixed and negative groups are combined.

Doane et al. (1985) gingen außerdem der Frage nach, wie sich das Problemlöseverhalten in diesen Familien nach dreimonatiger Einzel- bzw. Familientherapie in Abhängigkeit vom AS-Profil der einzelnen Angehörigen verändert. Die in Abschnitt 5.2 beschriebene zehnminütige Problemdiskussion werteten sie vor Therapiebeginn und nach 3 Monaten mit dem "Problem-Solving-Style"-System (PSS) aus, das von Doane in Anlehnung an Robin et al. (1977) entwickelt wurde. Das PSS-System umfaßt 11 Kategorien, mit denen verschiedene Formen von problembezogenen Äußerungen erfaßt werden, zum Beispiel allgemeine oder spezifische Problemansprache, Zustimmung, Übernahme von Verantwortung, Eingehen auf geäußerte Gefühle und Inhalte, Lösungsvorschläge. Die Kategorien wurden nach Transkripten der zehnminütigen Problemdiskussionen kodiert, und zwar unabhängig vom AS-Maß der Personen. Einzelheiten und Beispiele sind bei Doane et al. (1985) beschrieben.

Tabelle 5.8 zeigt die Veränderungen des Problemlöseverhaltens der Angehörigen, getrennt nach Müttern und Vätern: Die Anzahl konstruktiver, problembezogener Äußerungen, die vor Behandlungsbeginn in beiden Behandlungsgruppen gleich war, erhöhte sich bei Vätern und Müttern signifikant nach der Familientherapie. In den Fällen, in denen Mütter auch nach 3 Monaten ein negatives AS-Muster aufwiesen, wurde keine Verbesserung des Konfliktverhaltens in der Familientherapie erreicht, und Doane et al. (1985) schließen daraus, daß zusammen mit einer negativen affektiven Beteiligung, wie sie sich in AS ausdrückt, die in der Familientherapie vermittelten Problemlösefertigkeiten nicht oder schlechter übernommen und umgesetzt werden.

Tabelle 5.8: Veränderungen des Problemlöseverhaltens nach dreimonatiger Therapie (Doane et al., 1985, S. 40)

Table 7.—Change in Problem-Solving Behavior*

Posttherapy AS	Individual Therapy (No.)	Family Therapy (No.)
	Mothers (N=32)†	
Benign	8.8 (3)	21.5 (11)
Negative	.4 (12)	3.0 (6)
	Fathers (N=20)‡	
Benign	−1.6 (4)	8.1 (6)
Negative	1.3 (6)	5.8 (4)

*Figures are adjusted means from a hierarchical analysis with parental problem-solving score at baseline partialed out and treatment entered first.
†For treatment, $P<.01$; for AS, $P<.01$.
‡For treatment, $P<.05$; AS was not significant.

Goldstein & Strachan (1986) analysierten die Interaktionen von 33 Familien (Patienten und hoch-EE-Angehörige), die je zur Hälfte entweder mit einzel- oder familientherapeutischen Maßnahmen zur Rückfallprophylaxe behandelt wurden. Von jeder Familie wurden vor der Behandlung, nach 3 Monaten und nach 24 Monaten zwei zehnminütige Problemdiskussionen auf Tonband aufgenommen und mit dem Affective-Style-System (AS; Doane et al., 1981) kodiert. In den Familien der verhaltensorientierten Familienbetreuung nach Falloon et al. (1984) zeigte sich nach 3 Monaten eine deutliche Reduktion negativer AS-Kategorien. Das Ausmaß von Kritik am Patienten und von "Einmischung" einer der EE-Skala "EOI" verwandten Verhaltenskategorie, ging zurück, während es in den Familien mit Einzeltherapie noch zunahm. Goldstein & Strachan (1986) unterteilten die Familien in 3 Gruppen: Familien, in denen beide relevanten AS-Kategorien (Kritik und "Einmischung") abnahmen, Familien, in denen beide Kategorien zunahmen, und schließlich "gemischte" Familien, in denen eine Kategorie abnahm und die andere zunahm. Die Veränderungen der Interaktionsvariablen in den einzelnen Familien, getrennt nach Zu- oder Abnahme einer oder beider Kategorien, sind in Abbildung 5.2 dargestellt. Die Abbildung zeigt außerdem die unterschiedlichen Rückfallraten: Rückfälle traten fast ausschließlich in der Einzeltherapie-Gruppe auf (8 von 16 Fällen), und zwar besonders dann, wenn das Ausmaß an Kritik und/oder "Einmischung" zugenommen hatte.

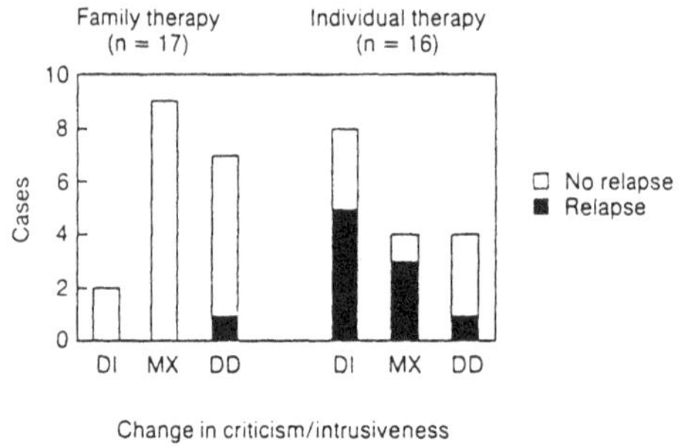

Fig. 4. Patterns of change in AS in individual and family therapy. DI = dual increase; MX = mixed; DD = dual decrease.

Abbildung 5.2: Veränderungen von AS und Rückfälle nach Einzel- oder Familientherapie (Goldstein & Strachan, 1986, S. 189)

Die Analyse langfristiger Effekte unter Verwendung eines anderen Auswertungsverfahrens zeigte ähnliche Veränderungen: Mit einem Beobachtungssystem zur Erfassung familiärer Kommunikation (KPI; Hahlweg et al, 1984), das im empirischen Teil dieser Arbeit (Abschnitt 8.2.3) ausführlich beschrieben wird, wurden die Problemdiskussionen vor der Therapie und nach 24 Monaten ausgewertet. Im Gegensatz zur einzeltherapeutisch behandelten Kontrollgruppe reduzierten die Familien nach der verhaltensorientierten Familientherapie die Häufigkeit kritischer und ablehnender Äußerungen signifikant über einen 2-Jahres-Zeitraum und steigerten Äußerungen, die auf die Problemlösung bezogen waren (Abbildungen 5.3 und 5.4).

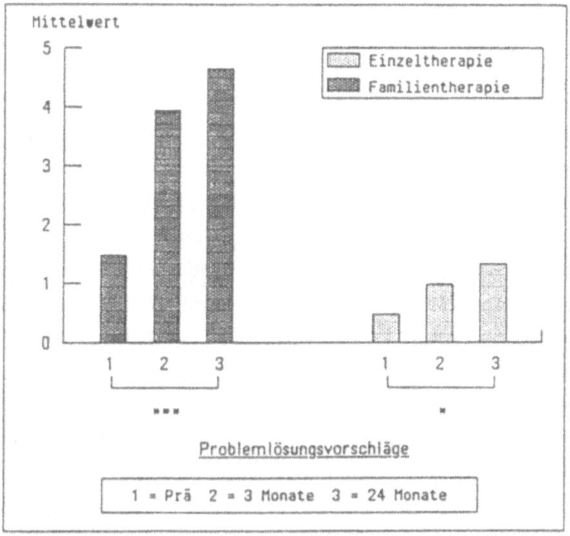

Abbildung 5.3: KPI: Veränderung der Familienkommunikation. Positives Verbalverhalten (nach Hahlweg et al., 1985)

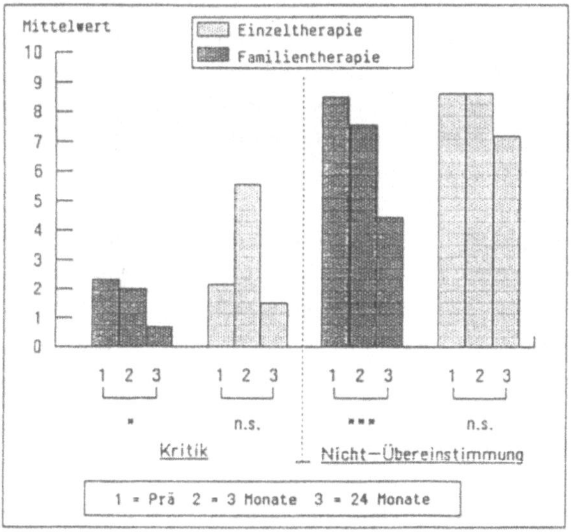

Abbildung 5.4: KPI: Veränderung der Familienkommunikation. Negatives Verbalverhalten (nach Hahlweg et al., 1985)

5.6 Zusammenfassung der Ergebnisse aus Längsschnittuntersuchungen

Die Bedeutung von Beziehungs- und Interaktionsmerkmalen der Angehörigen, wie sie sich in EE, AS und CD ausdrücken, für die Entstehung und den Verlauf schizophrener Störungen, läßt sich zusammenfassend wie folgt charakterisieren (vgl. Goldstein, 1987; Hahlweg, 1986 b; Hooley, 1985):

1. Vor Ausbruch einer schizophrenen Erkrankung sind in Familien mit erhöhtem Schizophrenie-Risiko ungünstige Kommunikations- und Interaktionsaspekte erkennbar, die in Verbindung mit prädisponierenden Faktoren die Wahrscheinlichkeit erhöhen, unter die Diagnose Schizophrenie bzw. die Schizophrenie-Spektrum-Diagnose zu fallen; aufgrund der gemeinsam vorhandenen Ausprägungen von AS, CD und EE läßt sich das Erkrankungsrisiko vorherbestimmen.

2. Vorläufige Ergebnisse von Adoptionsstudien deuten darauf hin, daß die Familienfaktoren mit biologischen Prädispositionen interagieren.

3. Der Verlauf einer bereits vorhandenen schizophrenen Störung wird entscheidend durch die emotionale Atmosphäre in der familiären Umgebung des Patienten (EE) beeinflußt: Eine kritisierende oder ablehnende Haltung und/oder eine besonders ausgeprägte Überfürsorglichkeit der Angehörigen gegenüber dem schizophrenen Familienmitglied erhöhen die Rückfallwahrscheinlichkeit beträchtlich. Die prädiktive Validität von EE gilt nach den geschilderten Ergebnissen als gesichert.

   Für die zunächst in Form von Korrelationen gefundenen Zusammenhänge zwischen dem EE-Status der Angehörigen und dem Krankheitsrückfall des Patienten wurde in mehreren Interventionsstudien die Richtung dieses Zusammenhangs quasi-experimentell bestimmt. Es zeigte sich, daß die Veränderung eines ungünstigen emotionalen Klimas (EE) und die Veränderung damit verbundener negativer Interaktionskomponenten (negatives AS-Muster) Veränderungen des Krankheitsverlaufs nach sich ziehen.

4. Welcher Art die Wirkmechanismen sind, die mit dem EE-Konzept erfaßt werden, ist noch weitgehend unbekannt. Eine Grundannahme des Konzepts geht davon aus, daß sich die emotionale Einstellung der Angehörigen in der täglichen Interaktion mit dem Patienten niederschlägt und auf diesem

Wege wirksam wird. Erste Hinweise bestätigen diese Annahme (Kapitel 6 geht ausführlich auf diese Zusammenhänge ein).

5. Ebenso ist bisher wenig darüber bekannt, wie sich die unterschiedlichen Haltungen (und entsprechend unterschiedliches Interaktionsverhalten) als schizophreniebegünstigend auswirken. Eine mögliche Erklärung, die mit den bisher vorliegenden empirischen Ergebnissen vereinbar ist, besteht darin, daß Hoch-EE-Angehörige eine bestimmte Form von sozialem Streß für die vulnerable Person bedeuten; anders ausgedrückt: Niedrig-EE-Angehörige haben möglicherweise für die vulnerable Person eine schützende, rückfallverhindernde Funktion (oder beides trifft zu). Dabei wird der Patient als ein auf Belastungen - unter anderem in Form von sozialem Streß - besonders empfindlich reagierender Mensch angesehen.

6. Eine weitere offene Frage gilt der Entstehung von Expressed Emotion. Ist EE als ein Charakterzug anzusehen? Wie wird eine Hoch-EE-Haltung oder eine Niedrig-EE-Haltung erworben? In welcher Weise ist der Patient an der Entwicklung dieser Haltung beteiligt? Die vor der Entstehung der Störung in Risiko-Familien gefundenen Beziehungsmerkmale und diejenigen, die sich nach dem ersten Auftreten der Störung auf den Krankheitsverlauf auswirken, lassen sich in ähnlicher Form beobachten und deuten auf einen kontinuierlich verlaufenden Prozeß hin, der nicht allein durch das Auftreten schizophrener Symptome geprägt und in Richtung "Kritische Haltung" oder "Emotionales Überengagement" gelenkt wird. Hier ist jedoch zu berücksichtigen, daß auch in den nicht-psychotischen Risiko-Familien bereits Verhaltensauffälligkeiten vorhanden waren, mit denen die Einstellungen und Reaktionen der Eltern zusammenhängen können. Soziale Interaktionen sind Prozesse mit reziproker Wirkung; die Anteile des Patienten an den wechselseitigen Einflüssen sind weitgehend unbekannt, und vergleichende Hinweise aus Familien ohne psychische Störung gibt es bisher nicht. Sequentielle Analysen des Interaktionsprozesses sind hier erforderlich.

Vaughn (1986) betont in diesem Zusammenhang, daß es sich bei den EE-Dimensionen nicht um "abweichende" Haltungen der Angehörigen handelt und für Schuldzuweisungen an die Angehörigen kein Anlaß bestehe; eine Feststellung, die sich wohl nur dann richtig verstehen und nachvollziehen läßt, wenn man sich eine möglichst große Anzahl von Interview-Äußerungen der Angehörigen anhört, die als "Kritik" im Sinne der EE-Skala gewertet werden und gleichzeitig als für die Situation "normal" und verständlich erscheinen. Dennoch bleibt aus den Untersuchungsergebnissen die Tatsache bestehen, daß es für den Patienten einen gravierenden Unterschied bedeutet, ob er mit Hoch- oder Niedrig-EE-Angehörigen zusammenlebt. Will man nicht darauf verzichten, diesen Unterschied zu bewerten, so läßt sich die kritische oder überengagierte Haltung von Hoch-EE-Angehörigen im positiven Sinne als besonderes Engagement und Interesse für die Person des Patienten umschreiben und im negativen Sinne als Versuch, den Patienten in seiner Autonomie einzuschränken. Umgekehrt läßt sich die Einstellung von Niedrig-EE-Angehörigen im positiven Sinne als ausgeprägte Form von Toleranz bezeichnen und im negativen Sinne als ein geringes Interesse an den Belangen des Patienten.

6 ZUSAMMENHÄNGE ZWISCHEN EE UND MERKMALEN DER INTERAKTION ZWISCHEN PATIENTEN UND ANGEHÖRIGEN

Abschnitt 6 gibt einen Überblick über Studien aus dem angloamerikanischen Raum, in denen Interaktionsbeobachtungsdaten in Verbindung mit EE untersucht und erste Hinweise auf konkrete Zusammenhänge gefunden wurden. Sie bilden den unmittelbaren Ausgangspunkt für den empirischen Teil dieser Arbeit.

Die unterschiedlich hohen Rückfallraten von Patienten in Hoch-EE-Familien gegenüber Patienten in Niedrig-EE-Familien werfen die Frage auf, welche unterschiedlichen Prozesse zwischen den Familienmitgliedern ablaufen und welche rückfallbegünstigende oder rückfallverhindernde Funktion in diesen Prozessen liegt. Implizit geht das EE-Konzept davon aus, daß die Art, wie sich die Angehörigen im Interview über ihr als schizophren diagnostiziertes Familienmitglied äußern, die Art des täglichen Umgangs miteinander widerspiegelt und daß sich die Einstellungen der Angehörigen in der Familieninteraktion ausdrücken.

6.1 EE und Interaktionsverhalten der Angehörigen

Eine erste Untersuchung, in der ein unmittelbarer Zusammenhang zwischen EE und Familieninteraktionsvariablen festgestellt wurde, haben Valone et al. (1983) durchgeführt. Von 52 Familien der UCLA-Risiko-Studie (Goldstein, 1968; vgl. Abschnitt 5.3), das heißt Risiko-Familien, in denen ein Sohn oder eine Tochter Verhaltensstörungen, aber keine psychotischen Symptome aufwies, wurden Problemdiskussionen auf Tonband aufgenommen und mit dem AS-Kodiersystem (Doane et al., 1981; vgl. Abschnitt 5.2) analysiert. Die Analyse bezog sich zum einen auf Diskussionen in Dyaden (Jugendliche(r) und Vater; Jugendliche(r) und Mutter) und zum anderen auf Diskussionen in Triaden (Jugendliche(r), Mutter und Vater). In den in Transkriptform kodierten Diskussionen äußerten sich HEE-Angehörige sehr viel öfter in der AS-Kategorie "Kritik" als NEE-Angehörige, und zwar sowohl in der Unterform "Milde Kritik" (benign criticism) als auch in der Unterform "Scharfe Kritik" (harsh criticism). Kritik am Jugendlichen wurde am häufigsten geäußert, wenn beide Elternteile als hoch-EE eingestuft worden waren. In den Diskussionen zwischen allen drei Familienmitgliedern kam bei HEE-Personen

Kritik in scharfer Form in geringem Ausmaß vor, wenn der zweite Elternteil zu den NEE-Personen gehörte (gemischte Gruppe) (Tabelle 6.1).

Tabelle 6.1: AS-Interaktionsmerkmale bei Angehörigen mit NEE-, HEE- und gemischtem EE-Status der Eltern (Valone et al., 1983, S. 404)

Table 3
Expression of Affective Style Behaviors by Dual Low-EE, Mixed EE, and Dual High-EE Parental EE-Profile groups

	Behavior			
Group	Benign criticism	Harsh criticism	Neutral intrusive statement	Support statement
Dual low-EE[a]				
M	4.95	1.43	7.81	5.76
SD	5.95	1.78	4.31	3.97
Mixed EE[b]				
M	8.05	2.20	6.25	4.55
SD	5.32	2.98	5.16	3.56
Dual high EE[c]				
M	12.36	7.45	8.09	4.45
SD	7.55	7.01	6.25	4.11
Possible range	0–23	0–19	0–15	0–11

Note. EE = expressed emotion.
[a] $n = 21$. [b] $n = 20$. [c] $n = 11$.

Hier zeigt sich ein Zusammenhang zwischen der kritischen Haltung der Eltern gegenüber ihrem Sohn oder ihrer Tochter und dem Verhalten, wie es sich in der verbalen Interaktion ausdrückt. Dies gilt einerseits für individuelle Interaktionen zwischen den Jugendlichen und einem Elternteil, andererseits - in veränderter Form - für die Familieninteraktion zu dritt. Letzteres entspricht dem systemischen Ansatz, denn die Besonderheit der Familienkonstellation wirkt sich auf das Ergebnis aus. Unterschiede in bezug auf helfende, unterstützende Äußerungen, die möglicherweise in Niedrig-EE-Familien häufiger sind, wurden nicht gefunden. Da es in dieser Untersuchung nur eine Person gab, die als hoch-EE allein auf der Skala EOI (also ohne hohen Kritik-Wert) eingestuft worden war, sind Interaktionsmerkmale für diese Unterform von HEE nicht untersucht worden.

Kuipers et al. (1983) gingen der Hypothese nach, daß schizophrene Patienten in der Interaktion mit einem HEE-Angehörigen ein stärkeres Vermeidungsverhalten - gekennzeichnet durch geringere Sprechaktivität und weniger Blickkontakt - zeigen als in der Interaktion mit einem NEE-Angehörigen. Mit Hilfe eines von Stephenson et al. (1972) entwickelten Verfahrens wurden Gespräche zwischen akut schizophrenen Patienten und demjenigen Angehörigen, der die engste Bezugsperson bedeutete, auf Video aufgenommen. Ein Interviewer war dabei anwesend und gab in standardisierter Form die Fragen vor, über die gesprochen wurde. Fünfminütige Video-Ausschnitte wurden nach der Dauer des Blickkontaktes und der Sprechaktivität beider Gesprächspartner ausgewertet. Entgegen der Vermutung der Untersucher ergab sich bezüglich Sprechzeit und Blickkontakt der Patienten kein Unterschied, ob sie mit HEE- oder NEE-Angehörigen sprachen. Dagegen unterschieden sich HEE-Angehörige durch eine größere Sprechaktivität von NEE-Angehörigen. Außerdem sprachen sie länger als die Patienten und sahen ihren Gesprächspartner (den Patienten) seltener an. Dieser Unterschied war bei den NEE-Angehörigen nicht festzustellen.

Für die Beobachtung, daß die Patienten das erwartete Vermeidungsverhalten in der Interaktion mit HEE-Angehörigen <u>nicht</u> zeigten, schlagen Kuipers et al. (1983) - neben der Möglichkeit, daß dieses Merkmal nicht adäquat erfaßt wurde - zwei interessante Erklärungen vor: Einerseits könnte gerade das fehlende Ausweichen aus einer als aversiv erlebten Situation dazu beitragen, daß sich diese Situation umso belastender für die vulnerable Person auswirkt; andererseits besteht die Möglichkeit, daß das Verhalten der HEE-Angehörigen vom Patienten nicht zwangsläufig als aversiv erlebt wird, zumal die HEE-Gruppe nicht nur Personen mit kritischer Haltung enthält, sondern auch EOI-Personen, deren Verhalten vermutlich nicht in derselben Weise als aversiv erlebt wird. Hinweise darauf, wie das Interaktionsverhalten der Angehörigen von den Patienten wahrgenommen wird, fehlen bisher.

Miklowitz et al. (1984) verglichen den EE-Index der Angehörigen mit Interaktionsvariablen in den Familien von 42 hospitalisierten Patienten, die während ihrer stationären Behandlung aufgrund des PSE (Wing et al., 1974) und aufgrund der DSM-III-Kriterien (APA, 1981) als schizophren diagnostiziert worden waren. Sie ermittelten den EE-Status der Angehörigen mit dem Camberwell Familiy Interview (CFI; Vaughn & Leff, 1976a) und unterschieden HEE-Angehörige nach dem Ausmaß an kritischer, ablehnender Haltung und dem Ausmaß an übermäßigem emotionalen Engagement von NEE-Angehörigen. Dabei ergab sich folgende Zusammensetzung der insgesamt 62 Angehörigen: NEE: 28 Personen; HEE/Kritik: 18 Personen mit 6 oder mehr kritischen Kommentaren, unabhängig von ihrem EOI-Score; HEE/EOI: 16 Personen mit einem EOI-Score von mindestens 3 und weniger als 6 kritischen Kommentaren.

Nach Beendigung der stationären Behandlung der Patienten wurden jeweils zwei zehnminütige Problemdiskussionen zwischen den Patienten und ihren Angehörigen auf Tonband aufgenommen. Wörtliche Transkripte der Familiendiskussionen wurden mit dem AS-Kodiersystem von Doane et al. (1981) nach folgenden Hauptkategorien ausgewertet: 1. Äußerungen, mit denen die Angehörigen gegenüber dem Patienten Kritik an seinem Verhalten oder seiner Person üben (Kritik in milder und scharfer Form); 2. Äußerungen, mit denen die Angehörigen in die Gedanken- und Gefühlswelt des Patienten eindringen, so als wäre diese ihnen besser bekannt als dem Patienten selbst ("Einmischung/Gedankenlesen"). Den Auswertern der Interaktions-Beobachtungskategorien war der EE-Status der einzelnen Personen nicht bekannt.

Ein Vergleich der Interaktionsbeiträge von HEE- und NEE-Angehörigen zeigte in der HEE-Gruppe (Skalen "Kritische Haltung" und "EOI") ein signifikant höheres Ausmaß emotional negativ gefärbter Äußerungen, gebildet aus der Summe kritischer, ablehnender und sich einmischender Äußerungen, als in der NEE-Gruppe (Tabelle 6.2).

Tabelle 6.2: Negative AS-Kategorien bei NEE- und HEE-Angehörigen (aus Miklowitz et al., 1984, S. 485)

TABLE II

Means and standard deviations of Low- and High-EE parents on affective style total scores

Parental EE status	N	Mean	Standard deviation
Low	28	5.39	3.95
High	34	9.59	5.87

In den spezifischen Interaktionsformen der HEE-Familien, unterschieden nach Kritik und emotionalem Überengagement der Angehörigen, zeigten sich folgende Unterschiede (Abbildung 6.1): Für die HEE-Gruppe "Kritische Haltung" wurden in der Familieninteraktion signifikant häufiger kritische Äußerungen beobachtet als in der HEE-Gruppe "Überfürsorglichkeit" und als in der NEE-Gruppe. Dagegen wies die HEE-Gruppe "Überfürsorglichkeit" eine größere Anzahl von Äußerungen der AS-Kategorie "Einmischung/Gedankenlesen" auf als die HEE-Gruppe "Kritische Haltung" und als die NEE-Gruppe, während sich die beiden zuletzt genannten Gruppen in diesem Interaktionsaspekt nicht unterschieden.

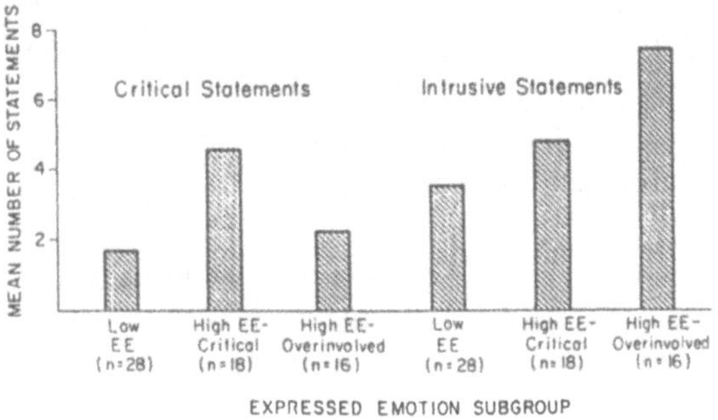

FIG 1.—Mean number of critical and intrusive statements in direct interaction among high- and low-EE parental subgroups.

Abbildung 6.1: Äußerungen von Kritik und "Einmischung/Gedankenlesen" in NEE-Familien und in HEE-Familien mit kritischer oder überfürsorglicher Haltung (aus Miklowitz et al., 1984, S. 486)

Zum einen bestätigt diese Untersuchung, daß ein ähnlicher Zusammenhang, wie Valone et al. (1983) ihn für Familien von nicht-psychotischen Risiko-Personen aufgezeigt hat, auch für Familien mit einem bereits als schizophren diagnostizierten Mitglied gilt: Angehörige, die auf der EE-Dimension "kritische Haltung" als hoch eingestuft werden, äußern auch mehr Kritik am schizophrenen Familienmitglied in der Interaktion miteinander. Besonders wichtig erscheinen jedoch die Ergebnisse dieser Untersuchung zu den beiden EE-Untergruppen "Kritische Haltung" und "Emotionales Überengagement/Überfürsorglichkeit": Diese beiden Dimensionen, die unterschiedliche Formen eines emotional stark belasteten Familienklimas (HEE) beschreiben, lassen auch Interaktionstendenzen erkennen, die mit der jeweiligen Form der emotionalen Beteiligung (kritische gegenüber überfürsorglicher Haltung) korrespondieren.

Ein weiteres wichtiges Ergebnis dieser Untersuchung ergab die Analyse von Patientencharakteristika, die in Zusammenhang mit den unterschiedlichen Interaktionsformen der Eltern stehen könnten: Weder in der prämorbiden sozialen Anpassung noch in der Residualsymptomatik nach der Entlassung aus stationärer Behandlung wiesen die Patienten Unterschiede im Zusammenhang mit den AS-Interaktionsvariablen auf.

Die Zusammenhänge zwischen EE und AS, die Miklowitz et al. (1984) in ihrer Untersuchung in Kalifornien fanden, konnten Strachan et al. (1986) an einer britischen Stichprobe replizieren. Die Studie war in ihrem Vorgehen mit der kalifornischen Studie vergleichbar, wies jedoch den Hauptunterschied auf, daß die Familieninteraktionen in Dyaden stattfanden, also zwischen einem Patienten und jeweils einem Angehörigen. Bei den Patienten handelte es sich überwiegend um Ersterkrankungen, während die USA-Studie einen höheren Anteil an Patienten mit mehrmaligen Krankheitsepisoden enthielt. Der EE-Status der Angehörigen und die Interaktionsbeobachtungsdaten wurden auf dieselbe Weise erhoben wie von Miklowitz et al. (1984).

Auch hier war das Ausmaß an negativen Äußerungen (AS-Kategorien "Kritik", "Vorwürfe" und "Einmischung/Gedankenlesen") bei HEE-Angehörigen größer als bei NEE-Angehörigen. Auch den einzelnen Unterformen der HEE-Einstellungen entsprachen unterschiedliche AS-Muster: Äußerungen der Kategorie "Kritik" waren in der HEE-Subgruppe "Kritische Haltung" häufiger als in der HEE-Subgruppe "Emotionales Überengagement" und in der NEE-Gruppe. Äußerungen der AS-Kategorie "Einmischung/Gedankenlesen" kamen am häufigsten bei der HEE-Subgruppe "Emotionales Überengagement" vor.

Als ein weiteres Ergebnis dieser Studie zeigte sich, daß in den Diskussionen mit einem HEE-Angehörigen sowohl der Angehörige als auch der Patient mehr sprachen (ihre Wortmenge war größer), als dies in den Diskussionen mit einem NEE-Angehörigen der Fall war. In HEE-Familien sind also beide Gesprächspartner - Patient und Angehöriger - lebhafter und aktiver an der Interaktion beteiligt; dies bedeutet eine ähnliche Beobachtung wie die von Kuipers et al. (1983) gefundene größere Sprechaktivität in der HEE-Interaktion.

Mit diesen Ergebnissen ließen sich die spezifischen Unterschiede der Interaktionsmuster des HEE-Typus "Kritische Haltung" und des HEE-Typus "Emotionales Überengagement", die Miklowitz et al. (1984) aufgezeigt hatten, replizieren und kreuzkulturell bestätigen. Darüber hinaus bildet die Kommunikation in Dyaden eine noch engere Analogie zu der Beziehung eines Angehörigen zum Patienten, wie sie im CFI beschrieben und durch den EE-Index ausgedrückt wird, denn die von Valone et al. (1983) beobachteten konfundierenden Einflüsse, die durch die Beteiligung einer dritten Person bedingt sind, werden hier ausgeschaltet.

Aus den Ergebnissen dieser vier Untersuchungen lassen sich folgende Verhaltensmerkmale der Angehörigen zusammenfassen: Die Interaktion zwischen HEE-Angehörigen und ihrem schizophrenen Familienmitglied ist gekennzeichnet durch häufige Kritik am Patienten, Einmischungen in die Belange des Patienten oder Äußerungen, die in die Gefühls- und Gedankenwelt des Patienten eingreifen, sowie durch aktive Redebeiträge. Dagegen verläuft die Interaktion zwischen Niedrig-EE-Angehörigen und ihrem schizophrenen Familienmitglied ruhiger und inhaltlich neutraler.

In keiner dieser Untersuchungen wurde ein höherer Anteil an unterstützenden, für die Kommunikation positiven Äußerungen der NEE-Angehörigen gefunden. Die Gründe dafür liegen vermutlich zum einen in der Konzeption des "Affective Style"-Systems, dessen Schwerpunkt auf der Beobachtung <u>negativer</u> Interaktionsaspekte liegt, und darüber hinaus beinhalten die in der "Familiendiskussion" behandelten Themen, die die Beobachtungsgrundlage der Interaktion bilden, emotional belastete Konfliktbereiche, so daß hier belastende/negative Interaktionsanteile im Vordergrund stehen (vgl. Hahlweg et al., 1989). Auf die möglichen positiven Interaktionsaspekte in NEE-

Familien, die eine wichtige schützende Funktion im Sinne einer Streßreduzierung und damit einer Reduzierung des Rückfallrisikos für schizophrene Patienten vermuten lassen, geht die in Abschnitt 6.3 behandelte Untersuchung von Hahlweg et al. (1989) ein.

6.2 EE und Interaktionsbeiträge von schizophrenen Patienten und ihren Angehörigen

Die in Abschnitt 6.1 geschilderten Ergebnisse liefern erste Hinweise auf inhaltliche Entsprechungen zwischen den EE-Dimensionen und den Interaktionsbeiträgen der Angehörigen.

In einer erst kürzlich veröffentlichten Untersuchung (Strachan, Goldstein et al., 1989) gingen die Mitarbeiter der Goldstein-Gruppe der Frage nach, mit welchen Bewältigungsmaßnahmen die Patienten auf belastende Problemdiskussionen mit ihren Angehörigen reagieren. Auf dem bereits beschriebenen Wege der auf Video aufgenommenen "Familiendiskussion" (Goldstein, 1968) wurden nach Transkripten ergänzend zu den AS-Kategorien der Angehörigen die Interaktionsbeiträge der Patienten mit dem "Coping Style System" (CS), das im Rahmen der Untersuchung entwickelt wurde, folgenden Kategorien zugeordnet:

a) Äußerungen von Kritik am Angehörigen
b) Äußerungen von Autonomie
c) Selbstanschuldigungen
d) Positive Äußerungen über die eigene Person

Der EE-Index der Angehörigen war zu Beginn der stationären Behandlung des Patienten, das heißt zum Zeitpunkt der akuten Psychose, mit dem CFI erhoben worden und ein zweitesmal bei Beendigung der stationären Behandlung, wenn die Patienten gut remittiert waren. Diese zweite Bestimmung des EE-Index erfolgte mit dem Five-Minute-Speech-Sample (FMSS; Magana, 1985, vgl. Abschnitt 8.2.2 b), einem Kurzverfahren zur EE-Messung, das sich im Gegensatz zum CFI zu einer Wiederholungsmessung eignet. Diese zweite EE-Messung erfolgte zum selben Zeitpunkt wie die Erhebung der Interaktionsdaten, ca. 5 Wochen nach der EE-Messung zu Beginn der Behandlung. Die zweimalige EE-Erhebung machte es möglich, das Interaktionsverhalten der Patienten und der

Angehörigen zu einer möglichen Veränderung des EE-Status der Angehörigen in Beziehung zu setzen.

Die bereits bekannten Zusammenhänge zwischen EE und Verhaltensaspekten bestätigten sich nur für diejenigen Angehörigen, die sowohl bei der ersten EE-Messung (CFI) als auch bei der zweiten (FMSS) als hoch-EE eingestuft wurden: Sie äußerten sich häufiger in der AS-Kategorie "Scharfe Form von Kritik" (harsh criticism) und wiesen häufiger ein insgesamt negatives AS-Profil auf als die Angehörigen, die entweder beim ersten und beim zweiten Meßzeitpunkt niedrig-EE waren, oder zunächst als hoch-EE, beim zweitenmal aber als niedrig-EE eingestuft wurden. Zwischen dem EE-Index zu Beginn der Behandlung (CFI-Messung), ohne Berücksichtigung einer Veränderung dieses Maßes beim zweiten Meßzeitpunkt, und den AS-Kategorien konnten diese Beziehungen nicht festgestellt werden.

Patienten mit Angehörigen, die mit dem CFI als HEE eingestuft worden waren, äußerten sich häufiger in der CS-Kategorie "Kritik", dagegen zeigten Patienten, deren Angehörige im CFI als NEE eingestuft worden waren, häufiger die CS-Kategorie "Autonomie". Schließlich war bei Patienten, deren Angehörige in der ersten Messung als HEE eingestuft worden waren, auch wenn dies in der zweiten Messung nicht mehr der Fall war, mehr Kritik und weniger Autonomie zu finden, als bei Patienten, deren Angehörige nach der Eingangsmessung als NEE galten.

Die Beobachtungen des Bewältigungsverhaltens der Patienten mit dem CS zeigen einzelne Entsprechungen zwischen den Interaktionsbeiträgen der Angehörigen und der Patienten, die sich insbesondere auf ein häufiges Auftreten von gegenseitiger Kritik beziehen. Während negative AS-Verhaltensaspekte der Angehörigen besonders an den zweiten Meßzeitpunkt, also an die Erhebung von EE und Verhaltenskategorien zum gleichen Zeitpunkt, gekoppelt waren, hing ein ungünstiges Patientenverhalten (häufige Kritik, geringe Autonomie) besonders eng mit dem ersten EE-Meßzeitpunkt zusammen. Ein besonderes Problem in dieser Untersuchung bedeutet die Tatsache, daß die beiden unterschiedlichen Erhebungsverfahren für den EE-Index zwar miteinander korrelieren, jedoch nicht erkennen lassen, ob sich die Einstellungen der Angehörigen und möglicherweise auch die Interaktion zwischen Angehörigen und Patienten über einen relevanten Zeitraum hinweg - nämlich den Zeitraum der stationären Behandlung des Patienten, in dem der Übergang von der akuten Psychose zur Remission erfolgt - verändern, oder ob die beobachteten Veränderungen den unterschiedlichen Meßverfahren zuzuordnen sind.

6.3 EE und zusammenhängende Interaktionsprozesse

Auf einer differenzierten, mikroanalytischen Ebene fanden Hahlweg et al. (1989) unterschiedliche Interaktionsmuster in HEE- und NEE-Familien, die einen weiteren Erklärungsbeitrag zum EE-Konzept leisten. Auf diese Untersuchung, die den unmittelbaren Ausgangspunkt zum empirischen Teil dieser Arbeit bildet, wird hier ausführlich eingegangen.

Hahlweg et al. (1989) gingen von den Hypothesen aus,

- daß das Interaktionsverhalten der Patienten deutlicher als bisher erkennbar an den unterschiedlichen Interaktionsstilen beteiligt ist,
- daß sich Aspekte der affektiven Beteiligung im nonverbalen Verhalten der Interaktionspartner ausdrücken,
- daß ein geringeres Vorhandensein negativer Interaktionselemente (weniger Kritik, weniger Einmischung/Gedankenlesen) allein nicht ausreicht, die Interaktion in NEE-Familien und die geringere Rückfallgefährdung in diesen Familien zu charaketerisieren; das heißt, sie vermuteten unterstützendere und auf konstruktive Problemlösungen gerichtete Interaktionen in NEE-Familien;
- daß sich die Interaktionsbeiträge der Angehörigen und der Patienten gegenseitig beeinflussen und sich für HEE- und NEE-Familien unterschiedliche Interaktionsprozesse beschreiben lassen.

Untersucht wurden in Los Angeles 43 Familien mit einem schizophrenen Mitglied. Die Patienten waren mit einer akuten Psychose zur stationären Behandlung aufgenommen worden und nach RDC-Kriterien (Spitzer et al., 1978) als "schizophren" oder "schizoaffektiv mit überwiegend schizophrener Komponente" diagnostiziert worden. 43 Patienten und 64 Angehörige nahmen an der Untersuchung teil.

Innerhalb von 4 Wochen nach der stationären Aufnahme der Patienten wurde für die nächsten Angehörigen der EE-Index mit dem CFI bestimmt. Angehörige mit 6 oder mehr kritischen Kommentaren oder einem Score von 4 oder 5 auf der EOI-Skala wurden als hoch-EE eingestuft. Der EE-Index wurde ein zweitesmal 5 Wochen nach Beendigung der stationären Behandlung mit dem Five-Minute-Speech-Sample (FMSS, Magana et al., 1985; vgl. Abschnitt 8.2.2 b) bestimmt, und zwar am selben Tag, an dem auch die Familieninteraktionsvariablen erhoben wurden.

Unmittelbar nach dem FMSS der Angehörigen fand die "Familiendiskussion" (Goldstein 1968) statt und wurde auf Video aufgenommen. Es wurden nacheinander zwei Problemthemen jeweils 10 Minuten lang ohne Anwesenheit des Versuchsleiters diskutiert. Die so erhaltenen Familieninteraktionen wurden mit dem "Kategoriensystem für partnerschaftliche und familiäre Interaktion" (KPI, Hahlweg et al., 1984 a,b; vgl. Abschnitt 8.2.3) analysiert.

Das KPI dient der systematischen Beobachtung und vollständigen Abbildung von Kommunikations- und Interaktionssequenzen, mit dem Ziel, alle Interaktionsbeiträge eines Sprechers und eines Zuhörers denjenigen Beobachtungskategorien zuzuordnen, die sich als relevante Bestandteile einer problembezogenen Verständigung in Familien empirisch entwickeln lassen. Sowohl das verbale als auch das nonverbale Verhalten der Gesprächspartner kann erfaßt werden. Das Verfahren wird im empirischen Teil dieser Arbeit (Abschnitt 8.2.3) ausführlich beschrieben. Zur Darstellung der Ergebnisse der Untersuchung von Hahlweg et al. (1989) werden hier lediglich einige Aspekte der Entwicklung des KPI und die Inhalte des mit dem KPI beobachteten Interaktionsverhaltens genannt.

Folgende Annahmen über die Bedingungen erfolgreicher Problemlösungen liegen dem System zugrunde (Hahlweg et al., 1988):

In dem Kommunikations- und Problemlöseprozeß nehmen beide Partner abwechselnd die Sprecher- und Zuhörerrolle ein.
Fördernde Verhaltensweisen des Sprechers sind:

- Die eigenen Einstellungen, Gefühle und Gedanken zum Problem äußern (Kennzeichen ist der Ich-Gebrauch); so werden Anklagen, Vorwürfe und Beleidigungen vermieden.
- Ein Problem konkret und spezifisch aussprechen, d.h. konkretes Verhalten in konkreten Situationen beschreiben.

- Insgesamt sollte sich der Sprecher dem Gesprächspartner öffnen (Selbstöffnung), ihm seine Wünsche und Bedürfnisse mitteilen.

Für den <u>Zuhörer</u> gilt:

- Er sollte dem Sprecher nonverbal zu erkennen geben, daß er ihm zuhört (anschauen, nicken).
- Er sollte das Gesagte in kurzen Sätzen mit eigenen Worten wiederholen.
- Er sollte bei Unklarheiten nachfragen, aber nicht suggestiv, sondern in Form offener Fragen.
- Er sollte dem Partner seine Wertschätzung mitteilen.

Diese Bedingungen werden als förderlich für die allgemeine Kommunikation angesehen. Für eine erfolgreiche Problemlösung sind wichtig:

- Generieren spezifischer, operationalisierbarer Änderungsvorschläge,
- Verhandlung fairer Abmachungen,
- Vereinbaren der Abmachungen,
- Überprüfung der getroffenen Abmachungen.

(Hahlweg et al., 1988)

Die folgenden verbalen Kategorien wurden analog zu den angegebenen Kommunikationsfertigkeiten konstruiert:

Positive Formen der Kommunikation:
- Selbstöffnung
- Positive Lösung
- Akzeptanz
- Zustimmung

Negative Formen der Kommunikation:
- Kritik
- Rechtfertigung
- Negative Lösung
- Nicht-Übereinstimmung

Neutrale Formen der Kommunikation:
- Problembeschreibung
- Metakommunikation
- Restkategorie

(- Zuhören)

Zusätzlich zum verbalen Gehalt der Äußerungen wird ihr nonverbaler Ausdruck mit den drei Kategorien
- positiv
- negativ
- neutral

eingeschätzt, und zwar aufgrund von Mimik, Tonfall und Körperhaltung.

Alle Äußerungen der Gesprächspartner - abwechselnd eine Äußerung des Patienten und eine Äußerung eines Angehörigen - werden den 11 verbalen und 3 nonverbalen Kategorien zugeordnet. Als Beobachtungseinheit gelten Sinneinheiten.

Die Untersuchung kommt zu folgenden Ergebnissen:

1. Zwischen dem EE-Status der Angehörigen, der zu Beginn der Behandlung - etwa 2 Monate vor der Familiendiskussion - mit dem CFI erhoben worden war, und den KPI-Kategorien, die für die Angehörigen in der Familiendiskussion ermittelt wurden, fanden sich keine signifikanten Zusammenhänge. Ähnlich wie in der Untersuchung von Miklowitz, Goldstein et al. (1989) mit dem AS-System scheint hier der zeitliche Abstand zwischen den beiden Datenerhebungen eine wichtige Rolle zu spielen, die noch genauer untersucht werden muß.

2. Eine Unterteilung der Angehörigen in Niedrig-EE (NEE), Hoch-EE/Kritik (HKR) und Hoch-EE/Emotionales Überengagement (HEOI) aufgrund des Five-Minute-Speech-Samples, also zum selben Zeitpunkt wie die Familieninteraktion, ergab folgende Verhaltensunterschiede:

   a) HEOI-Angehörige unterschieden sich in ihrem Interaktionsverhalten nicht von NEE-Angehörigen.

   b) Die HEOI- und die NEE-Angehörigen unterschieden sich signifikant von den HKR-Angehörigen durch mehr "Positive Lösungsvorschläge", "Akzeptanz des Gesprächspartners" und "Problembeschreibungen" sowie weniger "Kritik" und "Negative Lösungsvorschläge" (Scheinlösungen); im nonverbalen Verhalten durch häufigere positive und seltenere negative Ausdrucksformen im Gesprächsverhalten. (Tabelle 6.3)

Tabelle 6.3: Zusammenhang zwischen FMSS-EE und Interaktionsbeiträgen der Angehörigen schizophrener Patienten (aus Hahlweg et al., 1989, S. 14)

Table 1
Relation Between FMSS, EE, and Interactional Data for Relatives of Schizophrenic Patients

KPI code	Low	Overinvolved	Critical	F^a	*p*
Self-disclosure					
M	2.7	2.9	2.4	0.08	.92
SD	2.9	4.8	2.6		
Positive solution					
M	1.9	1.7	0.4	3.75	.03
SD	1.8	2.3	0.5		
Acceptance of other					
M	7.1	7.8	2.2	2.99	.05
SD	7.0	7.5	4.0		
Agreement					
M	10.4	9.2	10.8	0.11	.89
SD	6.9	7.6	9.8		
Criticism, specific					
M	3.5	3.4	11.7	14.58	.000
SD	4.6	5.1	5.6		
Criticism, personal					
M	0.1	0.0	5.5	17.31	.000
SD	0.5	0.0	6.5		
Negative solution					
M	0.2	0.1	0.7	3.14	.05
SD	0.5	0.4	1.1		
Justification					
M	0.5	0.0	0.7	0.75	.47
SD	1.4	0.0	1.4		
Disagreement					
M	6.6	7.9	10.2	1.81	.17
SD	5.3	7.6	6.5		
Negative nonverbal					
M	4.5	5.8	35.8	19.85	.000
SD	8.0	9.0	31.1		
Positive nonverbal					
M	34.5	41.0	11.4	4.23	.02
SD	27.2	32.1	25.3		

Note. EE = expressed emotion; FMSS = five-minute speech sample; KPI = Kategoriensystem fuer Partnerschaftliche Interaktion [Category System for Partners Interaction]. Low = low EE (n = 42); overinvolved= high EE-overinvolved (n = 9); critical = high EE-critical (n = 13).
[a] df = 2, 61.

c) Das Interaktionsverhalten der Patienten unterschied sich, je nachdem, ob sie in HEE- oder NEE-Familien lebten; dabei galt als "HEE-Familie", wenn mindestens ein Angehöriger als HKR oder HEOI eingestuft worden war. Patienten in HEE-Familien zeigten verbal häufigere "Rechtfertigungen" und "Nicht-Übereinstimmungen" sowie ein nonverbal negativeres Verhalten. (Tabelle 6.4)

Tabelle 6.4: Zusammenhang zwischen FMSS-EE der Angehörigen und Interaktionsbeiträgen schizophrener Patienten (aus Hahlweg et al., 1989, S. 15)

Table 2
Relation Between FMSS, EE, and Interactional Data for Schizophrenic Patients Across Family Types

KPI code	Low	Overinvolved	Critical	F^a	*p*
Self-disclosure					
M	5.3	6.0	5.2	0.11	.89
SD	3.5	5.4	4.8		
Positive solution					
M	1.4	0.2	0.5	2.39	.10
SD	1.9	0.5	0.8		
Acceptance of partner					
M	0.9	0.4	1.2	0.48	.62
SD	1.4	0.6	2.9		
Agreement					
M	28.5	22.5	17.7	2.11	.14
SD	16.1	14.8	11.4		
Criticism[b]					
M	1.2	2.5	5.1	2.87	.08
SD	3.3	3.4	7.0		
Negative solution					
M	0.1	0.1	0.3	1.89	.16
SD	0.2	0.4	0.7		
Justification					
M	0.7	1.9	4.0	5.35	.009
SD	1.2	3.2	4.5		
Disagreement					
M	9.8	20.0	16.6	6.42	.004
SD	4.6	12.3	9.1		
Negative nonverbal					
M	12.6	16.1	33.7	3.48	.04
SD	20.2	14.1	29.4		
Positive nonverbal					
M	20.6	22.2	11.3	0.96	.39
SD	21.1	22.9	15.1		

Note. EE = expressed emotions; FMSS = five-minute speech sample; KPI = Kategoriensystem fuer Partnerschaftliche Interaktion [Category System for Partners Interaction]. Low = low EE (n = 24); overinvolved = high EE–overinvolved (n = 8); critical = high EE–critical (n = 11).
[a] df = 2, 40. [b] Sum on specific and personal criticisms.

3. Interaktions<u>prozesse</u>, das heißt die abwechselnde Folge mehrerer Interaktionsbeiträge der Patienten und ihrer Angehörigen, wurden mit der Methode der Sequenzanalyse (Revenstorf et al., 1984; vgl. Abschnitt 9.2) für die NEE-, HKR- und HEOI-Familien untersucht. Sequenzanalysen, die funktionale Zusammenhänge zwischen den Interaktionsbeiträgen aufgrund der Wahrscheinlichkeit ermitteln, mit der auf eine bestimmte Äußerung eines Gesprächspartners eine bestimmte Äußerung des anderen Gesprächspartners folgt, setzt eine sehr große Menge von Dateneinheiten derselben Klasse voraus. Die 11 verbalen KPI-Kategorien wurden deshalb zu drei Klassen zusammengefaßt: <u>Positive Kommunikation</u>, bestehend aus den Kategorien Selbstöffnung, Positive Lösungsvorschläge, Akzeptanz und Zustimmung, <u>negative Kommunikation</u>, bestehend aus den Kategorien Kritik, Negative Lösungsvorschläge, Rechtfertigung und Nichtübereinstimmung sowie <u>neutrale Information</u>, bestehend aus den Kategorien Problembeschreibung und Metakommunikation. Die Analysen führten zu folgenden Ergebnissen:

a) In HKR-Familien bestehen etwa 26 % der gesamten Gesprächsbeiträge aus verbal negativer Kommunikation im Gegensatz zu nur etwa 11 % in NEE- und etwa 14 % in HEOI-Familien.

b) In HKR-Familien läßt sich eine Sequenz von mindestens 6 aufeinanderfolgenden negativen Kommunikationselementen aufzeigen: Beginnt Partner A mit einer negativen Äußerung, so folgt mit hoher Wahrscheinlichkeit eine negative Äußerung von Partner B, die wiederum mit hoher Wahrscheinlichkeit von einer negativen Äußerung des Partners A gefolgt wird, usw. Der prozentuale Anteil negativer Äußerungen, mit denen derartige Ketten beginnen, ist bei HEOI- und NEE-Familien geringer, und die negative Interaktionskette bricht in diesen Familien früher ab.

c) Für das nonverbale Verhalten in HKR-Familien lassen sich negative Interaktionsketten noch deutlicher zeigen als für die verbale Kommunikation (was unter anderem auch mit der größeren Datenmenge für diese Kategorien zusammenhängt): Bei NEE- und HEOI-Familien ist zwar ein nonverbal negatives Ausdrucksverhalten eines Gesprächspartners geeignet, eine nonverbal negative Rückäußerung des anderen Gesprächspartners hervorzurufen, jedoch nur 5 - 6 Sequenzen lang. Dagegen läßt sich eine Abfolge von nonverbal negativen Kommunikationsbeiträgen in HKR-Familien über 20 Sequenzen hinweg verfolgen. (Abbildung 6.2)

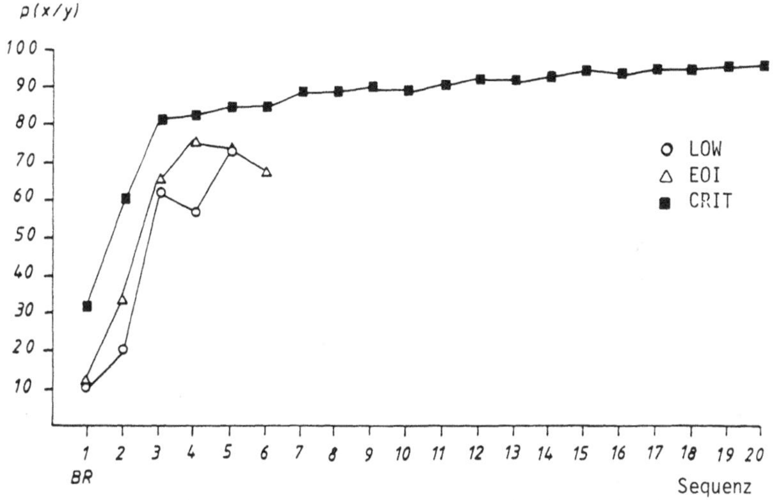

Figure 1. Generalized interaction pattern of negative nonverbal escalation. (Ordinate indicates the conditional probability of the response after the foregoing sequence [$n - 1$]. Low EE = low expressed emotion; EOI = high expressed emotion–overinvolved; CRIT = high expressed emotion–critical. BR = base rate for negative nonverbal behavior over the whole interaction.)

Abbildung 6.2: Zusammenhang zwischen FMSS-EE und nonverbal negativ eskalierenden Interaktionssequenzen (aus Hahlweg et al., 1989, S. 16)

Betrachtet man die Interaktionssequenzen in verschiedenen Familienkonstellationen, wie Hahlweg et al. (1987) dies in einer weiteren Analyse ihrer Daten getan haben, so zeigt sich folgendes Bild: 34 Familien wurden entsprechend dem EE-Status der Angehörigen in HEE-, NEE- und Misch-EE-Familien unterteilt. Misch-EE-Familien waren solche, in denen ein Angehöriger als hoch-EE und ein Angehöriger als niedrig-EE klassifiziet worden waren (überwiegend auf der Dimension "Kritische Haltung"). Eine HEE-Familie enthielt entweder einen HEE- und keine weiteren Angehörigen (Zwei-Personen-Haushalt) oder zwei HEE-Angehörige (Drei-Personen-Haushalt); ebenso war es bei den NEE-Familien.

Negative Eskalationen gab es in den Misch-Familien am wenigsten. Man könnte vermuten, daß NEE-Angehörige bei Interaktionen zu dritt besonders dann aktiv werden und einen beruhigenden Einfluß ausüben, wenn sich eine Diskussion zuzuspitzen droht.

Die Ergebnisse von Hahlweg et al. (1987, 1989) fügen der Beschreibung von Familieninteraktionen in HEE- und NEE-Familien (Abschnitt 6.1) wesentliche Elemente hinzu; sie bestätigen zum Teil die vorausgegangenen Ergebnisse, werfen aber auch neue Fragen auf.

1. Geht man davon aus, daß sich der EE-Index im Five-Minute-Speech-Sample auf ähnliche Weise ausdrückt wie im CFI, so bedeutet der mit den KPI-Katgorien gefundene hohe Anteil an kritischen, ablehnenden Äußerungen bei HKR-Angehörigen eine Replikation dieser Beobachtung von Miklowitz et al. (1984) und von Strachan et al. (1986) mit dem AS-System. Zur fehlenden Verbindung zwischen dem CFI-EE und den Familieninteraktionsvariablen schlagen Hahlweg et al. (1989) zwei Erklärungen vor: Der Zeitraum zwischen CFI und Familiendiskussion, der in dieser Untersuchung größer als in den vorausgegangenen war, kann die Einstellung der Angehörigen, die sich im EE-Index niederschlägt, verändert haben, so daß die Beziehung zwischen der Einstellung und dem Interaktionsverhalten mit zunehmender Zeit schwächer wird. Das Interaktionsverhalten kann sich in dieser Zeit aber auch verändert haben, möglicherweise im Zusammenhang mit dem im Verlauf der Behandlung veränderten Verhalten der Patienten.

2. Entgegen früheren Ergebnissen weisen sowohl HEOI- als auch NEE-Angehörige im Vergleich zu HKR-Angehörigen positiv-unterstützende Interaktionselemente auf. Hier sei auf die zu Beginn dieses Abschnitts bereits erwähnte Begründung dieser Diskrepanz hingewiesen, nämlich daß der Schwerpunkt des AS-Zeichensystems auf der Erfassung negativer Interaktionsformen liegt; es ist anzunehmen, daß spezifische Aspekte, die in der Interaktion seltener auftreten als die "gängigeren" Verhaltensdimensionen, mit dem wesentlich spezifischer konstruierten KPI besser erfaßt werden als mit dem AS-System.

Die vollständige Abbildung der Interaktionssequenzen, das heißt aller Interaktionsbeiträge sowohl der Angehörigen als auch der Patienten, hat zu weiteren für den Verlauf der schizophrenen Psychose vermutlich bedeutsamen Ergebnissen geführt:

3. Nicht nur die Angehörigen zeigen je nach EE-Status unterschiedliches Verhalten in der Familieninteraktion, sondern auch das Verhalten der Patienten weist je nach Zugehörigkeit zu HEE- oder NEE-Angehörigen günstige oder ungünstige Anteile an der Familieninteraktion auf, und zwar bei Patienten in HKR-Familien in Form von Rechtfertigungen und negativer affektiver Beteiligung (nonverbale Kommunikation).

4. Ebenso drückt sich der Anteil, den die Patienten an der Interaktion haben, in einem Interaktions<u>prozeß</u> aus, der in HKR-Familien durch eine längere negative Eskalation und damit zusammenhängend ein hohes Ausmaß an Spannungen zwischen den Interaktionspartnern gekennzeichnet ist.

6.4 Diskussion der Ergebnisse zum Zusammenhang zwischen EE und Beobachtungsmerkmalen der Interaktion zwischen Patienten und Angehörigen

Aus den empirischen Ergebnissen zu Zusammenhängen zwischen dem EE-Konstrukt und Variablen der realen Interaktion zwischen schizophrenen Patienten und ihren Angehörigen ergibt sich eine Reihe von Diskussionspunkten, die sich auf die inhaltliche Validierung von EE beziehen. Eine Erklärung der Wirkmechanismen von EE mit Hilfe von Interaktionsmerkmalen hätte zur Folge, daß interaktionelle Faktoren des Konstrukts, die den Verlauf schizophrener Psychosen beeinflussen, erkannt und entsprechend modifiziert werden können; ein weiterer wichtiger Aspekt betrifft dabei die bewertende Einordnung der mit EE umschriebenen Haltung der Angehörigen in Gesamtzusammenhänge, die der Entlastung der betroffenen Familien dienen.

a) Welche Interaktionsmuster beinhaltet der EE-Status?

Merkmale der zwischen Patienten und ihren Angehörigen zu beobachtenden Interaktion lassen sich deutlich als Korrelate der durch EE umschriebenen Haltungen der Angehörigen erkennen. Für HEE- und NEE-Familien lassen sich

Interaktionsstile unterscheiden, die mit den EE-Dimensionen inhaltlich zusammenhängen. HEE-Einstellungen der Angehörigen (kritische und ablehnende Haltung gegenüber dem Patienten; übermäßiges emotionales Engagement), die den Verlauf schizophrener Psychosen ungünstig beeinflussen, sind mit einem negativen Interaktionsstil innerhalb der Familie verknüpft. Kritik und Einmischung auf der Angehörigen-Seite sowie Rechtfertigungen und negative Affekte auf der Patienten-Seite bilden negativ eskalierende Interaktionsmuster. Demgegenüber sind die Einstellungen von NEE-Angehörigen, für deren schizophrenes Familienmitglied ein geringeres Rückfallrisiko besteht, mit positiveren Familieninteraktionen verbunden. Positiv-unterstützende Interaktionselemente kommen hier häufiger vor, und wenn es zu negativen Interaktionssequenzen kommt, so werden diese relativ schnell beendet. Das bedeutet, daß in NEE-Familien (und in HEOI-Familien) nicht nur ein negativer Umgang miteinander unterlassen wird, sondern daß sich diese Familien in aktiver und konstruktiver Weise um den Patienten und die zu lösenden Probleme kümmern. Spannungen, die durch ungelöste, fortdauernde Konflikte entstehen, werden dadurch reduziert. Hier bleibt die Frage offen: Warum gelten diese positiven Interaktionsaspekte (Unterstützung; Abbrechen negativer Prozesse) für NEE-Familien ebenso wie für HEOI-Familien, wenn EOI ein Bestandteil von HEE ist?

b) Ist EE eine überdauernde, zeitstabile Haltung der Angehörigen?

Vorausgesetzt, Camberwell Family Interview und Five-Minute-Speech-Sample erfassen weitgehend dieselben Inhalte von EE, dann ist EE kein zeitstabiles Konstrukt. Basierend auf Ergebnissen, die für Patienten nach akuter psychotischer Episode gelten (Hahlweg et al., 1989), hängen die Einstellungsänderungen mit der Veränderung der akuten Symptomatik des Patienten zusammen. In Populationen mit chronischen Patienten ist EE wahrscheinlich bereits zu einem stabileren Merkmal geworden. Die Frage kann noch nicht beantwortet werden, wie EE sich tatsächlich im zeitlichen Verlauf entwickelt.

c) Wie spezifisch hängen EE und Patient-Angehörigen-Interaktionen mit dem Verlauf schizophrener Psychosen zusammen?

Daß es sich bei EE und den damit zusammenhängenden Interaktionskorrelaten nicht um isoliert auftretende Phänomene, die spezifisch im Verlauf schizophrener Psychosen wirksam werden, handelt, hat Hooley (1984) gezeigt. Sie analysierte mit dem KPI die Interaktion zwischen 30 depressiven Patienten und ihren HEE- oder NEE-Partnern. HEE-Partner übten wesentlich mehr Kritik am depressiven Patienten, stimmten seltener mit ihm überein und akzeptierten seine Äußerungen seltener, als dies bei Patienten mit NEE-Partnern der Fall war. Auch der Anteil an nonverbal negativem Ausdruck war größer. Ähnlich verhielten sich auch die depressiven Patienten in der Interaktion mit einem HEE-Partner negativer als zusammen mit einem NEE-Partner. Ergänzt wird diese Parallele schließlich auch durch ähnlich unterschiedliche Interaktionssequenzen zwischen HEE- und NEE-Paaren, wie sie in Schizophrenie-Familien gefunden wurden.

d) Wie eng ist die Verbindung vom Interaktionsstil zum EE-Konstrukt? Können ähnliche Vorhersagen für den Krankheitsverlauf aufgrund des Interaktionsstils getroffen werden wie aufgrund des EE-Index?

Die Ergebnisse legen die Hypothese nahe, daß das Rückfallrisiko in Abhängigkeit von den genannten negativen Interaktionen wächst, oder - umgekehrt ausgedrückt - daß sich die Rückfallgefahr in Abhängigkeit von positiven Familieninteraktionen vermindern läßt. Für die Rückfallprophylaxe resultieren daraus konkrete Ansätze zur psychosozialen Intervention und Unterstützung von Familien mit einem schizophrenen Mitglied. Weitere empirische Klärung ist hier erforderlich.

e) Welche Bedeutung hat der Interaktionsstil für die bewertende Beurteilung einer HEE-Haltung?

Die Beschreibung und das Verständnis von zirkulären Interaktionsprozessen, die die spezifischen Anteile aller Beteiligten und deren Interdependenz erkennen lassen, bedeuten ein Argument gegen einseitige negative Beurteilungen dessen, was eine als HEE-Haltung beschriebene Einstellung der Angehörigen bedeutet. Kritik, Ablehnung und emotionales Überengagement, die eine HEE-Einstellung ausmachen, sind Begriffe, mit denen ein negatives Verhalten assoziiert und betont wird. Es ist jedoch bisher völlig unbekannt, ob und wie sich die HEE-Angehörigen in den fraglichen Dimensionen von "normalen" Eltern oder Ehepartnern, also von Familien, in denen keine psychische Störung vorhanden ist, unterscheiden. Im übrigen gehen aus den auf der Patientenseite gefundenen Interaktionsanteilen erste Hinweise darauf hervor, daß negative Interaktionsmuster nicht durch das Verhalten der Angehörigen allein, sondern unter Beteiligung aller Interaktionspartner in Gang gesetzt und aufrechterhalten werden.

7 FRAGESTELLUNGEN

Der Verlauf schizophrener Psychosen wird durch die Ausprägung des EE-Index der Angehörigen schizophrener Patienten entscheidend mitbestimmt. Eine kritische Haltung gegenüber dem Patienten und emotionales Überengagement der Angehörigen (HEE) erhöhen das Rückfallrisiko für den Patienten; niedrige Ausprägungen in diesen Variablen (NEE) vermindern die Rückfallgefahr.

Die bisherigen Untersuchungen im angloamerikanischen Raum haben für EE, ein Maß für die Einstellung von Familienangehörigen gegenüber dem Patienten, entsprechende Korrelate im Verhalten der Familienmitglieder in realen Interaktionen aufgezeigt: Für HEE-Familien lassen sich ungünstigere Interaktionsmuster erkennen als für NEE-Familien; dies gilt insbesondere für Angehörige, die aufgrund einer kritischen Haltung gegenüber dem Patienten als HEE eingeschätzt wurden. Mit Hilfe der unterschiedlichen Interaktionsformen in HEE- und NEE-Familien kann das EE-Konstrukt validiert und seine Wirkungsweise zum Teil erklärt werden. Aus den unterschiedlichen Interaktionsmustern lassen sich konkrete Veränderungsansätze für die Rückfallprophylaxe ableiten.

Die vorliegende Untersuchung knüpft an die Ergebnisse zu den Zusammenhängen zwischen EE und der Interaktion in Schizophrenie-Familien an und soll zunächst folgende Frage beantworten: Lassen sich die im angloamerikanischen Raum gefundenen Korrelate in der Bundesrepublik replizieren und damit interkulturell bestätigen? Im einzelnen geht es dabei um die Fragen:

1. Welche Interaktionsformen der Angehörigen sind mit dem EE-Status verbunden?

   1.1 Welche Kommunikationsmuster hängen mit dem HEE-Status zusammen? Es wird erwartet, daß Angehörige, die auf der Skala "Kritische Haltung" als HEE eingestuft wurden, ein höheres Ausmaß an negativer Kommunikation aufweisen als NEE-Angehörige und auch als Angehörige, die auf der Skala "EOI" als HEE eingestuft wurden.

   1.2 Welche Kommuniktionsmuster kennzeichnen den NEE-Status? Erwartet werden häufigere Beiträge aus dem Bereich der positiven Kommunikation für NEE-Angehörige.

2. Welche Interaktionsformen der <u>Patienten</u> hängen mit dem EE-Status der Angehörigen zusammen?

2.1 Welche Kommunikationsbeiträge unterscheiden Patienten mit HEE-Angehörigen von Patienten mit NEE-Angehörigen? Hier wird erwartet, daß sich Patienten mit Angehörigen, die als HEE auf der Skala "Kritische Haltung" eingestuft wurden, ebenfalls häufiger in negativer Form äußern als Patienten mit NEE-Angehörigen oder mit Angehörigen, die als hoch-EOI eingeschätzt wurden.

2.2 Welche Kommunikationsbeiträge sind für Patienten in NEE-Familien kennzeichnend? Wie für NEE-Angehörige wird auch für Patienten in diesen Familien ein höheres Ausmaß an positiven Kommunikationsbeiträgen erwartet.

3. Welche Interaktions<u>prozesse</u> lassen sich in Abhängigkeit vom EE-Status der Angehörigen beobachten? Erwartet werden in HEE-Familien längere Sequenzen einer negativ eskalierenden Interaktion als in NEE-Familien; in NEE-Familien werden längere positiv verlaufende Interaktionssequenzen erwartet als in HEE-Familien.

Die über die unterschiedlichen Interaktionsformen gewonnenen Ergebnisse sagen noch relativ wenig darüber aus, wie die in Schizophrenie-Familien beobachteten Interaktionen im Vergleich zu anderen Familien einzuordnen sind. Ist ein Ausmaß an "Kritik", das in HEE-Familien größer ist als in NEE-Familien, besonders groß, oder ist das Ausmaß an "Kritik" in NEE-Familien besonders klein? Eine ähnliche Frage stellt sich für Gesprächseskalationen: Stehen negative Eskalationen für einen besonders negativen Interaktionsstil? Oder bedeuten Gesprächssequenzen, die negativ beginnen und nicht in derselben Weise fortgesetzt werden, eher die Ausnahme? Mit dem Ziel, Schuldzuweisungen an die Angehörigen schizophrener Patienten abzubauen, die aus der Beurteilung dieser Fragen resultieren, wird versucht, die Ergebnisse zur Familieninteraktion und deren Zusammenhang zum EE-Index zu objektivieren. Eine weitere Frage lautet deshalb:

4. Wie unterscheiden sich die Interaktionsmuster in Familien mit einem schizophrenen Mitglied von den Interaktionsmustern in Familien, in denen <u>keine</u> psychische Störung besteht?

8 METHODE

42 Familien mit einem als schizophren diagnostizierten Mitglied und 11 psychisch nicht gestörte Familien mit einem jugendlichen Mitglied wurden untersucht. Die Diagnose der Patienten wurde vom stationär behandelnden Psychiater bestimmt. In strukturierten Interviews mit den Angehörigen (Tonbandaufnahmen), Einzelgesprächen und mit Fragebögen wurden die Angaben zum EE-Index und zu familiären Problembereichen erhoben. Jede Familie diskutierte zwei Konfliktbereiche; die Diskussionen wurden auf Video aufgezeichnet.

Die Angehörigen wurden Hoch-EE/Kritik-, Hoch-EE/EOI- und Niedrig-EE-Gruppen zugeordnet; Patienten und gesunde Jugendliche wurden nach ihrer Zugehörigkeit zu diesen Angehörigen in Gruppen unterteilt; ebenso wurden Gruppen von HEE- und NEE-Familien gebildet.

Die Interaktionen der Familien bei der Problemdiskussion wurden mit dem KPI sowohl frequenz- als auch sequenzanalytisch ausgewertet und Gruppenunterschiede ermittelt. Die Gruppenunterschiede beziehen sich auf den unterschiedlichen EE-Status der Schizophreniefamilien und ihrer einzelnen Familienmitglieder sowie auf die Unterscheidung zwischen Schizophreniefamilien und Familien ohne psychische Störung.

8.1 Stichprobe

In die Studie gingen 42 als schizophren diagnostizierte Patienten (20 weiblich, 22 männlich) und 11 Jugendliche ohne psychische Störung (6 weiblich, 5 männlich), jeweils mit ihren Hauptbezugspersonen (eine oder zwei Personen) ein. Insgesamt sind es 53 Familien mit 136 Personen.

8.1.1 Stichprobenbeschaffung

Familien mit einem schizophrenen Mitglied und "Normalfamilien" wurden auf unterschiedliche Weise gewonnen:

a) Familien mit einem schizophrenen Mitglied

Patienten, die zur stationären Behandlung im Max-Planck-Institut für Psychiatrie, München, überwiegend Station 5 (Psychiatrie), vereinzelt auch Station 3a (Neurologie), aufgenommen worden waren, wurden in Absprache mit den behandelnden Ärzten nach folgenden Kriterien ausgewählt:

- Diagnose: Schizophrenie oder schizoaffektive Psychose (depressive oder manische Form, mit primär schizophrener Symptomatik) nach Research Diagnostic Criteria (RDC; Spitzer et al., 1978); ICD-Diagnosen (Degkwitz et al., 1980): 295.0-4 oder 295.6-7. Erstmanifestationen und chronisch kranke Patienten wurden gleichermaßen aufgenommen.
- Alter: zwischen 17 und 45 Jahren.
- Es sollte keine organische Krankheit bzw. Alkohol- oder Medikamentenabhängigkeit bestehen.
- Die Patienten sollten in den letzten 3 Monaten mit einem oder mehreren ihrer Angehörigen oder Partner in einem Haushalt zusammengelebt haben oder mindestens 10 Stunden pro Woche mit ihnen als wichtigsten Bezugspersonen zusammen gewesen sein.

Nachdem die Patienten sich einverstanden erklärt hatten, an einer diagnostischen Einzel- und Familiensitzung teilzunehmen, wurden die Angehörigen ebenfalls um ihre Teilnahme an zwei Einzel- und einer Familiensitzung gebeten. Allen Familien wurde für die Zeit nach der Entlassung des Patienten aus stationärer Behandlung die Familienbetreuung nach Falloon et al. (1984) angeboten. Nachdem einige Familien, die an der Anfangsmessung teilgenommen hatten, einige Wochen später zur Familiendiskussion nicht mehr bereit waren, verblieben 42 Familien mit auswertbaren Videoaufnahmen.

b) Kontrollfamilien

Durch Vermittlung des Fachbereichs "Ehe und Familie" des Erzbischöflichen Ordinariats München wurden 140 Familien, die sich in der kirchlichen Familienarbeit engagieren und an Fragen des familiären Zusammenlebens interessiert sind, angeschrieben und um ihre Teilnahme gebeten; ebenso Freunde und Bekannte der Autorin, mit Ausnahme von Psychologen, um Kommunikation, die durch psychologisches Fachwissen gefärbt ist, auszuschließen.

Für die Teilnahme dieser Kontrollfamilien galten folgende Kriterien:

- Ein jugendliches Familienmitglied im Alter zwischen 17 und 25 Jahren (Tochter oder Sohn) lebt mit einem Elternteil (Mutter oder Vater) oder beiden Elternteilen in einem gemeinsamen Haushalt.
- Kein Familienmitglied war in psychologischer oder psychiatrischer Behandlung.

Insgesamt konnten 11 Familien für eine freiwillige Teilnahme gewonnen werden. Jede Familie erhielt ein Versuchspersonengeld von insgesamt DM 200,--.

8.1.2 Stichprobenbeschreibung

Diagnosen der Patienten

Unter den 42 Patienten waren 21 Ersterkrankungen. Die Patienten hatten folgende Diagnosen:

a) nach RDC (Spitzer et al., 1978):
   30 Schizophrenien,
   12 schizoaffektive Psychosen, davon 9 mit manischer Form und 3 mit depressiver Form.

b) nach ICD (Degkwitz et al., 1980):

295.0	Schizophrenia simplex	3
295.1	Hebephrene Form	4
295.2	Katatone Form	1
295.3	Paranoide Form	20
295.6	Schizophrene Rest- oder Defektzustände	2
295.7	Schizoaffektive Psychose	12

Familienkonstellationen

Die Patientenstichprobe umfaßt

- 23 Patienten mit 2 Angehörigen (11 weiblich, 12 männlich): 9 Töchter und 11 Söhne, jeweils mit Mutter und Vater, 1 Tochter mit Mutter und Großmutter, 1 Tochter mit Partner und Mutter, 1 Vater mit Ehefrau und Sohn.

- 19 Patienten mit 1 Angehörigen (9 weiblich, 10 männlich): 10 Paare, davon 3 Patientinnen mit ihrem Ehemann oder Partner und 7 Patienten mit ihrer Ehefrau oder Partnerin, sowie 6 Töchter und 3 Söhne mit ihrer Mutter.

Die Kontrollfamilien bestanden aus
- 7 Jugendlichen (3 Töchter, 4 Söhne) mit 2 Angehörigen (Mutter und Vater) und
- 4 Jugendlichen (3 Töchter, 1 Sohn) mit 1 Angehörigen (2 Töchter und 1 Sohn mit Mutter, 1 Tochter mit Vater).

Insgesamt waren es

	in den Schizophreniefamilien:	in den Kontrollfamilien:
Mütter	30	10
Väter	20	8
Kinder	31	11
Partner/innen	25	
Großmutter	1	

Sozioökonomische Daten

a) Schizophrenie-Familien

Geschlecht, Alter und Berufe der Patienten

Die Patienten waren zwischen 17 und 44 Jahre alt; ihr Durchschnittsalter lag bei 27,5 Jahren, wobei zwischen Patienten, die mit ihren Eltern zusammenleben, und Patienten die mit ihrem (Ehe-)Partner zusammenleben, unterschieden werden muß (Tabelle 8.1). Die 30 jugendlichen Patienten (Töchter und Söhne) befanden sich zum Großteil entweder noch in der Ausbildung (Schule, Studium oder Lehre) (13) oder hatten die Ausbildung abgebrochen und waren ohne Beruf (11), je 3 von ihnen waren Arbeiter oder mittlere Angestellte. Die übrigen Patienten (Eheleute oder Partner) waren als Arbeiter und als mittlere oder gehobene Angestellte tätig; zwei von ihnen waren ohne Beruf (Tabelle 8.1).

Tabelle 8.1: Geschlecht, Alter und Berufe der Patienten

<table>
<tr><td></td><td></td><td colspan="2">Jugendliche
N=30</td><td colspan="2">Partner
N=12</td><td colspan="2">Gesamt
N=42</td></tr>
<tr><td></td><td></td><td>m
N=13</td><td>w
N=17</td><td>m
N=9</td><td>w
N=3</td><td>m
N=22</td><td>w
N=20</td></tr>
<tr><td><u>Alter</u> (Jahre)</td><td>M</td><td>24,22</td><td>21,6</td><td>42,4</td><td>30,3</td><td colspan="2">27,5</td></tr>
<tr><td></td><td>SD</td><td>6,0</td><td>3,0</td><td>8,5</td><td>4,2</td><td colspan="2">9,8</td></tr>
<tr><td><u>Beruf</u></td><td></td><td colspan="2"></td><td colspan="2"></td><td colspan="2"></td></tr>
<tr><td>Hausfrau</td><td></td><td colspan="2">-</td><td colspan="2">-</td><td colspan="2">-</td></tr>
<tr><td>in Ausbildung</td><td></td><td colspan="2">13</td><td colspan="2">-</td><td colspan="2">13</td></tr>
<tr><td>Arbeiter</td><td></td><td colspan="2">3</td><td colspan="2">3</td><td colspan="2">6</td></tr>
<tr><td>mittlere Angestellte</td><td></td><td colspan="2">3</td><td colspan="2">4</td><td colspan="2">7</td></tr>
<tr><td>gehobene Angestellte</td><td></td><td colspan="2">-</td><td colspan="2">3</td><td colspan="2">3</td></tr>
<tr><td>ohne Beruf</td><td></td><td colspan="2">11</td><td colspan="2">2</td><td colspan="2">13</td></tr>
</table>

Geschlecht, Alter und Berufe der Angehörigen

Die Angehörigen waren zwischen 25 und 76 Jahre alt, wobei altersmäßig wiederum zwischen den Eltern und den (Ehe-)Partnern der Patienten unterschieden werden muß (Tabelle 8.2). Es waren zum Großteil Hausfrauen sowie mittlere und gehobene Angestellte. Ein Angehöriger hatte seine Ausbildung abgebrochen und war ohne Beruf (ein ehemaliger Mitpatient einer Patientin) (Tabelle 8.2).

Die Familien waren entsprechend der Einteilung von Kleining und Moore (1968) den 5 Kategorien untere und obere Unterschicht, untere und obere Mittelschicht sowie Oberschicht zugeordnet worden. 3 Familien gehörten der Unterschicht, 27 der Mittelschicht und 12 der Oberschicht an.

Tabelle 8.2: Geschlecht, Alter und Berufe der Angehörigen

		Eltern N=51		Partner N=13		Gesamt N=65	
		m N=21	w N=30	m N=4	w N=9	m N=25	w N=40
Alter (Jahre)	M	54,6	50,5	33,0	36,4	51,0	47,9
	SD	9,2	7,3	6,7	9,4	11,9	9,4
Beruf							
Hausfrau		15		5		21	
in Ausbildung		-		-		-	
Arbeiter		7		2		9	
mittl. Angestellte		20		5		25	
gehob. Angestellte		8		-		8	
ohne Beruf		-		1		1	

b) Kontrollfamilien

Geschlecht, Alter und Berufe der Jugendlichen und der Eltern

Die 11 Jugendlichen in den Kontrollfamilien waren zwischen 18 und 22 Jahre alt, ihr Durchschnittsalter lag bei 19,6 Jahren, alle befanden sich noch in der Ausbildung (Tabelle 8.3).

Die Eltern in den Kontrollfamilien waren zwischen 43 und 56 Jahre alt, im Durchschnitt 48,5 Jahre. Von Beruf waren sie Hausfrauen sowie mittlere und gehobene Angestellte oder Beamte (Tabelle 8.3). 7 Familien gehörten der Mittelschicht, 4 der Oberschicht an.

Tabelle 8.3: Geschlecht, Alter und Berufe der Kontrollpersonen

		Jugendliche N=11		Eltern N=18	
		m N=5	w N=6	m N=8	w N=10
Alter (Jahre)					
	M	20,2	19,2	49,9	47,2
	SD	1,3	1,6	3,7	4,2
Beruf					
Hausfrau		-		8	
in Ausbildung		11		-	
Arbeiter		-		-	
mittl. Angestellte		-		5	
gehob. Angestellte		-		5	
ohne Beruf		-		-	

c) Vergleich der Schizophrenie-Familien mit den Kontrollfamilien

Die beiden Gruppen wurden hinsichtlich ihrer Vergleichbarkeit in den Variablen Alter, Geschlecht, Beruf und Schichtzugehörigkeit untersucht. In den Kontrollfamilien gab es keine Paare, sondern nur Jugendliche und deren Eltern, so daß sich die sozioökonomischen Daten der Kontrollfamilien nur mit denjenigen Familien der Schizophrenie-Gruppe vergleichen lassen, die aus jugendlichen Patienten und deren Eltern bestehen. Die Paare der Schizophreniefamilien sind aus dem Vergleich ausgenommen. Es verblieben in der Schizophrenie-Gruppe 30 Familien mit einem jugendlichen Patienten (gegenüber 11 Jugendlichen der Kontrollfamilien) und 50 Angehörige (Eltern) der Patienten (gegenüber 18 Angehörigen der Kontrollfamilien).

Aufgrund der geringen Größe der Kontrollgruppe wurde nur das Alter inferenzstatistisch auf signifikante Unterschiede geprüft. Die übrigen Variablen wurden deskriptiv nach absoluten Häufigkeiten und prozentualen Verteilungen innerhalb der einzelnen Gruppen einander gegenübergestellt.

Tabelle 8.4: Vergleich der sozioökonomischen Daten der Schizophreniefamilien und der Kontrollfamilien

		S-Familien		K-Familien		Signifikanz
Alter (Jahre)						
Patienten/Jugendliche	M	22,8		19,6		t = 3,15
	SD	4,8		1,5		p = 0,00
Angehörige						
Väter	M	54,6		49,9		t = 1,92
	SD	9,2		3,7		p = 0,07
Mütter	M	50,5		47,2		t = 1,36
	SD	7,3		4,2		p = 0,18
		N	%	N	%	
Geschlecht						
Patienten/Jugendliche		30	73,2	11	26,8	
Söhne		13	43,3	5	45,5	
Töchter		17	56,7	6	54,5	
Angehörige		50	73,5	18	26,5	
Väter		20	40	8	44,4	
Mütter		30	60	10	55,6	
Beruf						
Patienten/Jugendliche						
Hausfrau		0	0	0	0	
in Ausbildung		13	43,3	11	100	
Arbeiter		3	10	0	0	
mittl. Angestellte		3	10	0	0	
gehob. Angestellte		0	0	0	0	
ohne Beruf		11	36,7	0	0	
Angehörige						
Hausfrau		15	30	8	44	
in Ausbildung		0	0	0	0	
Arbeiter		7	14	0	0	
mittl. Angestellte		20	40	5	27,8	
gehob. Angestellte		8	16	5	27,8	
ohne Beruf		0	0	0	0	
Schicht (Familien)						
untere Mittelsch.		4	8	0	0	
obere Mittelsch.		31	62	10	55,6	
Oberschicht		15	30	8	44,4	

Alter

Im Alter unterschieden sich die jugendlichen Patienten mit knapp 23 Jahren signifikant von den Jugendlichen der Kontrollstichprobe, deren Durchschnittsalter bei knapp 20 Jahren lag (T-Test: $t = 3.15$; $p = 0.00$). Ein Grund hierfür liegt in der Tatsache, daß Jugendliche ohne psychische Störung, die über 20 Jahre alt sind, sehr häufig nicht mehr bei ihren Eltrn wohnen und deshalb für die Familienuntersuchung nicht infrage kommen. Bei den Eltern waren sowohl in der Schizophrenie-Gruppe als auch in der Kontrollgruppe die Väter etwas älter als die Mütter, was der allgemeinen Bevölkerung entspricht. Die beiden Gruppen unterschieden sich nicht signifikant voneinander (Tabelle 8.4).

Geschlecht

Trotz der unterschiedlichen Größe der beiden Stichproben war die prozentuale Aufteilung von männlichen und weiblichen Personen in jeder Gruppe etwa gleich: Das Verhältnis von männlichen zu weiblichen Jugendlichen betrug in den Schizophrenie-Familien 43.3 zu 56.7 %, in den Kontrollfamilien 45.5 zu 54.5 %. Bei den Angehörigen war das Verhältnis von Vätern zu Müttern in den Schizophrenie-Familien 40 zu 60 %, in den Kontrollfamilien 44.4 zu 55.6 % (Tabelle 8.4).

Beruf

Während alle 11 Jugendlichen der Kontrollfamilien (100 %) sich noch in der Ausbildung befanden, war dies nur bei 43 % (13 Personen) der Patienten der Fall. Hier spielt zum einen das niedrigere Durchschnittsalter der Jugendlichen in den Kontrollfamilien eine Rolle; zum anderen muß der hohe Anteil an Patienten, die ihre Ausbildung abgebrochen hatten und ohne Beruf waren (11 Personen; 36,7 %) im Zusammenhang mit der Erkrankung gesehen werden. Nur insgesamt 20 % der Patienten (6 Personen) waren berufstätig (Tabelle 8.4).

Von den Angehörigen arbeitete in jeder Gruppe gut die Hälfte in mittleren und gehobenen Angestelltenverhältnissen. Die übrigen Personen waren bei den

Kontrollfamilien Hausfrauen (44 %) und bei den Schizophreniefamilien zum Teil Hausfrauen (30 %) und zum Teil Arbeiter (14 %) (Tabelle 8.4).

Schicht

Die Kontrollfamilien gehörten je zur Hälfte der Mittelschicht und der Oberschicht an (55,6 und 44.4 %). Demgegenüber gehörte der Großteil der Schizophreniefamilien zur Mittelschicht (62 %), etwa ein Drittel zur Oberschicht (30 %) und ein Teil zur Unterschicht (8 %) (Tabelle 8.4). Die Zugehörigkeit der Kontrollfamilien zu einer insgesamt etwas höheren Schicht hängt mit den besonderen Problemen der Rekrutierung dieser Stichprobe zusammen. Nur ein sehr engagierter und an Forschungsfragen interessierter Personenkreis, der in der Oberschicht eher zu finden ist, hatte freiwillig an der Untersuchung teilgenommen.

Zusammenfassung

Im Alter der Jugendlichen, in den Berufen und damit zusammenhängend auch in der Schichtzugehörigkeit bestehen zwischen den beiden Gruppen Unterschiede, die bei der vergleichenden Analyse der Familienvariablen berücksichtigt werden müssen. Ein Gleichgewicht besteht dagegen in der Geschlechtsverteilung, so daß es sich nach diesem Gesichtspunkt um parallelisierte Gruppen handelt.

Die Patienten und ihre Angehörigen lassen sich mit den Patienten in den Untersuchungen von Miklowitz et al. (1984) und Hahlweg et al. (1989) in folgenden Aspekten vergleichen: Die Stichproben waren gleich groß, und die Patienten waren im Durchschnitt etwa 22 - 27 Jahre alt, wobei die Patienten in der Untersuchung von Hahlweg et al. am jüngsten waren. Ein Hauptunterschied liegt in der Geschlechtsverteilung: Bei Hahlweg et al. waren es überwiegend männliche Patienten, bei Miklowitz et al. etwa 2/3 männliche Patienten und in der vorliegenden Untersuchung je zur Hälfte männliche und weibliche Patienten. Die Familien bestanden in allen drei Untersuchungen etwa zur Hälfte aus 2 und zur Hälfte aus 3 Personen. Bei Miklowitz et al. waren die Angehörigen nur Eltern, keine Partner.

Die Patienten in der vorliegenden Untersuchung und in der von Miklowitz setzten sich etwa zur Hälfte aus Ersterkrankungen zusammen und zur Hälfte aus solchen mit mehreren Krankheitsepisoden. In der Hahlweg et al.-Studie waren nur Patienten, deren erste Krankheitsepisode noch nicht länger als zwei Jahre zurücklag. In der Miklowitz et al.-Untersuchung waren es ausschließlich schizophrene Psychosen, in der Hahlweg et al.- und in dieser Untersuchung lautete ein Teil der Diagnosen "schizoaffektive Psychose mit überwiegend schizophrener Komponente".

8.2 Diagnostische Instrumente

8.2.1 Symptomatik der Patienten

Zu Beginn und bei Beendigung der stationären Behandlung wurde die Symptomatik der Patienten von deren behandelndem Arzt auf den Stationen 5 und 3A des MPIP mit der "Brief Psychiatric Rating Scale" (BPRS; Overall & Gorham, 1962) eingeschätzt. Dabei handelt es sich um eine Kurzform der IMPS von Lorr et al., 1963. Die Skala wurde in erster Linie für erwachsene hospitalisierte Patienten, vorwiegend Schizophrene, entwickelt. Die am MPIP verwendete, leicht veränderte Version besteht aus insgesamt 21 Items (Symptomkomplexen), die mit einem Ausprägungsgrad zwischen 1 (nicht vorhanden) und 7 (extrem stark) eingeschätzt werden: Sorgen um Gesundheit, Angst, Depression, Schuldgefühle, Feindseligkeit, Mißtrauen/Argwohn, Ungewöhnliche Denkinhalte, Größenerleben, Halluzinationen, Desorientiertheit, Zerfall der Denkprozesse, Erregung, Antriebsminderung, Affektive Verflachung, Spannung, Manieriertheit, Mangelnde Kooperation, Emotionale Zurückgezogenheit, Suizidalität, Vernachlässigung, Bizarres Verhalten. Der Gesamtrohwert kann als Ausmaß der psychischen Gestörtheit interpretiert werden (vgl. CIPS, 1981).

Als kriterienbezogene Validität wird eine Korrelation von r = .93 zwischen dem BPRS-Gesamtrohwert und der wesentlich ausführlicheren Lorr-Skala (IMPS) angegeben. Interrater-Reliabilitätskoeffizienten zwischen r = .87 und r = .97 werden angegeben (CIPS, 1981), so daß diese psychiatrische Beurteilungsskala als valides und reliables Meßverfahren gilt.

8.2.2 Expressed-Emotion-Index (EE-Index)

Der Expressed-Emotion-Index (EE) gilt als Indikator für das emotionale Familienklima (vgl. Abschnitt 5.1). Er ist ein Maß für die Einstellung eines Angehörigen zum erkrankten Familienmitglied, wie sie sich im Interview zwischen einem Inteviewer und einem Angehörigen äußert. Ähnlich wie in der Untersuchung von Hahlweg et al. (1989) wurde der EE-Index mit zwei verschiedenen Verfahren zu unterschiedlichen Zeitpunkten erhoben: mit dem Camberwell Familiy Interview (CFI) von Vaughn & Leff (1976) kurz nach der stationären Aufnahme des Patienten sowie mit der Fünf-Minuten-Sprechstichprobe (Five-Minute-Speech-Sample; FMSS. Magana, 1985) zum Zeitpunkt der Entlassung.

a) Camberwell Family Interview (CFI)

Durchführung

Das CFI wurde in einer Vielzahl internationaler Studien zur Bestimmung des emotionalen Klimas in Familien mit einem schizophrenen Mitglied verwendet; es ist ein halbstandardisiertes, ein- bis eineinhalb-stündiges Interview, das von einem Interviewer mit den engsten Bezugspersonen des Patienten kurz nach dessen stationärer Aufnahme (innerhalb von 4 Wochen) durchgeführt wird. Als Bezugspersonen gelten Familienangehörige, wie Eltern, Geschwister oder Ehepartner, sowie andere Personen, mit denen der Patient zusammenlebt. In der vorliegenden Untersuchung waren dies Familienangehörige und Bezugspersonen, mit denen die Patienten mindestens während der letzten 3 Monate vor der Klinikaufnahme zusammengelebt hatten. Das Interview wird mit jedem Angehörigen einzeln durchgeführt; dabei werden nacheinander folgende Themen und Bereiche angesprochen:

Wie sieht die psychiatrische Vorgeschichte des Patienten aus? Welche Veränderungen sind aufgefallen, welche klinischen Symptome? Wie kam es zur Aufnahme in die Klinik? Gab es häufiger Streit oder Auseinandersetzungen? War der Patient besonders reizbar? Wie war die Beziehung zum Patienten? Welche Aufgaben hat er im Haushalt übernommen? Wieviel Zeit haben Angehörige und Patienten gemeinsam verbracht?

Die Schilderungen der Angehörigen beziehen sich auf den Ausbruch der akuten Krankheitsepisode und auf das Verhalten des Patienten während der letzten 3 Monate vor der stationären Aufnahme. Das Interview wird zur späteren Auswertung auf Tonband aufgenommen. Ein am MPIP verwendetes Kurzmanual zur Durchführung des CFI befindet sich im Anhang.

Auswertung

Für die Auswertung und Bestimmung des EE-Index für jeden einzelnen Angehörigen sind diejenigen Aspekte der Schilderungen des Angehörigen entscheidend, mit denen er seine Einstellungen und Gefühle zu den geschilderten Ereignissen und zur Person des Patienten ausdrückt. Dabei kommt es darauf an, wie er über den Patienten und dessen Verhalten spricht, das heißt in welchem Tonfall er die Situationen schildert und wie der Angehörige selbst auf diese Situationen reagiert hat.

- EE-Skalen

Insgesamt wird das Interview nach fünf Skalen ausgewertet: Kritische Haltung, Ablehnung/feindselige Haltung, extreme Überfürsorglichkeit, positive Bemerkungen und Wärme.

KRITISCHE HALTUNG

Die Summe aller Äußerungen, mit denen ein Angehöriger während des Interviews Kritik am Verhalten des Patienten übt, ergibt die Skala "Kritische Haltung". Als Kritik werden Äußerungen entweder aufgrund ihres Tonfalls (zum Beispiel abwertender oder wütender Tonfall) oder aufgrund ihrer Formulierung (Ausdruck von Mißbilligung, Abneigung, Ärger gegenüber dem Patienten) gewertet. Zum Beispiel: "Im ganzen Haus läßt sie das Licht brennen; das geht doch nicht!" (ärgerlicher, aufgebrachter Tonfall); oder: "Es ist immer schlimmer geworden; nichts räumt sie auf ... sie tut überhaupt nichts" (abfälliger, wütender Tonfall).

FEINDSELIGKEIT

Richten sich die kritischen Kommentare nicht nur gegen bestimmte Verhaltensweisen in bestimmten Situationen, sondern gegen die gesamte Person des Patienten, so wird dies als "Feindseligkeit" und damit als eine besonders gravierende Form der mißbilligenden Kritik gewertet (dreistufige Skala: 1 = feindselige, ablehnende Haltung, 2 = Generalisierung der Mißbilligung vom Verhalten auf die Person des Patienten, 3 = beides).

EMOTIONALES ÜBERENGAGEMENT ("Emotional Overinvolvement"; EOI)

Bewertet werden Äußerungen, die eine extreme Sorge oder Fürsorglichkeit (Protektivität) widerspiegeln. Hierzu gehören auch eine Überidentifikation des Angehörigen mit dem Patienten und Selbstbeschuldigungen. Als übermäßige emotionale Beteiligung wird auch gewertet, wenn der Angehörige beim Interview weint, während er über den Patienten berichtet. EOI wird auf einer sechsstufigen Ratingskala eingeschätzt; dabei bedeuten 0, daß keinerlei Überprotektivität vorhanden ist, und 6, daß ein höchstmögliches Ausmaß an Überprotektivität besteht.

WÄRME

Auf einer fünfstufigen Ratingskala wird das Ausmaß an "Wärme" beurteilt, mit der der Angehörige über den Patienten spricht; dabei kommt es auf einen positiven Tonfall sowie auf das Interesse und Verständnis, das der Angehörige für den Patienten zeigt, an. (0 = geringes Ausmaß an "Wärme", 5 = hohes Ausmaß an "Wärme")

POSITIVE BEMERKUNGEN

Eindeutige Äußerungen der Sympathie, der Anerkennung oder des Lobs für bestimmte Verhaltensweisen oder Eigenschaften des Patienten werden auf der Skala "Positive Bemerkungen" zusammengezählt.

- EE-Index

Aus diesen Skalen wird der EE-Index gebildet, der die Qualität des emotionalen Klimas innerhalb der Familie kennzeichnet. Ein Angehöriger wird als hoch-EE (HEE) klassifiziert, wenn aus dem Interview ein hohes Ausmaß an Kritik und/oder emotionalem Überengagement (EOI) hervorgeht. Mindestens 6 kritische Kommentare auf der Skala "Kritische Haltung" (oder eine als "Feindseligkeit" gewertete Äußerung) klassifizieren einen Angehörigen als HEE/Kritik, und ein Wert von mindestens 4 auf der EOI-Skala bedeutet HEE/EOI. Angehörige mit entsprechend hohen Werten auf beiden Skalen werden als HEE/Kritik-EOI eingestuft. Angehörige mit niedrigeren Werten auf diesen Skalen werden als niedrig-EE (NEE) klassifiziert. (Diese Zuweisung erfolgt schizophreniespezifisch; für die Angehörigen Depressiver gelten bereits 2 kritische Kommentare als HEE.)

Die beiden Skalen "Wärme" und "Positive Bemerkungen" blieben bisher in der EE-Literatur von untergeordneter Bedeutung; sie haben im Gegensatz zu den Skalen "Kritische Haltung" und "EOI" keinen empirischen Vorhersagewert erlangt.

<u>Reliabilität</u>

Nach einem etwa drei Wochen dauernden Training kann der EE-Index reliabel eingeschätzt werden. Bevor ein Beurteiler von den Autoren zu selbständigen Einschätzungen autorisiert wird, muß er für die beiden Hauptskalen, aus denen der EE-Index gebildet wird - "Kritische Kommentare" und "Emotionales Überengagement" - eine Interrater-Übereinstimmung von mindestens $r = .80$ erreicht haben.

Angaben zur Reliabilität des CFI-EE-Index in der vorliegenden Studie enthält Abschnitt 8.3.2 ("Datenauswertung").

b) 5-Minuten-Sprechstichprobe (Five-Minute-Speech-Sample; FMSS), Magana et al., 1985

Als Alternative zu dem auch in der Kurzform noch 1 bis 1 1/2 Stunden dauernden Camberwell Family Interview wurde das FMSS zur Bestimmung des EE-Index entwickelt. Hierbei handelt es sich um eine Weiterentwicklung des ursprünglich von Gottschalk & Gleser (1969) stammenden "Five Minute Speech Sample". Der Interviewer bittet mit Hilfe einer festgelegten Instruktion die Angehörigen, fünf Minuten lang ihre Gefühle und Gedanken in bezug auf den Patienten zu äußern und zu beschreiben, wie sie miteinander zurechtkommen. Die Instruktion zum FMSS ist im Anhang enthalten (Anhang 4). Die Angehörigen werden während dieser fünf Minuten nicht unterbrochen. Das FMSS wird auf Tonband aufgenommen und von trainierten Beurteilern ausgewertet.

- EE-Skalen

Analog zu den aus dem CFI gewonnenen Skalen wird aus der 5-Minuten-Sprech-Stichprobe das Ausmaß an Kritik und emotionalem Überengagement (EOI) beurteilt. Zwei weitere Beurteilungskategorien kennzeichnen die "Qualität des ersten geäußerten Inhalts" und die "Qualität der Beziehung".

Für die Kritik-Skala werden - wie beim CFI - sowohl ein negativer Inhalt als auch ein negativer Tonfall der Äußerung zugrundegelegt. Auch die Beurteilung der EOI-Skala erfolgt nach denselben Kriterien wie beim CFI, nämlich aufgrund überprotektiver, selbstaufopfernder Verhaltensweisen der Angehörigen. Der Inhalt der ersten Äußerung wird als positiv beurteilt, wenn der Angehörige im ersten Satz eine positive Bemerkung über den Patienten oder die Beziehung zueinander gemacht hat. Beinhaltet die erste Äußerung Kritik, eine ablehnende Einstellung oder einen negativen Kommentar über die Beziehung zum Patienten, so wird sie als negativ bewertet. Treffen beide Möglichkeiten nicht zu, wird die erste Äußerung als neutral beurteilt. Die vierte Skala, die "Qualität der Beziehung", resultiert aus allen Äußerungen des Angehörigen, die sich auf die Beschreibung seiner Beziehung zum Patienten beziehen. Dabei werden "stark positive", "schwach positive", "schwach negative" oder "stark negative" Inhalte gegeneinander abgewogen.

- EE-Index

Angehörige werden als HEE/Kritik eingestuft, wenn
- ihre Anfangsäußerung negativ war und/oder
- die Beziehung als negativ beurteilt wurde und/oder
- sie sich mindestens einmal in kritisierender Weise über den Patienten geäußert haben.

Angehörige werden als HEE/EOI eingestuft, wenn
- sie über eigene selbstaufopfernde und überprotektive Verhaltensweisen berichtet haben und/oder
- während des Sprechens weinten und/oder
- mindestens 2 der folgenden Bedingungen erfüllt sind:
  a) eine ungewöhnlich detaillierte Darstellung,
  b) eine ungewöhnlich hohe Anzahl lobender Äußerungen über den Patienten,
  c) verbal ausgedrückte Überfürsorglichkeit (zum Beispiel "er bedeutet mir mehr als alles auf der Welt").

Angehörige, die die Kriterien für beide Skalen erfüllen, werden als HEE/-Kritik-EOI eingestuft. Angehörige, auf deren FMSS diese Kriterien nicht zutreffen, werden als NEE klassifiziert.

Die Übereinstimmungsreliabilität der EE-Ratings von 3 Beurteilern mit dem Kriteriumsrating von Magana lag bei .70 und .80 (Kappa-Statistik). Ein Vergleich von CFI-EE-Ratings mit FMSS-Ratings in Kalifornien (Magana et al., 1985) führte zu hohen Übereinstimmungen. In einer Stichprobe waren die FMSS 2-4 Wochen nach dem CFI durchgeführt worden, in einer zweiten Stichprobe beim selben Termin wie das CFI. 75 % der Fälle wurden durch beide Methoden in gleicher Weise eingeschätzt. Angehörige, die nach der FMSS-Methode als HEE eingeschätzt wurden, erhielten so gut wie immer auch im CFI diese Einschätzung. Jedoch wurde fast ein Drittel der Fälle, die nach dem FMSS NEE waren, im CFI als HEE eingestuft. Es besteht also ein signifikanter Zusammenhang zwischen den EE-Ratings nach beiden Methoden, insbesondere dann, wenn nicht mehr als 2-4 Wochen Zeit zwischen den beiden Meßzeitpunkten liegt.

Leeb (1989) konnte zeigen, daß dieser Zusammenhang auch für deutsche EE-Ratings gilt. Sie war von Magana in einem 15-stündigen Training für die

Auswertung des FMSS ausgebildet worden und erreichte eine vollständige Übereinstimmungsreliabilität mit der Kriteriumsbeurteilerin (Kappa = 1.0). Ihr Vergleich der EE-Ratings für die Angehörigen von 45 schizophrenen Patienten (N = 60), die zum selben Zeitpunkt einmal mit dem CFI und einmal mit dem FMSS bestimmt worden waren, führte zu folgenden Übereinstimmungen (Tabelle 8.5):

Tabelle 8.5: Übereinstimmung der EE-Ratings von FMSS und CFI (nach Häufigkeit und in Prozent) (Leeb, 1989)

		CFI-Rating	
		HEE	NEE
FMSS-Rating	HEE	12 (20 %)	3 (5 %)
	NEE	13 (22 %)	32 (53 %)

= 12.09, df = 1, $p < .001$
Kontingenzkoeffizient C = .41

Kriterium für HEE/EOI ist ein Wert größer als 3 auf der EOI-Skala.

Fast drei Viertel der Fälle wurden nach dem FMSS entsprechend dem CFI eingestuft (73 %). Wie in der kalifornischen Untersuchung erhielten die Fälle, die im FMSS als HEE beurteilt wurden, nur zu 5 % im CFI ein NEE-Rating. Ebenso ähnlich wie bei Magana et al. (1985) wurde fast ein Drittel der NEE-Ratings aus der FMSS im CFI als HEE bewertet.

Als Alternative oder auch ergänzend zum CFI ist das FMSS ein reliabel auswertbares Instrument mit zufriedenstellender Validität. Allerdings werden die HEE-EOI-Ratings im Vergleich zum CFI unterschätzt.

8.2.3 Direkte Beobachtung der Familieninteraktion mit dem KPI

Hauptziel dieser Untersuchung ist die Analyse von Familieninteraktions- und -kommunikationsprozessen, die - im theoretischen Zusammenhang mit dem Expressed-Emotion-Konzept - für den Verlauf schizophrener Störungen relevant sind. Dabei wurde die Methode der direkten Verhaltensbeobachtung gewählt, weil nur sie es ermöglicht, den Verlauf und die Dynamik eines Gesprächs objektiv und vollständig über die Zeit hinweg abzubilden und - über Häufigkeitsanalysen hinaus - sequentielle Interaktionsanalysen durchzuführen. Im übrigen wird die Replikation von Ergebnissen der Untersuchung von Hahlweg et al. (1989) angestrebt, und die Verwendung derselben Meßverfahren in beiden Untersuchungen macht einen Vergleich der Ergebnisse möglich.

Der Begriff "Interaktion" ist im Sinne von Skinner (1953) und Homans (1968) zu verstehen. Er beinhaltet die wechselseitige Steuerung bzw. Kontrolle des Verhaltens von zwei oder mehreren an der Situation beteiligten Personen im gesamten Alltagsgeschehen. Der Begriff "Kommunikation" bezieht sich lediglich auf das Gesprächsverhalten der Interaktionspartner und stellt somit einen Teilbereich der gesamten Interaktion dar (Jacobson & Margolin, 1979).

Hahlweg et al. (1988) beschreiben verschiedene diagnostische Methoden der Familieninteraktionsforschung, mit denen Aspekte familiärer Kommunikation aufgrund von Verhaltensbeobachtung erfaßt werden können. Wenn Kommunikationsprozesse mit Hilfe von systematischer Verhaltensbeobachtung analysiert werden sollen, so müssen vorab zwei grundsätzliche Fragen geklärt werden, die natürlich von der zugrundeliegenden Fragestellung abhängen:

a) Wie soll die Beobachtungssituation beschaffen sein, in der die Familie kommuniziert?
b) Wie soll die Interaktion ausgewertet werden, d.h. welches Beobachtungsverfahren soll verwendet werden?

Beobachtungssituation

Die Situationen können grob nach zwei Dimensionen klassifiziert werden: Relevanz (Generalisierbarkeit auf die reale familiäre Situation) und Konflikt (niedrige vs. hohe Konfliktinduzierung). Darüber hinaus ist nach dem

Untersuchungsort zu differenzieren. Überwiegend werden die familiären Interaktionen im Labor registriert, seltener in der häuslichen Umgebung. Für die Beobachtung zu Hause spricht, daß die "tatsächliche" Interaktion erfaßt werden kann. Im Labor interagieren die Familienmitglieder aufgrund der ungewohnten Bedingungen möglicherweise anders als zu Hause und liefern so verfälschte Ergebnisse. Diese Frage wurde von Gottman (1979) untersucht mit dem Ergebnis, daß die Interaktionen zu Hause noch negativer als im Labor verlaufen. Signifikante Unterschiede im Labor würden sich bei Heimbeobachtung noch deutlicher zeigen. Hahlweg et al. (1988) beschreiben einige standardisierte Laborsituationen, in denen Paare oder Familien interagieren. Die Standardisierung solcher mehr oder weniger konfliktauslösender Situationen hat den Vorteil, daß eine Vergleichbarkeit über mehrere Familien hergestellt wird. Zu den standardisierten Verfahren gehören zum Beispiel der Paar- bzw. Familien-Rorschach-Test (Doane & Goldstein, 1984), die Revealed Difference Technique (Strodtbeck, 1951) in verschiedenen Variationen (z.B. Hooley, 1984), das Inventory of Marital Conflict (Olson & Ryder, 1970) oder das "Planen gemeinsamer Unternehmungen" (Gottman et al., 1976). Glick & Gross (1975) schlagen vor, auf eine Standardisierung der Beobachtungssituation zu verzichten und die Familien statt dessen persönliche Konfliktthemen diskutieren zu lassen, die eine minimale Vorgabe des Versuchsleiters erfordern. Dies würde die Erfassung von Interaktionssequenzen gestatten, die eine große Signifikanz für die Beteiligten und die Struktur ihrer Beziehung beinhalten und auch am besten die individuellen familiären Lösungsstrategien widerspiegeln. Die nachfolgend beschriebene, für die vorliegende Untersuchung verwendete Beobachtungssituation entspricht diesem Ansatz. Sie wurde in den vorausgegangenen Studien mit ähnlichen Fragestellungen am häufigsten verwendet und scheint am besten geeignet zu sein, familiäre Konfliktdiskussionen zu initiieren.

Diskussion über einen Familienkonflikt nach der "Konfrontationsmethode"

Die Methode wurde in der Arbeitsgruppe um M. Goldstein an der UCLA entwickelt (Doane & Goldstein, 1984). Das Vorgehen umfaßt folgende Schritte:

- Einleitung zur Konfrontationsmethode: Der Versuchsleiter erklärt den beteiligten Familienmitgliedern gemeinsam, wozu die Interaktionsdiagnostik dient.

- Einzelgespräch:

  a) Ermittlung der Konfliktbereiche: Die Familienmitglieder werden einzeln - in verschiedenen Räumen - interviewt, und es werden Themen herausgearbeitet, die zwischen dem Patienten und seinen Angehörigen einen Konflikt oder eine Meinungsverschiedenheit beinhalten. Zwei Probleme mittlerer Schwierigkeit werden ausgewählt.

  b) Aufnahme der Diskussionspunkte: Das erste der beiden Probleme wird vom Interviewer kurz zusammengefaßt, und der Proband (Partner A) wird gebeten, dieses Problem in einem oder zwei Sätzen kurz anzusprechen, und zwar so, als säße anstelle des Interviewers das Familienmitglied vor ihm, das an dem Problem beteiligt ist (Partner B). Das Ansprechen des Problems wird auf Tonband aufgenommen. Anschließend wird der zweite Konfliktpunkt auf dieselbe Weise auf Tonband aufgenommen. Der Proband wird informiert, daß zu den beiden Konfliktpunkten nun die Antworten der betroffenen Personen auf Tonband eingeholt werden.

  c) Aufnahme der Antworten: Der Versuchsleiter geht mit den Tonbandaufnahmen zu Partner B, spielt sie ihm vor und nimmt eine - ebenfalls nur kurze - Antwort dazu auf. Das gleiche geschieht bei Partner A, so daß zum Schluß von jedem Partner Konfliktpunkte angesprochen und auch beantwortet wurden.

- Videoaufnahme der Diskussion: Anschließend wird die Familie ins Videostudio gebracht. Um die Beteiligten an die Situation zu gewöhnen, werden sie zunächst gebeten, eine nichtkonfliktauslösende Aufgabe, den Rorschach-Versuch, für ca. 5 Minuten zu bearbeiten. Danach erhält die Familie die Instruktion, sich den ersten vom Versuchsleiter ausgewählten Konfliktpunkt vom Tonband anzuhören und anschließend über das Gehörte 10 Minuten lang miteinander zu diskutieren. Der Versuchsleiter verläßt dann sofort den Raum und zeichnet das Gespräch auf Video auf. Nach 10 Minuten kommt er wieder und geht kurz auf die Diskussion ein, wobei positive Aspekte und die gemeinsamen Bemühungen hervorgehoben werden. Dann wird ein zweiter Konfliktpunkt, den Partner B angesprochen hat, vorgespielt und wie beschrieben auf Video aufgezeichnet. Insgesamt werden also 20 Minuten Diskussion aufgezeichnet, und zwar über ein Thema, das vom Patienten an einen seiner Angehörigen gerichtet wurde, und ein Thema, das von einem der Angehörigen an den Patienten gerichtet wurde.

- Abschlußbesprechung: Es ist unbedingt notwendig, daß der Versuchsleiter über die angerissenen Probleme mit den Beteiligten spricht, um negative Gefühle, die sich während der Konfliktgespräche eingestellt haben können, so weit wie möglich abzubauen. Vor allem positive Ansätze werden vom Versuchsleiter angesprochen.

Beobachtungssystem KPI

Wie schon erwähnt, setzt die mit dieser Untersuchung angestrebte sequentielle Analyse der Familieninteraktion voraus, daß der Kommunikationsprozeß objektiv und vollständig abgebildet wird. Bei der Protokollierung des Verhaltens mit Ratingskalen, wie zum Beispiel den EE-Skalen, wird das Geschehen auf wenige Parameter reduziert, deren Ausprägung eingeschätzt werden soll (Mees, 1977). Mit Hilfe von Zeichensystemen, wie zum Beispiel dem Affective-Style-Kodiersystem von Doane et al. (1981), wird das Auftreten bestimmter, vorher festgelegter Ereignisse protokolliert (Mees, 1977); aus dem gesamten Verhaltensstrom werden nur ausgewählte Aspekte herausgenommen und die Häufigkeit des Auftretens registriert. Mit Hilfe von Kategoriensystemen versucht der Beobachter, ein möglichst lückenloses Verhaltensprotokoll herzustellen, wobei der zeitliche Ablauf erhalten bleibt (Fieguth, 1977). Die gewonnenen Daten ermöglichen später neben einer reinen Häufigkeitsauswertung auch eine funktionale Interaktionsanalyse. In der Literatur sind im wesentlichen 5 Kategoriensysteme zur Analyse von dyadischer Interaktion verwendet worden (Markman et al., 1981):

- Coding System for Interpersonal Conflict (CSIC; Raush et al., 1974),
- Marital and Family Interaction Coding System (MFICS; Olson & Ryder, 1975),
- Marital Interaction Coding System (MICS; Hops et al., 1972),
- Couples Interaction Scoring System (CISS; Gottman, 1979),
- Kategoriensystem für interpersonelle Kommunikation (KIK; Wegener et al., 1979).

Bis auf das KIK sind alle Systeme in den USA entwickelt und benutzt worden, so daß eine Anwendung im deutschen Sprachraum nur bedingt möglich ist. Eine ausführliche Beschreibung und kritische Würdigung der verschiedenen Verfahren findet sich bei Hahlweg (1986a). Eigens für den deutschen Sprachraum wurde am Max-Planck-Institut für Psychiatrie in München aufgrund der Erfahrungen mit den angegebenen Systemen das "Kategoriensystem für partnerschaftliche/familiäre Interaktion" (KPI; Hahlweg et al., 1984 a; Hahlweg, 1986; Hahlweg et al., 1988) erarbeitet.

Das KPI wurde zur systematischen Beobachtung dyadischer und familiärer Interaktionen entwickelt und eignet sich besonders für die Analyse von Kommunikations- und Problemlöseprozessen. Es ist so konstruiert, daß sowohl verbales als auch nonverbales Verhalten der Gesprächspartner erfaßt werden können. In dem Kommunikations- und Problemlöseprozeß nehmen die Gesprächspartner abwechselnd eine Sprecher- und eine Zuhörerrolle ein. Die Kategorien des KPI wurden analog zu den Gesprächsfertigkeiten konstruiert, die als förderlich oder weniger förderlich für die allgemeine Kommunikation und erfolgreiche Problemlösung gelten. Diese Zielfertigkeiten wurden im theoretischen Teil dieser Arbeit (Abschnitt 6.3) bereits erläutert. Zur Definition einzelner Kategorien wurde auf andere Systeme, speziell auf die Verfahren KIK, MICS und CISS, zurückgegriffen.

In Tabellen 8.6 - 8.8 sind die Verbalkategorien des KPI - 26 Sub- und 12 Hauptkategorien - aufgeführt; dabei wird zwischen positiven, das heißt für die Kommunikation förderlichen, und negativen, das heißt für die Kommunikation ungünstigen, sowie neutralen Kategorien unterschieden. Hinzu kommen 3 Kategorien des nonverbalen Verhaltens.

Tabelle 8.6: Positive KPI-Verbalkategorien (Hahlweg et al., 1988)

Kategorie	Abkürzung	Subkategorie	Abkürzung	Beispieläußerungen
Selbstöffnung	SO	Direkter Ausdruck von Gefühlen	SOG	"Ich fühle mich unbehaglich, wenn wir bei deinen Eltern sind." "Über solche Aussprachen freue ich mich."
		Direkter Ausdruck von Wünschen, Bedürfnissen und Interessen	SOW	"Ich möchte mehr Freiheit haben." "Ich würde gern öfter ins Theater gehen."
		Direkter Ausdruck von Meinungen, Einstellungen und Verhaltensmustern	SOM	"Ich sehe jetzt, daß ich mich viel zu wenig um dich gekümmert habe"
Positive Lösung	PL	Konstruktive Lösungsvorschläge	PLL	"Laß uns in Zukunft alle Ausgaben notieren
		Kompromißvorschläge	PLK	"Ich bringe die Kinder ins Bett und du machst dich fertig"
Akzeptanz	AK	Paraphrasieren	AKP	"Geht es dir besser?"
		Interessierte und offene Fragen	AKI	"..und das hat dich deprimiert" "Ich finde
		Feedback	AKF	es prima, daß du in
		Verständnis für den anderen	AKV	letzter Zeit so viel gelesen hast"
Zustimmung	ZU	Direkte inhaltliche Zustimmung	ZUI	"Du hast recht" "Das finde ich auch"
		Annahme von Verantwortung	ZUA	"Das hätte ich machen sollen"
		Zustimmende Einwürfe	ZUE	"Ja" "Stimmt"

Tabelle 8.7: Negative KPI-Verbalkategorien (Hahlweg et al., 1988)

Kategorie	Abkürzung	Subkategorie	Abkürzung	Beispieläußerungen
Kritik	KR	Abwertung des Partners	KRA	"Ich hätte nicht so blöd reagiert wie du" "Du stinkst vor Faulheit"
		Spezifische Kritik	KRS	"Du hast das Bad gestern wieder nicht geputzt!"
Negative Lösung	NL	Forderung nach Unterlassung	NLU	"Du sollst die Arbeit nicht mit nach Hause bringen"
		Scheinbarer Lösungsvorschlag	NLS	"Lassen wir uns doch gleich scheiden"
Nicht-Übereinstimmung	NU	Direkte oder indirekte Nicht-Übereinstimmung	NUI	"Nein, das stimmt nicht" "Ich will nicht"
		Ja,aber-Sätze	NUJ	"Ja, du hast recht, finanziell aber unmöglich"
		Ablehnende Einwürfe	NUE	"Nein, nein" "Falsch" "Aber das ist doch..."
		Abblocken	NUA	"Laß mich in Frieden"
Rechtfertigung	RF	Rechtfertigung des eigenen Verhaltens	RFE	"Ich kann eben nicht freundlich sein, wenn du so auf mich losgehst"
		Ablehnung der Verantwortung	RFA	"Das war nicht meine Aufgabe"

Tabelle 8.8: Neutrale KPI-Verbalkategorien (Hahlweg et al., 1988)

Kategorie	Abkürzung	Subkategorie	Abkürzung	Beispieläußerungen
Problembeschreibung	PB	Sachliche Problembeschreibung	PBB	"Die Kinder sind disziplinlos, sie machen mit uns, was sie wollen." "Ich denke, daß wir unserem Geld nicht auskommen." "Ich glaube, es liegt an unserer unterschiedlichen Einstellung zum Thema."
		Sachliche Fragen	PBF	"Was möchtest du morgen gern tun?" "Wann kommst du heute nach Hause?" "Welche Antwort hat er dir denn gegeben?"
Metakommunikation	MK	Gesprächssteuerung und Klärung	MKK	"Ich habe das nicht verstanden, wiederholst du es bitte nochmal?" "Darf ich dich kurz unterbrechen?" "Wie meinst du das?" "Bei welchem Punkt sind wir denn jetzt?"
		Themenvorschlag	MKT	"Über was wollen wir sprechen?" "Wir sind vom Thema abgekommen." "Wir müssen jetzt eine Lösung finden."
Zuhören	ZH	---	---	ZH ist eine Kategorie, die aus technischen Gründen eingeführt wurde, um bei Doppel- oder Dreifachäußerungen eines Redners die alternierende Sequenz beibehalten zu können.
Restkategorie	RK	---	---	- Akustisch nicht verständliche Sätze. - Irrelevante Äußerungen: "Möchtest du auf diesem Stuhl sitzen?" "Hab ich den Wagen abgeschlossen?"

Kodierung des nonverbalen Verhaltens

Jede verbale Kategorie wird nach Gottman (1979) sowie Notarius und Markman (1981) mit einer nonverbalen Qualifizierung versehen (Kodierung des Affekts). Die Klassifikation als

nonverbal positives Verhalten,
nonverbal negatives Verhalten und
nonverbal neutrales Verhalten

erfolgt hierarchisch nach den Kanälen Gesicht, Tonfall und Körperhaltung. Für jeden Kanal sind positive und negative Ankerreize definiert (Tabelle 8.9).

Tabelle 8.9: Kodierungsschema der KPI-Kategorien für nonverbales Verhalten (Hahlweg et al., 1988)

	Ankerreiz	
Kanal	positiv	negativ
Gesicht:	lächeln, einfühlender Ausdruck	gelangweilt, grinsen, zornig, demonstrativ wegschauen
Tonfall:	warm, weich, zärtlich, heiter, aufmunternd	kalt, gespannt, ängstlich, anklagend, ungeduldig, wütend
Körper:	berühren, vorbeugen, entspannt	drohende Armstellung, verspannt, grobe Gesten, abwenden

Im Beobachtungsmanual, das sich im Anhang (Anhang 5) befindet, sind neben der Beschreibung der Kategorien und den Auswertekriterien auch weitere Gesprächsbeispiele für die einzelnen Codes enthalten.

Beobachtungseinheit

Die Beobachtungseinheit ist zeitlich nicht begrenzt, sondern richtet sich nach inhaltlichen Gesichtspunkten (Sinneinheit). Eine Sinneinheit kann ein Wort ("ja"), einen Satz ("ich bin froh") oder eine längere Ausführung umfassen, sofern der Inhalt konstant bleibt. Die Kodierung wird auf einem Formblatt vorgenommen; man trägt in jeder Zeile die Kodierungen für eine Person ein, zum Beispiel in Zeile 1 (oben) die Kodierungen für den Patienten, in Zeile 2 (Mitte) die Kodierungen für die Mutter und in Zeile 3 (unten) die Kodierungen für den Vater.

Es tritt häufig der Fall ein, daß sich ein Redebeitrag eines Gesprächspartners in mehrere Sinneinheiten gliedert. So könnte zum Beispiel der Sprecher erst eine Kritik, dann eine Selbstöffnung und schließlich eine abwertende Bemerkung über einen anderen Gesprächspartner äußern. In solchen Fällen wird eine Sinneinheit definiert als der Abschnitt eines Redebeitrags, der für sich allein genommen eine Aussage beinhaltet. Um jedoch die alternierende Sequenz aufrecht zu erhalten, dürfen nie zwei Codes von Partner A unmittelbar aufeinander folgen. Es muß vielmehr nach jedem Code von Partner A ein Code von Partner B folgen. Für den Fall, daß Partner B nur schweigend die Ausführungen von Partner A verfolgt, ist die Kategorie "Zuhören" (ZH) eingeführt worden, die ebenfalls mit einem nonverbalen Index (1, 2 oder 3) versehen wird. Zum Beispiel:

Partner A (Patient)	KRS-2		SOG-1		KRA-2
Partner B (Ehefrau)		ZHH-2		ZHH-3	

Die Kommunikation zwischen drei Personen (Patient mit zwei Angehörigen) erfordert folgende Änderung des ursprünglich für die Kommunikation in

Dyaden konzipierten KPI: Sie wird so kodiert, daß die Kodiereinheiten abwechselnd für Partner A (Patient) und die Partner B, C (zum Beispiel Mutter und Vater) registriert werden, so daß zwischen dem Patienten und seinen Angehörigen alternierende Interaktionssequenzen entstehen, die einer dyadischen Kommunikation entsprechen. Bei zwei aufeinanderfolgenden Kodiereinheiten der Angehörigen, das heißt wenn zum Beispiel der Vater und anschließend die Mutter zum Patienten sprechen, wird zwischen diesen Äußerungen ein "Zuhören" für den Patienten kodiert und damit die alternierende Sequenz zwischen Patienten und Angehörigen aufrechterhalten. Sind in einer Äußerung des Patienten mehrere Einheiten enthalten, so wird beim Wechsel zwischen den Kodierungen für denjenigen Angehörigen ein "Zuhören" kodiert, an den die Äußerung gerichtet war. Zum Beispiel:

Partner A (Patient)	MKT-1	ZHH-3	NUI-3	RFE-2
Partner B (Mutter)	ZUI-3			
Partner C (Vater)		PBF-2	KRS-2	

Bei der Kodierung eines Videobandes wird zuerst die verbale Äußerung eingeschätzt, später dann die nonverbale Qualifizierung vorgenommen. Auf eine Transkribierung des Bandes, wie zum Beispiel beim CISS üblich, wurde verzichtet, da der Aufwand nicht gerechtfertigt schien (1 Stunde Diskussion = 28 Stunden Auswertung). Gottman (1979) benutzte diese Auswertungsmethode, um so verbales und nonverbales Verhalten unabhängig voneinander kodieren zu können. Dies erscheint bei der nonverbalen Klassifizierung kaum möglich, da die verbale Äußerung vom Beobachter beim Betrachten des Videobandes stets mitgehört wird. Die hier verwendete Prozedur des direkten Kodierens vom Band verkürzt die Auswertungszeit beträchtlich, bei gut trainierten Beobachtern und technisch einwandfreien Videoaufnahmen beträgt der Aufwand pro Stunde Diskussion ca. 8-9 Stunden.

Gütekriterien des KPI

Reliabilität

Generell konnten mit den KPI-Kategorien in mehreren internationalen Studien reliable Messungen durchgeführt werden. Hahlweg (1986) gibt eine durchschnittliche "Platz-zu-Platz"-Übereinstimmung (Bijou et al., 1968) von 85,7 % für verbale und 76,3 % für nonverbale Kaegorien an. Cronbach's Alpha (s. Gottman, 1979) lag für die verbalen Kategorien zwischen 0.85 (PB, RK) und 0.99 (NU, ZH) und für nonverbale Kategorien zwischen 0.52 (neutrale Kodierungen) und 0.89 (negative Kodierungen).

Angaben zur Reliabilität des KPI in der vorliegenden Studie finden sich im Abschnitt 8.3.2 ("Auswertung der Daten").

Validität

Beim Vergleich des KPI mit Fragebogendaten erwies sich die Konstruktvalidität des KPI als "überraschend hoch" (Hahlweg, 1986, S. 176). Im übrigen konnte die differentielle Validität des KPI im Vergleich der Kommunikation zwischen gestörten Paaren und nicht gestörten Paaren sowie deren Veränderung nach Therapie im Vergleich zu einer Kontrollgruppe bestätigt werden (Hahlweg, 1986). Theoretisch als günstig geltendes Kommunikations- und Problemlöseverhalten ließ sich mit dem KPI ebenfalls beim Vergleich der Interaktion von depressiven Patienten mit ihren Angehörigen abbilden und von theoretisch als ungünstig geltenden Interaktionsformen unterscheiden (Hooley & Hahlweg, 1986).

Gesamtbeurteilung

Das KPI kann als reliables und valides Instrument zur Erfassung von Kommunikations- und Problemlöseprozessen in Familien angesehen werden. Insgesamt liegt der besondere Vorteil der Erhebung von Beobachtungsdaten mit dem KPI in der detaillierten, vollständigen Erfassung eines Gesprächsverlaufs zwischen zwei oder drei Interaktionspartnern; neben Häufigkeitsanalysen können damit insbesondere interne Kommunikationsprozesse im Familiensystem abgebildet und sequenzanalytisch untersucht werden, so daß deren zirkulärer

Charakter, das heißt die wechselseitige Bedingtheit der Interaktion, berücksichtigt wird. Ein Nachteil des KPI liegt in dem relativen hohen Aufwand, der mit dem Training von Beobachtern und der relativ hohen Auswertezeit verbunden ist, so daß das KPI als Forschungsinstrument, jedoch nicht für die klinische Praxis geeignet ist.

8.2.3.1 Problemdiskussionen (Transkript)

Als Beispiele für die Kodierung eines Gesprächsverlaufs wurden von den beiden folgenden, je zehnminütigen Problemgesprächen von Videoaufnahmen dieser Untersuchung Transkripte angefertigt und mit den KPI-Kategorien versehen. Dabei lassen sich die Interaktionsmerkmale der Videoaufnahmen, die zu den nonverbalen Kodierungen 1, 2 und 3 geführt haben, im Transkript nicht erkennen.

1. Thema: "Wir sollten mehr miteinander reden" (HEE-Familie; Paar)

		KPI-Kategorie	
		Mann	Frau
M:	Allgemein, wenn wir eine Diskussion führen zu Hause, dann endet das mit Krach, dann hat keiner von uns die Möglichkeit, sich mal richtig auszustreiten.	PBB-3	
F:	Wieso, du wolltest doch nie diskutieren.		KRS-3
M:	Du ja auch nicht; ab und zu ...	RFE-3	
F:	Ich wollte..., nein das stimmt nicht...da hab ich die Kinder als Zeugen, wie oft ich zu dir gesagt habe "was hast du, warum willst du nicht..., laß uns darüber reden;" und du hast gesagt, "ich will darüber nicht reden".		NUI-2
M:	Ja. Und du hast immer darüber geredet?	PBF-3	
F:	Nein, ich hab gesagt, ich will darüber reden, und du hast gesagt, "aber ich will nicht darüber reden."		NUI-3
M:	Na, das können wir ja versuchen.	PBB-3	
F:	Und wenn wir gestritten haben, haben wir gestritten unter Alkohol; und dann hat man eben keinen klaren Gedanken.		PBB-3
M:	Hm, ich weiß nicht, was du hast mit dem Alkohol.		

	Ich trinke seit zwei Jahren doch kaum Alkohol.	NUI-3	
F:	Aber vorher war unser Streit immer nur unter		
	Alkohol.		NUI-2
M:	Seit 2 Jahren, zwischendrin...	NUI-3	
F:	Ja, aber da hast du nicht mehr reden wollen.		KRS-2
M:	Nee, nee, nee, komm ... fang das nicht an.	NUI-3	
F:	Ja, das ist aber so.		NUI-2
M:	Nein, du kannst doch jetzt nicht von Alkohol reden,		
	der seit zwei Jahren vorbei ist.	KRS-3	
F:	Ja. Und seitdem haben wir nie wieder miteinander		
	geredet.		PBB-2
M:	Na, ich finde wir hätten viel zu reden gehabt; es	NUI-2	
	gibt schon einiges zu reden, aber das machst du ja		ZHH-2
	auch dann alleine, machst ja alles selbst, stellst		
	mich dann vor nackte Tatsachen, egal, was du machst.	KRS-2	
F:	In welcher Beziehung?		PBF-3
M:	In jeder Beziehung!	KRS-3	
F:	Du wolltest ja auch mit mir nicht darüber disku-		
	tieren.		NUI-3
M:	Na, weißt du, jetzt fängst du genau das gleiche an,		
	wie daß du sagst, daß meine Eltern mit dir nicht		
	sprechen wollen. So will ich mit dir nicht disku-		
	tieren.	KRS-2	
F:	Ja.		ZUE-3
M:	Das glaubst du doch wohl selber nicht.	KRA-2	
F:	Du, was hast du gemacht vorgestern abend, wo ich		
	angerufen habe? Du schmeißt den Telefonhörer hin.		KRS-2
M:	Das hab ich überhaupt nicht gemacht vorgestern		
	abend.	NUI-3	
F:	Und wie ich angerufen habe, das war dir zu laut; und		KRS-2
	du schmeißt den Telefonhörer hin.		
M:	Erstens schmeiße ich den Hörer nicht hin, sondern ich		
	hab ihn eingehängt und hab ihn mir auf die andere		
	Seite geholt, damit ich weitertelefonieren kann.		
	Und du warst weg, du hast aufgehängt.	NUI-2	
F:	Na, also komm... du hast einfach aufgelegt. Und im		NUI-2
	nachhinein hab ich zu dir gesagt, "warum hast du auf-	ZHH-2	
	gelegt?". Da hast du mir gesagt, "du warst mir zu		

	laut".		PBB-2
M:	Tja, das Telefon; du hast das Telefon aufgelegt,		
	nicht ich. Oder man hat das anders gehört; das kann		
	ja passieren.	NUI-3	
	Wir haben so`n Haken dran, wo du`s reinhängst, wenn		ZHH-2
	du deine...	PBB-3	
F:	Ja, aber da sagt man doch "auf Wiedersehen". Mitten		
	in einem Gespräch hast du eingehängt.		NUJ-2
M:	Ich hab nicht eingehängt. Ich hab das Telefon nicht		
	eingehängt, sondern ich hab`s angehängt an so 'ne		
	Gabel, die bei uns - du mußt dir mal das Telefon		
	anschauen; das hängt so ... da hängt man den Hörer		
	rein, wenn du willst -. Das war nicht eingehängt.		
	Und dann hast du eingehängt. Das war ein Mißver-		
	ständnis.	NUI-3	
F:	Nein. Und im nachhinein hab ich zu dir gesagt,		
	"warum hast du eingehängt?" Da hast du gesagt, "du		
	warst mir zu laut geworden".		NUI-2
M:	Hm. Ich hab aber nicht eingehängt ... Das Telefon .	NUI-3	
F:	Aber du hast unser Gespräch unterbrochen.		NUI-3
M:	Natürlich hab ich 's Gespräch unterbrochen. Klar...	ZUI-3	
F:	Aber warum?		PBF-3
M:	Ja, wenn du mir kommst und dann da ein Zeter und		
	Mordio bringst und so laut auch noch wirst am		
	Telefon, daß man nichts hört, daß man sogar weggehen		
	muß ... das haben wir doch nicht nötig; wir können		
	doch ganz normal reden.	KRS-2	
F:	Ja, aber dann unterbrichst du doch nicht das Ge-		
	spräch.		NUJ-3
M:	Aber ich hab`s doch nicht unterbrochen; muß ich das		
	nochmal sagen, was ich gemacht habe? Ich habe den		
	Telefonhörer rübergehängt und wollte ihn in die		
	andere Hand nehmen, weil es mir zu laut war; das war		
	alles. Dann hast du eingehängt.	NUI-3	
F:	Nein, unser Gespräch war unterbrochen. Also mußt du		
	den Hörer hingelegt haben.		NUI-2
M:	Hab ich nicht.	NUI-3	
F:	Die Kinder saßen neben mir; die Annette saß neben mir.		PBB-3

M:	Also, eingehängt mußt du haben, weil ich hab`s mir		
	dann wieder geholt.	NUI-3	
F:	Ja, natürlich; nachdem da gar nichts war, hab ich`s		
	hingelegt. Natürlich; da war ja nur noch "sssss..."		ZUI-2
M:	Ja, "sssss"; dann war es die Waschmaschine oder der		
	Geschirrspüler; das hat wahrscheinlich "sss" gemacht.	PBB-3	
F:	Nein, das war richtig im Telefon.		NUI-2
M:	Ging das so schnell?	PBF-3	
F:	Aber du hättest wieder anrufen können.		KRS-2
M:	Ja, hätte ich machen können. Aber da muß ich sagen,		
	leichter hättest du`s gehabt.	NUJ-3	
F:	Aber wenn jemand das Telefon eingehängt, wenn ich		
	telefoniere...		RFA-2
M:	Jetzt hab ich`s dir doch zehnmal erklärt, daß ich		
	nicht eingehängt habe, sondern hab`s nebendran		
	gehängt.	KRA-2	
F:	Aber das Gespräch war doch unterbrochen; dann war		
	besetzt. Also mußt du`s doch hingelegt haben.		NUJ-2
	mitten in...Ich hab doch mit dir geredet; du hast	ZHH-3	
	doch nicht mit mir geredet; ich hab dir doch was		
	erzählt.		PBB-2
M:	Hm.	RKK-3	
F:	Und auf einmal hast du "klick" gemacht.		KRS-3
M:	Ich hab nicht "klick" gemacht.	NUI-3	
F:	Also, ich hab doch nicht eingehängt. Und wie soll		
	ich einhängen, wenn ich noch spreche?		RFE-2
M:	Stimmt auch wieder.	ZUE-3	
F:	Das ist doch logisch, daß ich nicht einhänge, wenn		
	ich noch spreche. Ich sage irgendwas und häng dann		
	auf, aber ich sprech doch nicht, und mitten in		
	meinem Sprechen hänge ich den Telefonhörer hin.		RFE-2
M:	Ja gut, siehst du, und jetzt haben wir das geklärt.		
	Jetzt wissen wir endlich Bescheid.	ZUI-3	
F:	Aber du hast am nächsten Tag gesagt,"natürlich habe		NUI-3
	ich eingehängt, du warst mir zu laut". Ich habe	ZHH-3	
	immer mit dir diskutieren wollen. Aber nur sachlich,		
	nicht mit Beleidigungen und solchen Sachen, und das		
	gibt`s.		SOW-3

		Mann	Frau
M:	...Ja, das lernen wir jetzt, ich hab`s noch nie	PBB-3	
	richtig gelernt. Es gibt ja die Möglichkeit, daß man		ZHH-3
	das lernt. Es muß sich auf jeden Fall ein bißchen		
	bessern, meinst du nicht?	PBF-3	
F:	Ich weiß nicht, ob man mit fast fünfzig noch		
	umdenken kann?!		NUI-3
M:	Zum Beispiel besser zuhören, daß muß jeder lernen.	KRS-3	
F:	Ja, ich glaube, daß du von meiner Seite bis jetzt		
	alle Unterstützung gehabt hast, die du haben wolltest.		SOM-3
M:	Du bist wohl überzeugt, daß du alles richtig gemacht		
	hast und ich alles falsch, oder wie kommt das jetzt?	KRS-2	
F:	Nein.		NUI-3
M:	Du sprichst aber so.	KRS-3	
F:	Nein, bin ich nicht.		NUI-3
M:	Daß du alles richtig gemacht hast und ich alles		
	falsch.	KRS-3	
F:	Nein, hab ich nicht gesagt.		NUI-3

2. Thema: "Ehemann soll aktiver sein" (NEE-Familie; Paar)

		KPI-Kategorie	
		Mann	Frau
M:	Du hast gesagt, was ich auch selber so empfinde, daß		
	ich eben keine Themen aufgreife, daß du auch so beim		
	Autofahren gemerkt hast, daß ich sehr leise spreche.		
	Und das, was ich dir eben auch als Antwort gegeben		
	habe, daß ich zur Zeit sehr verunsichert bin, und		
	ich weiß eben noch nicht...	SOG-3	
F:	Obwohl du sagst, dir geht es gut bis sehr gut.		NUJ-3
M:	Ich hab natürlich....Im Beruf ist es vielleicht auch		
	ein bißchen anders gewesen. In der letzten Zeit		
	durch das China-Projekt, das über drei Wochen ging		
	und auch den.... hatte ich schon ein bißchen mehr		
	Selbstvertrauen gewonnen. Das dann den Knacks ge-		
	kriegt hatte, am letzten Donnerstag als ich nach		
	hause gekommen bin und dir sagte, daß sie mich zu	SOG-3	
	dritt bearbeitet hatten, daß ich dadurch meine		ZHH-3
	Grenzen... ich auf den Boden der Tatsachen zurück-		

	geholt wurde. Aber ich glaube, die Hauptvoraussetzung		
	für mehr Selbstvertrauen überhaupt ist, daß es eben		
	im Beruf besser geht, und daß ich da...	PBB-3	
F:	Aber man könnte doch gegenseitige Stützen aufbauen.		
	Das eine, wie das andere. Man könnte doch auch....		
	Irgendwo muß man doch anfangen, was abzufangen.		PBB-3
M:	Ich fang schon was ab, entschuldige, wenn ich dich		
	unterbreche, ich mache jetzt das Selbstsicherheits-		
	training. Wenn du mich also in der Gruppe er-		
	lebst, ... das sind auch relativ einfache Übungen.		
	Doch in dem Kreis fühle ich mich relativ sicher.		
	Ich bin nur verunsichert, sowie ich mit anderen		
	zusammen komme. Aber das ist jetzt natürlich auch		
	schon besser geworden. Gegenüber dem 17. Juni, als		
	wir mit den Nachbarn im Schwimmbad waren, daß ich		
	mich dann wieder getraut habe, mit ihnen zusammen zu		
	sitzen. Und ich hoffe eben, daß es Schritt für		
	Schritt.. das geht eben nicht von heute auf morgen.	SOG-3	
F:	Ja, natürlich, das ist mir schon klar, daß das nicht		ZUI-3
	von heute auf morgen geht. Und mit dem "ich hoffe...,	ZHH-3	
	ich wünsche..." erreichen wir nicht soviel. Ich will		
	einfach konkret was machen, oder daß wir sagen,		
	daß du das eben auch wünschst, daß du aktiver		
	werden willst im Umgang oder mit deinem Umfeld. Ich		
	meine, das ist irgendwo auch eine Sache von Interes-		SOM-3
	se und Desinteresse und Wille zur Aktivität oder zu	ZHH-3	
	Passivität. Und ich meine, da müßte es einfach		
	irgendwo Techniken geben, daß man sich über ein		
	Thema was vornimmt und das in der Zeitung verfolgt		
	oder sich Kino anschaut oder wirklich was tut oder		
	sich ablenkt, sich informiert und dann gibt das		
	doch auch eine gewisse Sicherheit, "ich weiß, ich		
	tue was".		PLL-3
M:	Es gibt vielleicht schon Sicherheit, aber die er-	NUJ-3	
	leidet dann relativ schnell wieder Schiffbruch, wenn		ZHH-3
	du dann im Büro wieder einen draufkriegst, wenn du		
	dann wieder Mißerfolg hast. Ich glaube, es ist eine		
	Grundvoraussetzung, daß man das Gefühl hat, man ist		

	geschätzt im Büro.	SOM-3	
F:	Ja, aber kritiklos geht nie eine Zeit vorbei. Ich		NUJ-3
	meine, man muß auch mit Kritik leben lernen. Es	ZHH-3	
	kann dich doch nicht immer wieder umhauen, ich		
	meine, da müssen wir hinkommen, an den Punkt müssen		
	wir kommen, daß man eben auch sagen kann, "das ist		
	nicht so toll, und ich kann mal verkraften, wenn		
	andere besser sind". Das ist ein Unding für uns,		
	aber wichtig wäre eben auch für mich, daß du, wenn		
	du trouble im Büro hast, daß du das zuhause		
	abfängst. Da muß ein Ausgleich da sein; und nicht,		
	wie es zur Zeit ist. Zur Zeit finde ich das nicht so		
	toll.		SOM-3
M:	Wie? Jetzt auch in den letzten drei Wochen wieder?	PBF-3	
F:	Ja, ich hab mit mir solche Probleme. Daß wir nicht		
	weiterkommen, hab ich das Gefühl. Irgendwo ist da		
	so ein bißchen Vertrauen flöten gegangen. Das kann		
	ich nicht leugnen. Es fällt mir schwer, auf dich		
	zuzugehen.		SOG-3
M:	Ich versuche, also, relativ schnell das zu über-		
	spielen. Als wär gar nichts gewesen in den letzten		
	zwei Monaten. Vielleicht sind auch ein bißchen die		
	Medikamente schuld, oder nicht schuld, aber mit		
	Ursache, daß ich dazu....	PBB-3	
F:	Du sollst dich ja auch gut fühlen, ne! Aber ich		ZUI-1
	meine, man muß aus der Erfahrung auch was lernen,	ZHH-3	
	daß die Einbrüche sich nicht wiederholen. Und das ist		
	ja auch der Sinn unserer Familientherapie, daß wir		
	vielleicht auch aufschreiben, welche Situationen uns		PBB-1
	am meisten belasten, wie man mit denen am besten	ZHH-3	
	umgehn kann. Und so konkret - weißt du nichts, wie		
	wir...?		PBF-1
M:	Wir können, was du angeregt hast, was du in die Wege		
	geleitet hast, daß wir ein Kindermädchen haben,		
	dadurch dann öfter ausgehen können, vielleicht auch		
	mal ins Cabaret gehen können, oder irgendwie in die		
	Stadt, mehr erleben. Und vielleicht hab ich dann		
	auch mehr zu erzählen und wir haben mehr Abwechs-	PLL-3	

lung. Und vielleicht ein bißchen mehr Diskussionsstoff. Das geht sicher nicht von heute auf morgen.

F: Nein, das ist klar, daß das nicht von heute auf morgen geht. Es ist immer die Kontinuität, mit der man etwas verfolgt, würde ich sagen. Und das müssen wir.

PBB-3 ZHH-1 ZUI-1

8.2.4 Fragebögen zu Beschwerden und Belastungen

Um festzustellen, welche weiteren Belastungsfaktoren in den Familien vorhanden sind und wie die Familieninteraktion mit diesen Belastungen zusammenhängt, wurden von allen Personen folgende Variablen mit Fragebögen erhoben:

Die SCL-90-R (Derogatis et al., 1973) dient zur Selbstbeurteilung verschiedener belastender Symptome. Sie umfaßt 90 Items, die neun Faktoren zugeordnet werden können: Somatisierung, Zwanghaftigkeit, Unsicherheit im Sozialkontakt, Depressivität, Ängstlichkeit, Aggressivität und Feindseligkeit, Phobische Angst, Paranoides Denken und Psychotizismus. Als Gesamtkennwerte dienen der General Symptomatic Index (GSI = Summe der Antworten auf alle Items/90), Positive Symptom Total (PST = Anzahl der Items, auf die eine "positive" Antwort, d.h. keine Null, angegeben wurde) und der Positive Symptom Distress Index (PSDI = Summe der Antworten auf alle Items/PST).

"Bereiche des Zusammenlebens". Zehn Konfliktbereiche, die sich aus der Analyse einer Gesamtanzahl von 443 Problemlösesitzungen ergaben, wurden von Falloon et al. (1984) entnommen und zur Beschwerdenliste "Bereiche des Zusammenlebens" (BDZ) zusammengestellt: "Krankheitssymptome", "Arbeit", "Persönliches", "Kontakt", "Familie und Verwandte", "Finanzen", "Haushalt", "Familienleben", "Freizeit" und "Transport". Im BDZ soll das Familienmitglied pro Konfliktbereich einschätzen, wieweit es in diesem Bereich verschiedener Meinung mit seinem Angehörigen ist (BDZM), und dann für diesen Bereich noch eine Belastungseinschätzung (BDZB) in bezug auf den etwaigen Konflikt vornehmen. Weiterhin soll eine Globaleinschätzung der Belastung des Familienlebens durch die Erkrankung (BDZG) abgegeben werden. Da diese Beschwerdenliste kein einheitliches Konstrukt, sondern unterschiedliche

Konfliktbereiche thematisiert, stellt die Berechnung von internen Konsistenzkoeffizienten kein angemessenes Verfahren dar. Eine Untersuchung der Reliabilität müßte über eine wiederholte Vorgabe des Bogens im Sinne der Erfassung der Retest-Reliabilität erfolgen. Mit Rücksicht auf die in der vorliegenden Untesuchung ohnehin aufwendige Diagnostikbatterie erschien dies jedoch nicht möglich. Es muß daher einschränkend in Betracht gezogen werden, daß von dem BDZ-Bogen bisher keine Angaben zur Reliabilität vorliegen. Der BDZ-Bogen wurde hier zur Ermittlung der für die Familien relevanten Konfliktthemen verwendet.

8.3 Datenerhebung

8.3.1 Ablauf der Datenerhebung

Die Datenerhebung verlief bei den Schizophrenie-Familien und den Kontroll-Familien unterschiedlich; die Daten der Schizophrenie-Familien wurden an drei Terminen erhoben, wobei zwischen dem ersten Termin und den beiden weiteren eine Zeitspanne von einigen Wochen lag. Für die Kontroll-Familien wurden alle Daten bei einem Termin erhoben.

a) Familien mit einem schizophrenen Mitglied

Diagnostikphase 1

Nachdem mit denjenigen Patienten und ihren Angehörigen, auf die die Aufnahmekriterien zutrafen (vgl. Abschnitt 8.1), die Teilnahme an der Untersuchung vereinbart war, wurde mit den Angehörigen - jeweils einzeln - das Camberwell Family Interview von zwei hierfür trainierten Interviewern (Elias Feinstein und die Autorin) durchgeführt. Die Patienten befanden sich zu dieser Zeit in stationärer Behandlung auf den Stationen 5 und 3A des Max-Planck-Instituts für Psychiatrie, München. Vom Beginn der Behandlung bis zur Festlegung der Diagnose und zur Zustimmung zur Teilnahme an der Untersuchung waren zwischen 2 und 5 Wochen vergangen, und das CFI erfolgte unmittelbar danach.

Zu Beginn der Sitzung wurde das Ziel der Untersuchung kurz erklärt, ohne dabei Details zu erläutern, die das Verhalten der Beteiligten hätten beeinflussen können: Es sei wichtig, mehr darüber zu erfahren, wie die Angehörigen von Patienten, die an einer Psychose erkrankt sind, die Krankheitsentwicklung, die Person des Patienten und den Umgang miteinander aus ihrer subjektiven Sichtweise erleben. Anschließend wurde die "5-Minuten-Sprechstichprobe" nach vorheriger wörtlicher Instruktion auf Tonband aufgenommen. Dieses Verfahren muß am Anfang einer diagnostischen Erhebung stehen, um eine spontane Stellungnahme zu ermöglichen, die von vorausgehenden Einflüssen weitgehend frei ist. Als nächstes wurde das CFI entsprechend dem Manual durchgeführt und auf Tonband aufgenommen. Es dauerte zwischen einer und zwei Stunden. Den Angehörigen wurden die in Abschnitt 8.2.4 genannten Fragebögen mitgegeben, mit der Bitte, sie zu Hause auszufüllen und zurückzuschicken.

Diagnostikphase 2

Zum Zeitpunkt der Entlassung der Patienten aus stationärer Behandlung, wenn also bereits eine weitgehende Remission der Symptome erreicht war, führten dieselben beiden Interviewer (E.F. und U.M.) mit den Patienten und ihren Angehörigen je ein ca. 45-minütiges Einzelgespräch. In diesem Gespräch wurden Konfliktbereiche, die - aus der Sicht jedes einzelnen - innerhalb der Familie bestehen, angesprochen. Die Patienten erhielten am Schluß dieser Sitzung die in Abschnitt 8.2.4 genannten Fragebögen mit der Bitte, sie zu Hause auszufüllen und zurückzuschicken.

Da mit den meisten der an dieser Untersuchung beteiligten Familien eine ambulante Weiterbetreuung nach dem Konzept von Falloon et al. (1984) vereinbart worden war, die über den Rahmen dieser Untersuchung hinausgeht, war ein Hauptziel dieser Einzelgespräche, erste Perspektiven zur Bewältigung belastender Familiensituationen zu entwickeln, die dann Ziel der späteren Familienbetreuung sein sollten. Für die vorliegende Untersuchung bildeten die angesprochenen Konfliktthemen die Grundlage für die auf Video aufzunehmende "Familiendiskussion".

In der Woche nach den Einzelgesprächen, also kurz nach der Entlassung der Patienten aus stationärer Behandlung, fand die "Familiendiskussion", das heißt die diagnostische Familiensitzung zur Aufnahme und Beobachtung der Familieninteraktion, statt, die den eigentlichen Kern der vorliegenden Untersuchung bildet. Die Untersuchung dauerte ca. eine Stunde. Sie spielte sich in einem Untersuchungsraum mit 3 Sitzplätzen ab; diese konnten von einem Nebenraum aus mit zwei Videokameras erfaßt werden.

Der Versuchsleiter begrüßte die Familie und erklärte mit wenigen Worten Sinn und Ablauf der Sitzung. Anschließend wurden die Familienmitglieder in voneinander getrennte Räume gebracht. An dieser Vorbereitung zum anschließenden gemeinsamen Teil der Untersuchung waren neben dem Versuchsleiter ein bzw. zwei Assistenten beteiligt, je nachdem, ob die Familie aus zwei oder drei Personen bestand. Den Angehörigen wurde nun zunächst die wörtliche Instruktion zur "5-Minuten-Sprechstichprobe" gegeben, und diese wurde auf Tonband aufgenommen; dies jedoch nur, wenn seit dem CFI-Termin mehr als drei Wochen vergangen waren. Danach war für alle Familienmitglieder - Angehörige und Patienten - der Ablauf der "Familiendiskussion nach der Konfrontationsmethode" (vgl. Abschnitt 8.2.3) derselbe: Jeweils getrennt voneinander wurden insgesamt vier Konfliktbereiche ermittelt und auf Tonband angesprochen. Als Themen hierfür kamen die Bereiche infrage, die in den Einzelsitzungen besprochen worden waren. Es blieb dem Familienmitglied jedoch selbst überlassen, welches Thema es ansprechen wollte. Eine weitere Hilfe und Anregung zur Themenbestimmung lieferte der Fragebogen "Bereiche des Zusammenlebens" (vgl. Abschnitt 8.2.4), aus dem einzelne Punkte ausgewählt wurden, in denen es Meinungsverschiedenheiten gab. Bestand die Familie aus zwei Personen, so sprachen sowohl Partner A (Patient) als auch Partner B (Angehöriger) je zwei Konfliktbereiche mit Bezug zum jeweils anderen Partner an. Waren es drei Personen, also ein Patient mit zwei Angehörigen, so sprach Partner A (der Patient) je ein Konfliktthema mit Bezug zu den Partnern B und C (Angehörige) an, während die Angehörigen je ein Konfliktthema ansprachen, das sich auf den Patienten bezog. Anschließend nahmen der Versuchsleiter und die Assistenten nacheinander die Antworten der angesprochenen Partner im anderen Zimmer auf. Nachdem alle vier Konfliktansprachen und die Kurzantworten darauf auf Tonkassette aufgenommen worden waren, wurde die Familie im Beobachtungsraum wieder zusammengebracht; der weitere Ablauf konnte vom Versuchsleiter allein, ohne Mithilfe der Assistenten, durchgeführt werden.

Der Versuchsleiter wählte aus den vier Problemthemen zwei Themen aus, über die gemeinsam diskutiert werden sollte. Zunächst wurde von den beiden Konfliktthemen, die der Patient angesprochen hatte, dasjenige ausgewählt, das aufgrund seiner Schwierigkeit besser zur Familiendiskussion geeignet war; einerseits sollte dies kein zu stark belastendes Thema sein, andererseits sollte es genügend Relevanz für die Familie enthalten, um eine angeregte Diskussion herbeizuführen. Nach demselben Modus wurde das Konfliktthema von Partner B ausgewählt, sofern es sich um eine Zwei-Personen-Familie handelte und dieser Partner zwei Themen angesprochen hatte. Waren es drei Personen, so blieb der Auswahlmodus für das Thema des Patienten derselbe, und als zweites Thema wurde der Konfliktpunkt des Angehörigen bestimmt, der mit dem ersten Thema vom Patienten nicht angesprochen wurde. Es ergaben sich also bei drei Personen zwei Diskussionsthemen, die Konflikte zwischen allen drei Beteiligten - zwischen je einem Angehörigen und dem Patienten - beinhalteten.

Der erste der beiden Diskussionspunkte wurde den Familienmitgliedern nun vorgespielt, und der Versuchsleiter erteilte die Instruktion, über dieses Thema 10 Minuten lang miteinander zu diskutieren und zu versuchen, eine Lösung zu finden. Anschließend verließ der Versuchsleiter den Raum und nahm vom Nebenraum aus die Diskussion mit der Videokamera auf; er konnte dabei auch den Inhalt und Verlauf der Diskussion verfolgen. An die Aufnahme war ein Zeit-Kodiergerät gekoppelt, das die ablaufende Zeit im Bild mitaufzeichnete. Nach zehn Minuten kehrte der Versuchsleiter zur Familie zurück, faßte das Besprochene kurz zusammen und hob positive Aspekte des Gesprächs hervor, wie es im Manual als "Debriefing" angegeben ist. Als nächstes wurde das zweite Problemthema vom Tonband vorgespielt und die Familiendiskussion darüber nach demselben Vorgehen wie beim ersten Thema initiiert und auf Video aufgezeichnet. Die Reihenfolge der Diskussionspunkte wurde von Familie zu Familie abgewechselt; einmal wurde zuerst ein Thema, das vom Patienten angesprochen worden war, und einmal zuerst ein Thema, das von einem Angehörigen angesprochen worden war, diskutiert.

b) Kontrollfamilien

Nachdem die Kontrollfamilien sich schriftlich zur Teilnahme an der Untersuchung bereit erklärt hatten (vgl. Abschnitt 8.1.1), wurden ihnen für jede

Person dieselben Fragebögen, die schon die Schizophrenie-Familien erhalten hatten, zugeschickt mit der Bitte, sie ausgefüllt zurückzuschicken. Einige Formulierungen der Fragebögen, bei denen in der Fragestellung die Wörter "Patient" oder "Symptome" vorkamen, wurden leicht verändert, so daß sich die Fragen statt auf "Patienten" auf "Sohn" oder "Tochter" und statt auf "Symptome" auf "Beschwerden" bezogen. Danach wurde ein Termin für die diagnostische Untersuchung im Max-Planck-Institut für Psychiatrie vereinbart, der genauso verlief wie der dritte Termin der Schizophrenie-Familien: Zunächst wurde von allen Angehörigen die "5-Minuten-Sprechstichprobe" auf Tonband aufgenommen. Bei der anschließenden Ermittlung von Konfliktthemen für die Familiendiskussion dienten die im Fragebogen "Bereiche des Zusammenlebens" angekreuzten Punkte als Anregung. Alle weiteren Einzelheiten sind oben bereits für die Schizophrenie-Familien beschrieben, wobei analog zum "Patienten" ein "Sohn" oder eine "Tochter" an der Prozedur teilnahmen.

8.3.2 Auswertung der Daten

Fragebogen-Daten

Aus den Fragebogen-Daten wurden die im Abschnitt 8.2.4 genannten Faktoren- und Summenwerte mit SPSS-Programmen gebildet.

Auswertung der Tonbänder zur Ermittlung des EE-Index

a) Aufnahmen der Camberwell Family Interviews (CFI)

Die Tonbandaufnahmen der Interviews wurden von zwei trainierten Beurteilern (Elias Feinstein und die Autorin) ausgewertet. Beide Beurteiler waren in einem zweiwöchigen, ganztägigen Training von der Hauptautorin der CFI-Kurzform, Christine Vaughn, zur Auswertung ausgebildet worden. Beim Abschluß des Trainings war die Zuverlässigkeit ihrer Beurteilungen an 13 englischsprachigen CFIs überprüft worden; dabei hatten sie Übereinstimmungen in der Einschätzung des EE-Index mit den Kriteriums-Ratings von C. Vauhn in Höhe von $r = 1.00$ (E.F.) und $r = .875$ (U.M.) erreicht.

Bei der Auswertung der vorliegenden deutschen Interviews ergab die fortlaufende Überprüfung der Reliabilität eine Übereinstimmung beider Beurteiler von 90 % bei insgesamt 10 zweifach ausgewerteten Tonbändern. In einzelnen Grenzfällen wurden schwer interpretierbare Äußerungen diskutiert, und anschließend wurde - unabhängig voneinander - das Rating festgelegt.

Folgende Skalen wurden eingeschätzt:

- Anzahl kritischer Kommentare (KR): Summenwert
- Feindseligkeit (F): 0, 1, 2 oder 3
- Emotionales Überengagement (EOI): Globaleinschätzung zwischen 0 und 5
- Wärme (W): Globaleinschätzung zwischen 0 und 5
- Anzahl positiver Bemerkungen (P): Summenwert

Resultierend aus den Skalen 1 - 3 wurden folgende EE-Indices vergeben:

- Niedrig-EE (NEE): Ein Wert auf der KR-Skala kleiner als 6, ein Wert auf der F-Skala = 0 und ein Wert auf der EOI-Skala kleiner als 4.

- Hoch-EE/Kritik (HKR): Ein Wert auf der KR-Skala größer oder gleich 6 und/oder ein Wert auf der F-Skala größer als 0.

- Hoch-EE/EOI (HEOI): Ein Wert auf der EOI-Skala größer oder gleich 4.

Hatte eine Person auf der EOI-Skala einen Wert größer oder gleich 4 erhalten und wurde sie gleichzeitig auf der KR-Skala als HEE eingestuft, so erhielt sie den Gesamt-EE-Index HKR.

b) Auswertung der Aufnahmen der "5-Minuten-Sprechstichprobe" (FMSS)

Die Auswerterin (Birgit Leeb) war von der Autorin der "5-Minuten-Sprechstichprobe", Ana Magana, trainiert worden und führte anschließend die im Abschnitt 8.2.2 erwähnte Reliabilitäts- und Validitätsstudie durch, so daß sie als Expertin für dieses Auswerteverfahren bei deutschsprachigen Aufnahmen gilt. Sie wertete sowohl für die Aufnahmen der Diagnostikphase 1 als auch für die Aufnahmen der Diagnostikphase 2 folgende EE-Indices nach dem FMSS aus:

- Niedrig-EE (NEE)
- Hoch-EE/Kritik (HKR)
- Hoch-EE/EOI (HEOI)

c) Bestimmung des EE-Index als Kombination der EE-Werte aus beiden Meßverfahren

Die Studie von Hahlweg et al. (1989) hat gezeigt, daß für den Zusammenhang zwischen Beobachtungsdaten zur Familieninteraktion (mit dem KPI) und Expressed Emotion der Abstand der Erhebungszeitpunkte eine wesentliche Rolle spielt: Wurden die Beobachtungsdaten mit dem CFI-EE, das etwa zwei Monate vor den Familieninteraktionsdaten erhoben worden war, verglichen, so bestand kein signifikanter Zusammenhang; dagegen führte der Vergleich mit dem FMSS-EE, das zur selben Zeit wie die Beobachtungsdaten erhoben wurde, zu den berichteten Entsprechungen der Variablen (vgl. Abschnitt 6.3).

Für die vorliegende Untersuchung wurde ein EE-Index zugrundegelegt, der aus den beiden Meßverfahren CFI und FMSS gemeinsam resultiert. In dieser Stichprobe wurde der EE-Status der Angehörigen mit dem CFI innerhalb der ersten 2 - 3 Wochen nach der stationären Aufnahme des Patienten erhoben. Waren bis zum Ende der stationären Behandlung des Patienten und damit zum Erhebungszeitpunkt für die Familieninteraktionsdaten mehr als drei Wochen vergangen, so wurde der EE-Status am selben Tage wie die Familieninteraktion ein zweites Mal bestimmt, und zwar mit dem FMSS. Verwendet man das CFI-EE für die Fälle, in denen nicht mehr als drei Wochen zwischen den beiden Erhebungszeitpunkten liegen, und das FMSS-EE für die Fälle, in denen mehr Zeit dazwischen liegt, so ist einerseits die zeitliche Übereinstimmung zwischen EE und den Beobachtungsdaten gewährleistet, andererseits erlaubt der Rückgriff auf diejenigen CFI-EE-Ratings, die nur kurz zurückliegen, eine validere Messung, als dies mit dem FMSS allein möglich ist.

<u>Angehörige</u> erhalten jeweils einzeln einen EE-Index entsprechend dem oben geschilderten Vorgehen. <u>Familien</u> gelten als HKR-Familie (hoch-EE nach der

Skala Kritische Haltung), wenn entweder ein Angehöriger oder zwei Angehörige als HKR eingestuft wurden; sie gelten als HEOI-Familie (hoch-EE nach der Skala EOI), wenn ein oder zwei Angehörige als HEOI eingestuft wurden, und sie gelten als NEE-Familie, wenn keiner der Angehörigen als HEE (KR oder EOI) eingestuft wurde. Patienten werden entsprechend ihrer Zugehörigkeit zur Familie klassifiziert, also entweder als Patient in einer HKR-Familie, als Patient in einer HEOI-Familie oder als Patient in einer NEE-Familie. Die EE-Werte der Kontrollfamilien resultieren allein aus der FMSS.

Verteilung der EE-Indices

Tabelle 8.10 zeigt, wie sich die EE-Indices NEE, HKR und HEOI auf die Angehörigen bzw. auf die Familien verteilen. Der kombinierte EE-Wert der Angehörigen der Schizophrenie-Familien setzt sich wie folgt zusammen: 36 NEE-Angehörige = 24 aus dem FMSS und 12 aus dem CFI; 22 HKR-Angehörige = 12 aus der FMSS und 10 aus dem CFI; 7 HEOI-Angehörige = 5 aus der FMSS und 2 aus dem CFI.

Tabelle 8.10: Verteilung der EE-Werte

	Niedrig-EE	Hoch-EE	
		HKR	HEOI
EE-Status der Angehörigen in Schizophrenie-Familien (N=65)	36 (55 %)	22 (34 %)	7 (11 %)
EE-Status der Schizophrenie-Familien (N=42)	20 (48 %)	16 (38 %)	6 (14 %)
EE-Status der Angehörigen (Eltern) in Kontrollfamilien (N=18)	15 (83 %)	1 (6 %)	2 (11 %)
EE-Status der Kontrollfamilien (N=11)	9 (82 %)	1 (9 %)	1 (9 %)

Ein Vergleich dieser Verteilung mit den Angaben der vergleichbaren Untersuchung von Hahlweg et al. (1989) in USA zeigt folgendes Bild: Der Anteil an NEE-Angehörigen ist niedriger als bei Hahlweg et al. (55 % vs. 66 %), der Anteil an HKR-Angehörigen ist höher (34 % vs. 20 %) und der Anteil an HEOI-Angehörigen ist etwas niedriger (11 % vs. 14 %). Etwa dasselbe Verhältnis besteht beim Vergleich der EE-Verteilungen für die Familien, da diese aus den Indices der Angehörigen resultieren. Der Hauptunterschied liegt also in einem höheren Anteil an HKR-Angehörigen in dieser Stichprobe.

Der EE-Status verteilt sich wie folgt auf die Angehörigen der Schizophrenie-Familien:

NEE: 19 weibl. Angehörige (15 Mütter, 4 Partnerinnen)
17 männl. Angehörige (15 Väter, 2 Partner)

HKR: 18 weibl. Angehörige (13 Mütter, 5 Partnerinnen)
4 männl. Angehörige (3 Väter, 1 Partner)

HEOI: 5 weibl. Angehörige (4 Mütter, 1 Partnerin)
2 männl. Angehörige (Väter)

(Eine Schwester, eine Großmutter und ein Sohn wurden in dieser Aufstellung Müttern, Partnerinnen und Partnern zugeordnet.)

Im Vergleich zu der Untersuchung von Miklowitz et al. (1984) ist der Anteil an HEOI-Müttern geringer.

Für die Kontrollfamilien liegen bisher keine Vergleichsdaten vor. Der weitaus überwiegende Anteil an NEE-Familien bzw. -Angehörigen läßt sich vermutlich aus der Art der Stichprobenbeschaffung erklären: Es waren nur solche Familien zu einer Teilnahme zu gewinnen, für die die Scheu vor einer Familienuntersuchung in einer psychiatrischen Klinik, die sehr viele der angesprochenen Familien von einer Teilnahme abhielt, gering genug war, um freiwillig an der Untersuchung teilzunehmen. Sie führten ein aus ihrer Sicht gut funktionierendes Familienleben.

Auswertung der Videobänder mit dem KPI

Pro Familie wurden zwei zehnminütige Videoaufnahmen der Problemdiskussionen kodiert. Die Aufnahmen waren mit einem Zeit-Code versehen, so daß auch später jederzeit wieder zu erkennen war, welche Kodierungen für welche Gesprächssequenz galten. Zwei Familien der Schizophrenie-Stichprobe waren nicht mit der Videoaufnahme, sondern lediglich mit Tonbandaufnahmen einverstanden. Für diese beiden Familien wurde vom Tonband nur das verbale Verhalten kodiert, und auf das nonverbale Verhalten mußte verzichtet werden.

Die Beobachter waren "blind" in bezug auf die EE-Ratings der Familie. Ebenso wurde versucht, die Beobachter nicht erkennen zu lassen, ob es sich um eine Schizophrenie- oder eine Kontrollfamilie handelte.

Reliabilität des KPI für die vorliegende Studie

4 unabhängige Beobachter wurden in einem 80-stündigen Beobachtertraining im Kodieren der KPI-Kategorien trainiert. Zunächst wurde an Einzelbeispielen unter der Anleitung zweier erfahrener Beobachter geübt. Daran schloß sich die Kodierung größerer Gesprächsabschnitte in transkribierter Form an, die ausführlich diskutiert wurden. Zuletzt wurden einzelne Gesprächsabschnitte und schließlich vollständige zehnminütige Diskussionen vom Video kodiert und diskutiert.

a) Es wurde ein Transkript einer zehnminütigen Problemdiskussion erstellt; dabei wurde auf die Zuhörerkategorie (ZH) - wie oben geschildert, eine aus technischen Gründen erforderliche Kategorie - verzichtet. Die Übereinstimmung für die verbalen Kategorien lag bei 82,45 % ("Platz-zu-Platz-Übereinstimmung").

b) Die Videoaufnahme einer zehnminütigen Problemdiskussion wurde ausgewählt. Dabei handelte es sich um eine extrem durcheinanderredende, dreiköpfige Familie, die als Extremfall im Schwierigkeitsgrad des Kodierens anzusehen ist. Die Übereinstimmung der verbalen Kategorien lag hier bei 81,52 %.

Die Reliabilität des KPI kann somit als zufriedenstellend beurteilt werden.

Häufigkeitsverteilung der Kategorien

Tabelle 8.11 zeigt die mittleren absoluten Häufigkeiten der Subkategorien, wie sie als Beobachtungseinheit kodiert wurden, sowie die mittleren relativen Häufigkeiten und die Rangreihe dieser Häufigkeiten für die Hauptkategorien.

Wie Hahlweg (1986) betont, liegt ein grundsätzliches Problem bei fast allen Kategoriensystemen in der stark unterschiedlichen Häufigkeitsverteilung der Kategorien. Meistens kommen inhaltlich wenig aussagekräftige Codes sehr viel öfter vor (zum Beispiel "Problembeschreibung") als inhaltlich relevantere Kategorien, wie zum Beispiel "Akzeptanz", "positive Lösung" oder "Rechtfertigung". Dies hat zur Folge, daß häufig auftretende Kategorien reliabler kodiert werden können als selten auftretende, die aber besonders interessieren. Für dieses "Reliabilitäts-/Validitäts-Dilemma" schlägt Hahlweg (1986) die Zusammenfassung inhaltlich ähnlicher Subkategorien vor, um durch die Reduktion der Kategorienzahl die Häufigkeitsverteilung zu verbessern. Eine hohe Validiät bleibt dadurch erhalten, und die notwendige Reliabilität der Beobachtung kann erreicht werden.

Die "relative Häufigkeit" bedeutet den prozentualen Anteil, den diese Kategorie an der Gesamtmenge der kodierten Einheiten einnimmt:

$$\text{relative Häufigkeit} = \frac{\text{absolute Häufigkeit der Kategorie} \times 100}{\text{Gesprächsaktivität}}$$

Die Gesprächsaktivität ist die Summe aller kodierten Einheiten, mit Ausnahme von "Zuhören", da diese Kategorie keinen Gesprächsbeitrag im eigentlichen Sinne bedeutet, sondern aus technischen Gründen erforderlich ist. Relative Häufigkeiten wurden gebildet, um die zehnminütigen Gespräche, für die unterschiedlich viele Einheiten kodiert wurden, zu standardisieren und auf die Gesamtaktivität zu relativieren. Aus Tabelle 8.11 ist zu sehen, daß sich die <u>Rangreihe</u> der relativen Häufigkeiten nicht von der Rangreihe der absoluten Häufigkeiten unterscheidet.

Tabelle 8.11: Mittlere Häufigkeiten und Rangreihe der KPI-Kategorien (absolute und relative Häufigkeiten)

Subkategorie (Abk.)	Hauptkategorie	Abk.	absolute Häufigkeit		relative Häufigkeit	Rang
AKP			0,0			
AKI			0,2			
AKF			0,6			
AKV						
	Akzeptanz	AK		0,9	1,0	10
MKK			0,6			
MKT			0,7			
	Metakommunikation	MK		1,3	1,4	9
RFE			1,2			
RFA			0,4			
	Rechtfertigung	RF		1,6	1,7	8
NLU			0,6			
NLS			1,3			
	Negative Lösung	NL		1,8	2,0	7
PLL			2,0			
PLK			0,1			
	Positive Lösung	PL		2,1	2,1	6
KRS			4,2			
KRA			0,4			
	Kritik	KR		4,6	4,8	5
SOW			0,8			
SOG			1,5			
SOM			2,9			
	Selbstöffnung	SO		5,3	5,5	4
NUI			8,6			
NUJ			4,3			
NUE			2,1			
NUA			0,4			
	Nicht-Übereinstimmung	NU		15,4	16,9	3
ZUI			3,7			
ZUA			0,4			
ZUE			11,6			
	Zustimmung	ZU		15,7	16,2	2
PBB			29,8			
PBF			5,8			
	Problembeschreibung	PB		35,5	38,2	1
ZHH			19,9			
ZHP			1,2			
	Zuhören	ZH		21,0		
	Restkategorie			9,7		
	<u>nonverbales Verhalten</u>:					
	negativ	NV-2		22,9		3
	positiv	NV-1		30,9		2
	neutral	NV-3		62,4		1

Für jede Person wurde nach obiger Formel die relative Häufigkeit jeder Kategorie ermittelt; dabei galt als Gesprächsaktivität die Summe aller in der zehnminütigen Diskussion dieser Familie kodierten Einheiten.

Kategorienreduktion

Eine Reduktion der Kategorien war als Voraussetzung für die sequenzanalytische Auswertung erforderlich. Zwangsläufig wird die Anzahl der Beobachtungen mit zunehmender Länge der Sequenz geringer. Sind - wie im vorliegenden Fall - längere Interaktionsmuster von Interesse, so muß durch die Zusammenfassung der Kategorien deren Anzahl verringert und die Häufigkeit gleicher Beobachtungen erhöht werden.

Eine solche Kategorienreduktion erfolgte in zwei Schritten (vgl. Hahlweg, 1986): Zunächst wurden je 2 - 3 Kategorien zusammengefaßt, die inhaltlich und in ihrer theoretischen Bedeutung für den Kommunikationsprozeß ähnliche Funktion haben (Reduktion I; Tabellen 8.12 - 8.14); schließlich wurden die verbalen Kategorien zu den inhaltlich voneinander getrennten Globalkategorien "verbal positive Kommunikation", "verbal negative Kommunikation" und "verbal neutrale Kommunikation" zusammengefaßt (Reduktion II; Tabellen 8.12, 8.13, 8.14).

Tabelle 8.12: Reduktion der <u>positiven</u> KPI-Kategorien (nach Hahlweg 1986)

Subkategorie	Abk.	Kategorie	Abk.	Reduktion I	Abk.	Reduktion II	Abk.
Direkter Ausdruck von Gefühlen	SOG	Selbstöffnung	SO	Direkte Äußerung	DA	Positive Kommunikation	PK
Direkter Ausdruck von Wünschen, Bedürfnissen und Interessen	SOW						
Direkter Ausdruck von Meinungen, Einstellungen und Verhaltensmustern	SOM						
Konstruktive Lösungsvorschläge	PLL	Positive Lösung	PL				
Kompromißvorschläge	PLK						
Paraphrasieren	AKP	Akzeptanz	AK	Akzeptanz und Zustimmung	AZ		
Interessierte und offene Fragen	AKI						
Feedback	AKF						
Verständnis für den anderen	AKV						
Direkte inhaltliche Zustimmung	ZUI	Zustimmung	ZU				
Annahme von Verantwortung	ZUA						
Zustimmende Einwürfe	ZUE						
		Positives oder neutrales Zuhören	ZH-1, ZH-3				
		Nonverbal positives Verhalten	NV-1				

Tabelle 8.13: Reduktion der <u>negativen</u> KPI-Kategorien (nach Hahlweg, 1986)

Subkategorie	Abk.	Kategorie	Abk.	Reduktion I	Abk.	Reduktion II	Abk.
Spezifische Kritik	KRS	Negative Bewertung des Verhaltens des Partners (Kritik)	KR	Kritik	KR	Negative Kommunikation	NK
Abwertung des Partners	KRA						
Forderung nach Unterlassung	NLU	Negative Lösung	NL				
Scheinbarer Lösungsvorschlag	NLS						
Direkte oder indirekte Nicht-Übereinstimmung	NUI	Nicht-Übereinstimmung	NU	Ablehnung	AL		
Ja, aber-Sätze	NUJ						
Ablehnende Einwürfe	NUE						
Abblocken	NUA						
Rechtfertigung des eigenen Verhaltens	RFE	Rechtfertigung	RF				
Ablehnung der Verantwortung	RFA						
		Negatives Zuhören	ZH-2				
		Nonverbal negatives Verhalten	NV-2				

Tabelle 8.14: Reduktion der neutralen KPI-Kategorien (nach Hahlweg, 1986)

Subkategorie	Abk.	Kategorie	Abk.	Reduktion I	Abk.	Reduktion II
Problembeschreibung	PBB	Problembeschreibung	PB	Sachlich-neutrale Problembeschreibung und -abklärung	NP	wie Reduktion I
Sachliche inhaltliche Fragen	PBF					
Gesprächssteuerung und -klärung	MKK	Metakommunikation	MK			
Themenbezug, Themenvorschlag	MKT					
Zuhören	ZHH	Zuhören	ZH			
Pause	ZHP					
		Restkategorie	RK			
		Nonverbal neutrales Verhalten	NV-3			

9 ERGEBNISSE

Die statistischen Analysen wurden mit dem Programmsystem SPSS (Nie & Hull, 1975; zit.n. Beutel & Schubö, 1983) durchgeführt. Je nach Skalenniveau und Verteilung der Daten wurden parametrische Verfahren (Korrelationen, einfache Varianzanalysen, T-Test) und nichtparametrische Verfahren (Rangkorrelationen, Chi-Quadrat-Test, Mann-Whitney-U-Test, Ein-Weg-Rangvarianzanalyse nach Kruskal & Wallis/H-Test) angewandt. Für diejenigen Analysen, die die Replikation bereits vorliegender Ergebnisse zum Ziel haben, wurden zur besseren Vergleichbarkeit von Gruppenmittelwerten analoge (parametrische) Verfahren benutzt. Signifikante Unterschiede in diesen Gruppenvergleichen wurden zusätzlich mit nichtparametrischen Tests überprüft, aus denen jedoch keine diskrepanten Ergebnisse hervorgingen. Welche Verfahren im einzelnen verwendet wurden, wird bei den Ergebnissen jeweils genannt. Die sequenzanalytische Auswertung erfolgte mit dem Programm "Seqana" von Vogel (1979) in der modifizierten und erweiterten Form von Henrich (1986).

9.1 Interaktionsverhalten in den Schizophrenie-Familien: Häufigkeitsanalysen

Ein Hauptziel der Untersuchung galt der Frage, wie sich der EE-Status der Angehörigen im Kommunikationsverhalten in der direkten Interaktion mit dem als schizophren diagnostizierten Familienmitglied ausdrückt. Dabei wurde zunächst angestrebt, die bisherigen Ergebnisse von Hahlweg et al. (1989) und auch von Miklowitz et al. (1984) zu replizieren und damit interkulturell zu bestätigen. Aus den Untersuchungen geht hervor, daß die aufgrund unterschiedlicher Skalen als hoch-EE eingestuften Angehörigen, nämlich hoch-EE/Kritik (HKR) und hoch-EE/Emotionales Überengagement (HEOI), deutliche Unterschiede im Interaktionsverhalten aufweisen: Eine kritische Haltung gegenüber dem Patienten, die sich auch in häufiger Kritik niederschlägt, gilt nicht für die HEOI-Angehörigen; umgekehrt gilt "Gedankenlesen" ("intrusiveness" bei Miklowitz et al., 1984) für die HEOI- und nicht für die HKR-Angehörigen. Es erschien daher wenig sinnvoll, beide HEE-Typen (KR und EOI), denen inhaltlich unterschiedliche Konstrukte zugrundeliegen, gemeinsam den NEE-Angehörigen gegenüberzustellen. Vielmehr waren die spezifischen Interaktionsmerkmale erst in einer differenzierten Analyse zu erwarten, das heißt im Vergleich der <u>drei</u> verschiedenen EE-Klassen.

Die insgesamt 65 Angehörigen der Schizophrenie-Familien wurden nach der im Abschnitt 8.3.2 beschriebenen EE-Klassifizierung drei Gruppen zugeordnet: NEE-Angehörige (N=36), HKR-Angehörige (N=22) und HEOI-Angehörige (N=7). Die Patienten in diesen 42 Familien wurden entsprechend dem EE-Index ihrer Angehörigen ebenfalls drei Gruppen zugeordnet: Patienten in NEE-Familien (N=20), Patienten in HKR-Familien (N=16) und Patienten in HEOI-Familien (N=6) (der Zuordnungsmodus ist im Abschnitt 8.3.2 beschrieben). Mit diesen jeweils drei Gruppen wurden die Fragen überprüft, welche Kommunikationsformen mit dem EE-Status verbunden sind.

Zunächst wurde geprüft, ob sich die EE-Gruppen hinsichtlich des Schweregrades der Symptomatik der Patienten unterscheiden. Die Mittelwerte des BPRS-Summenscores (vgl. Abschnitt 8.2.1) zu Beginn und am Ende der stationären Behandlung wurden varianzanalytisch (SPSS-Prozedur ONEWAY) verglichen. Die Analyse ergab, daß sich die Patienten in NEE-Familien, in HKR-Familien und in HEOI-Familien nicht im "Grad der Gestörtheit", wie er aus den beiden BPRS-Summenwerten hervorgeht, unterscheiden. Die Mittelwerte und Standardabweichungen sind in Tabelle A 1 im Anhang aufgeführt.

Eine weitere Voranalyse galt etwaigen geschlechtsspezifischen Unterschieden. Die relativen mittleren Häufigkeiten der KPI-Kategorien wurden für Patienten und Patientinnen getrennt ermittelt; ebenso für die Angehörigen der Patienten und die Angehörigen der Patientinnen. Die KPI-Mittelwerte wiesen keine signifikanten Unterschiede zwischen weiblichen und männlichen Patienten oder zwischen den Angehörigen weiblicher und männlicher Patienten auf (Tabellen A 2 und A 3 im Anhang).

Auch auf Geschlechtsunterschiede der Angehörigen selbst wurden die KPI-Häufigkeiten geprüft. Tabelle A 4 im Anhang zeigt, daß zwischen Müttern und Vätern der Patienten ein auf dem 5 %-Niveau signifikanter Unterschied bei den Häufigkeiten der Kategorien "Zustimmung" und "Problembeschreibung" besteht: "Zustimmung" kommt bei Müttern, "Problembeschreibung" bei Vätern häufiger vor. Bei Angehörigen, die als Partner zu den Patienten gehören, sind "negative Lösungsvorschläge" bei männlichen Partnern häufiger; allerdings besteht die Gruppe männlicher Partner nur aus 4 Personen.

Untersucht wurde ferner, ob Zusammenhänge zwischen dem Interaktionsverhalten und - wie oft vermutet wird - dem Ausmaß an Beschwerden, unter denen die Interaktionspartner leiden, bestehen. Hierzu wurden Pearson-Korrelationskoeffizienten ermittelt, und zwar zwischen den relativen Häufigkeiten der KPI-Kategorien und - bei den Patienten - deren Gesamtscore der BPRS (vgl. Abschnitt 8.2.1) zu Beginn und am Ende der stationären Behandlung sowie - bei den Angehörigen - deren Gesamtindex der SCL-90 (vgl. Abschnitt 8.2.4). Die Korrelationskoeffizienten mit einer Signifikanz von p .05 sind in Tabelle A 5 im Anhang enthalten. Es ergaben sich die folgenden, relativ niedrigen Korrelationen: Bei den Angehörigen hängt die Häufigkeit der Kritik-Äußerungen mit dem Ausmaß eigener Beschwerden mit r = .24 zusammen; für nonverbal positives Verhalten besteht eine entgegengerichtete Beziehung zum Ausmaß eigener Beschwerden von r = - .28. Bei den Patienten hängen mit der Symptomatik zu Beginn der stationären Behandlung die KPI-Kategorien "Positive Lösung" (r = .25) und "Problembeschreibung" (r = .48) in gleicher Richtung zusammen; "Nicht-Übereinstimmungen" (r = - .30) und nonverbal negatives Verhalten (r = - .36) sind in umgekehrter Richtung damit verbunden. Von diesen korrelativen Zusammenhängen besteht nur noch der zur "Positiven Lösung" bei Beendigung der stationären Behandlung (r = .24), alle anderen nicht mehr.

9.1.1 Interaktionsverhalten der Angehörigen in NEE-, HKR- und HEOI-Familien (Fragen 1 und 2)

Zur negativen Kommunikation zählen die KPI-Kategorien "Kritik" (KR), "Negative Lösung" (NL), "Nicht-Übereinstimmung" (NU), "Rechtfertigung" (RF) sowie ein nonverbal negatives Verhalten (NV-neg). Bei der Hauptkategorie "Kritik" wurden - im Gegensatz zu den anderen Kategorien - zusätzlich auch die beiden Subkategorien "spezifische Kritik" (KRS) und "abwertende Kritik" (KRA) analysiert, da der Art der Kritik von Angehörigen vermutlich eine besondere Bedeutung für den Verlauf schizophrener Psychosen zukommt. Als positiv gelten die KPI-Kategorien "Selbstöffnung" (SO), "Positive Lösung" (PL), "Akzeptanz" (AK), "Zustimmung" (ZU) und ein nonverbal positives Verhalten (NV-pos). Die verbleibenden Kategorien des KPI, "Problembeschreibung" (PB) und "Metakommunikation" (MK) sowie ein nonverbal neutrales Verhalten (NV-neut), sind in ihrer Funktion neutral. (vgl. Abschnitt 8.2.3). Die der Vollständigkeit dienenden Kategorien "Restkategorie" (RK) und "Zuhören" (ZH) haben für diese Analyse keine Bedeutung und bleiben hier unberücksichtigt.

Die Hpyothesen zur ersten Frage lassen sich also folgendermaßen präzisieren:

a) Für HKR-Angehörige wird ein häufigeres Auftreten der KPI-Kategorien "Kritik" ("spezifische Kritik", "abwertende Kritik"), "Negative Lösung", "Nicht-Übereinstimmung", "Rechtfertigung" und "NV-negativ" erwartet als für HEOI- und NEE-Angehörige.
b) Für NEE-Angehörige wird ein häufigeres Auftreten der KPI-Kategorien "Selbstöffnung", "Positive Lösung", "Akzeptanz", "Zustimmung" und "NV-positiv" erwartet als für HKR-Angehörige.

In einer einfaktoriellen Varianzanalyse (SPSS-Prozedur ONEWAY) wurden die Mittelwerte und Standardabweichungen der 13 KPI-Hauptkategorien für die Angehörigen der drei EE-Gruppen ermittelt und die Mittelwertsunterschiede auf Signifikanz geprüft (Tabelle 9.1). Unter der Hauptkategorie "Kritik" sind, wie schon erwähnt, zusätzlich die Subkategorien "spezifische Kritik" und "abwertende Kritik" aufgeführt. Zur Überprüfung der Hypothesen wurden die Mittelwerte der negativen Kategorien der HKR-Angehörigen und der positiven Kategorien der NEE-Angehörigen den jeweils anderen beiden Gruppen in einem geplanten Vergleich gegenübergestellt und mit der SPSS-Anweisung CONTRAST a-priori-Kontraste ermittelt. Tabelle 9.1 zeigt die Ergebnisse dieses Tests, wobei nur die Kategorien aufgeführt sind, für die in der Varianzanalyse Gruppenunterschiede bestanden, die mindestens auf dem 10 %-Niveau signifikant waren. (Zwischen den NEE- und den HEOI-Anghörigen gab es keine signifikanten Unterschiede mit Ausnahme der neutralen Kategorie "Problembeschreibung", für die keine Hypothese formuliert war; der Vergleich dieser beiden Gruppen ist deshalb aus Platzgründen in der Tabelle nicht enthalten.)

Positive Kategorien

Ein signifikanter Unterschied besteht nur in der Kategorie "Zustimmung", und zwar nur zwischen der HEOI-Gruppe, die sich in dieser Kategorie am häufigsten ausdrückt, und der HKR-Gruppe, nicht jedoch zwischen NEE und HKR. Die Kategorie "Akzeptanz" kommt in der NEE-Gruppe am häufigsten vor, "positive Lösungen" in der HEOI-Gruppe fast doppelt so oft wie in den beiden anderen Gruppen und "Selbstöffnung" in der HEOI-Gruppe deutlich

Tabelle 9.1: Mittelwerte und Standardabweichungen der KPI-Kategorien für NEE-, HKR- und HEOI-<u>Angehörige</u> der Schizophrenie-Familien (N = 65 Angehörige in 42 Familien)

KPI-Kategorie		Ges. N=65	Angehörige der EE-Gruppe: NEE N=36	HKR N=22	HEOI N=7	Signifikanzprüfung *) (df: 2/62) 3 Gruppen	HKR vs. NEE	HKR vs. HEOI
Selbstöffnung	M	4,7	5,2	5,3	1,9	F=2,06		
	SD	4,2	4,0	4,8	0,7	p=0,14		
Positive Lösung	M	2,6	2,6	2,3	4,1	F=1,19		
	SD	2,9	2,9	2,2	3,3	p=0,31		
Akzeptanz	M	0,9	1,2	0,4	0,9	F=1,66		
	SD	1,5	1,5	1,1	2,1	p=0,20		
Zustimmung	M	13,4	13,4	10,5	21,5	F=4,05		t=2,30
	SD	9,6	9,6	6,2	12,2	p=0,02	n.s	p=0,06
Problembeschreibung	M	42,7	47,3	36,8	37,1	F=4,89		
	SD	14,7	14,7	11,2	12,4	p=0,01		
Metakommunikation	M	1,6	1,3	2,0	1,7	F=1,14		
	SD	1,8	1,4	2,4	1,7	p=0,33		
Kritik	M	5,4	3,4	9,6	2,9	F=6,39	t=2,82	t=2,69
	SD	7,2	4,6	9,6	3,7	p=0,00	p=0,005	p=0,006
spezifische	M	5,0	3,2	8,6	2,9	F=6,19	t=2,88	t=2,60
Kritik	SD	6,4	4,6	8,0	3,7	p=0,00	p=0,04	p=0,01
abwertende Kritik	M	0,4	0,1	0,9	0,0	F=2,62	t=1,61	t=1,89
	SD	1,4	0,4	2,3	0,0	p=0,08	p=0,06	p=0,04
Negative Lösung	M	2,9	2,1	4,7	1,0	F=4,26	t=2,43	t=4,13
	SD	3,9	3,9	4,0	0,8	p=0,02	p=0,01	p=0,00
Rechtfertigung	M	1,4	1,0	2,4	0,1	F=5.03	t=2,20	t=3,89
	SD	2,1	1,6	2,7	0,3	p=0,01	p=0,02	p=0,00
Nicht-	M	15,3	13,4	19,3	12,7	F=3,30	t=2,43	t=1,71
Übereinstimmung	SD	9,2	9,4	8,4	7,0	p=0,04	p=0,01	p=0,05
Nonverbal positiv	M	20,7	23,1	15,9	25,3	F=1,01		
	SD	20,3	21,1	18,6	22,2	p=0,37		
Nonverbal negativ	M	19,5	15,0	26,8	18,5	F=2,58	t=2,27	
	SD	19,4	16,8	21,4	21,2	p=0,08	p=0,02	n.s.
Nonverbal neutral	M	59,8	61,9	57,4	56,1	F=0,54		
	SD	18,2	17,7	20,9	8,4	p=0,59		

*) Geplanter Vergleich ("CONTRAST") HKR vs. NEE und HEOI
(Test für Varianzhomogenität: Bartlett-Box)

seltener als in den beiden anderen Gruppen. Nonverbal verhält sich die HKR-Gruppe weniger positiv als die beiden anderen. Diese Unterschiede sind nicht signifikant. Mit Ausnahme der Kategorie "Zustimmung", die allein für die HEOI-Angehörigen charakteristisch zu sein scheint, weisen die drei Gruppen in den positiven Kategorien keine signifikanten Unterschiede auf.

Negative Kategorien

Alle negativen Kategorien kommen bei HKR-Angehörigen signifikant häufiger vor als bei NEE- und bei HEOI-Angehörigen: "Kritik" wird etwa dreimal so oft geäußert, und zwar sowohl in spezifischer als auch in abwertender Form, "negative Lösungen" und "Rechtfertigungen" etwa doppelt so oft, wobei die Häufigkeitsrate dieser beiden Kategorien in der HEOI-Gruppe am niedrigsten ist, und "Nicht-Übereinstimmungen" etwa 1 1/2 mal so oft. Ein nonverbal negatives Verhalten zeigen HKR-Angehörige insbesondere häufiger als die NEE-Angehörigen und nur tendenziell (nicht signifikant) häufiger als die HEOI-Angehörigen.

Neutrale Kategorien

"Problembeschreibungen" kommen in der NEE-Gruppe signifikant häufiger vor als in den beiden anderen Gruppen; in der "Metakommunikation" und im nonverbal neutralen Verhalten unterscheiden sich die Gruppen nicht.
In Abbildung 9.1 sind die signifikanten Unterschiede der KPI-Häufigkeiten in den drei Gruppen dargestellt.

Wie theoretisch erwartet wurde, unterscheidet sich der Anteil an negativen Äußerungen der HKR-Angehörigen sowohl von den NEE- als auch von den HEOI-Angehörigen. Das bedeutet, daß sich die vermuteten Unterschiede des Kommunikationsstils zwischen NEE- und HEE-Angehörigen in erster Linie als Unterschiede zwischen NEE- und hoch-kritischen Angehörigen, ausdrücken. Diese beiden Gruppen machen im übrigen mit 36 und 22 Angehörigen 89 % der Stichprobe aus, während der Anteil der HEOI-Angehörigen (7 Angehörige) nur 11 % beträgt. In einer zweiten Analyse wurden deshalb diese beiden Gruppen - unabhängig von der HEOI-Gruppe - miteinander verglichen.

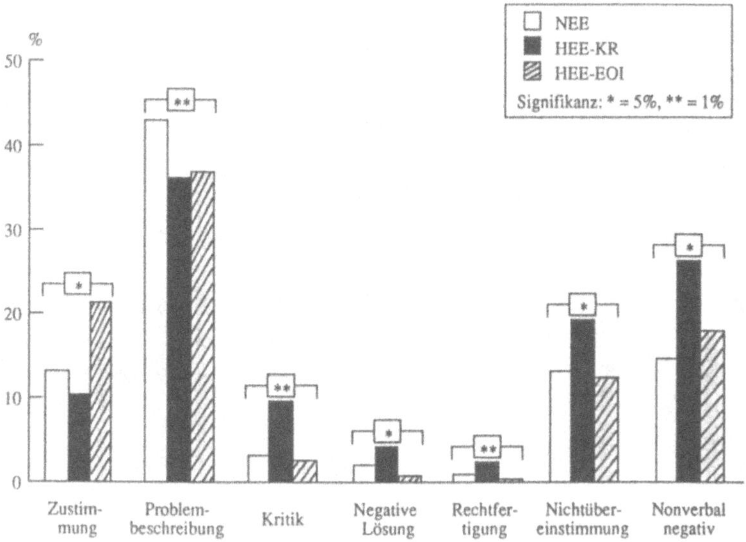

Abbildung 9.1: Familiäre Interaktion in NEE-, HKR- und HEOI-Familien; <u>Angehörigenverhalten</u>

Die Mittelwertsunterschiede der NEE- und der HKR-Gruppe wurden mit dem T-Test auf Signifikanz geprüft, der als robust gegen eine Verletzung der Normalverteilungsannahme gilt. (Wie bereits erwähnt, wurden aus Gründen der Vergleichbarkeit der Mittelwerte mit bereits vorliegenden Mittelwerten parametrische Tests bevorzugt. Eine Bestätigung der signifikanten Unterschiede erfolgte mit dem Mann-Whitney-U-Test, s. Anhang, Tabelle A 6).

Vergleicht man die NEE- und die HKR-Angehörigen direkt miteinander, so zeigen sich die genannten Unterschiede etwas deutlicher: Die Kategorie "Akzeptanz" wird zwar selten geäußert, aber von NEE-Angehörigen signifikant häufiger als von HKR-Angehörigen. Ein nonverbal positiveres Verhalten der NEE-Angehörigen läßt sich als Tendenz (10 % Irrtumswahrscheinlichkeit) erkennen. In Tabelle 9.2 sind die Werte des T-Tests für diese beiden Gruppen aufgeführt.

Tabelle 9.2: Mittelwerte und Standardabweichungen der KPI-Kategorien für NEE- und HKR-Angehörige der Schizophrenie-Familien (N=58 Angehörige in 41 Familien)

KPI-Kategorie		NEE-Ang. N=36	HKR-Ang. N=22	Signifikanzprüfung (T-Test)* t	p * df: 2/56
Selbstöffnung	M	5,2	5,3	0,11	0,455
	SD	4,0	4,8		
Positive Lösung	M	2,6	2,3	0,42	0,338
	SD	2,9	2,2		
Akzeptanz	M	1,2	0,4	1,93	0,029
	SD	1,5	1,1		
Zustimmung	M	13,4	10,5	1,38	0,086
	SD	9,6	6,2		
Problembe-schreibung	M	47,3	36,8	3,07	0,003
	SD	14,7	11,2		
Metakommuni-kation	M	1,3	2,0	1,32	0,197
	SD	1,4	2,4		
Kritik	M	3,4	9,6	2,83	0,004
	SD	4,6	9,6		
spez. Kritik	M	3,2	8,6	2,88	0,004
	SD	4,6	8,0		
abw. Kritik	M	0,1	0,9	1,61	0,061
	SD	0,4	2,3		
Negative Lösung	M	2,1	4,7	2,44	0,009
	SD	3,9	4,0		
Rechtfertigung	M	1,0	2,4	2,20	0,018
	SD	1,6	2,7		
Nicht-Übereinstimmung	M	13,4	19,3	2,38	0,010
	SD	9,4	8,4		
Nonverbal pos.	M	23,1	15,9	1,31	0,098
	SD	21,1	18,6		
Nonverbal neg.	M	15,0	26,8	2,30	0,013
	SD	16,8	21,4		
Nonverbal neut.	M	61,9	57,4	0,88	0,385
	SD	17,7	20,9		

9.1.2 Interaktionsverhalten der Patienten in NEE-, HKR- und HEOI-Familien (Frage 1.2)

Die beiden Hypothesen zum Patientenverhalten wurden auf der Basis der KPI-Kategorien wie folgt formuliert:

a) Es wird erwartet, daß sich Patienten in HKR-Familien häufiger in den Kategorien "Kritik", "Negative Lösung", "Rechtfertigung", "Nicht-Übereinstimmung" und in nonverbal negativer Form äußern als Patienten in NEE- oder HEOI-Familien.
b) Für Patienten in NEE-Familien werden häufigere Äußerungen in den Kategorien "Selbstöffnung", "Positive Lösung", "Akzeptanz", "Zustimmung" und ein nonverbal positiveres Verhalten als bei Patienten in HKR-Familien erwartet.

Die Patienten waren entsprechend ihrer Zugehörigkeit zu NEE-, HKR- oder HEOI-Familien (vgl. Abschnitt 8.3.2) in drei Gruppen unterteilt worden, wobei die Gruppe der Patienten in HEOI-Familien nur aus 6 Personen bestand. Analog zur Auswertung des Angehörigenverhaltens (Abschnitt 9.1.1) wurden die mittleren Häufigkeiten der für die Patienten kodierten KPI-Kategorien in den drei Gruppen varianzanalytisch verglichen. Die Mittelwerte und Standardabweichungen sind in Tabelle 9.3 aufgeführt.

Positive Kategorien

Bei den positiven Verbal-Kategorien zeigten sich keine signifikanten Unterschiede: Bei der Kategorie "Selbstöffnung" sind die Mittelwerte fast gleich; "Positive Lösung", "Akzeptanz" und "Zustimmung" kommen bei den Patienten der HEOI-Familien häufiger vor als in den anderen beiden Gruppen, jedoch ohne statistische Signifikanz. Das nonverbale Verhalten ist in der HEOI-Gruppe signifikant positiver, und zwar wurde "NV-positiv" bei den Patienten in HEOI-Familien etwa dreimal so häufig kodiert wie bei den anderen Patienten, so daß dies ein spezifisches Merkmal dieser Patientengruppe zu sein scheint. Im a-priori-Kontrast der HKR-Gruppe gegenüber den anderen beiden Gruppen ist dieser Unterschied signifikant gegenüber der HEOI-Gruppe und nicht gegenüber der NEE-Gruppe.

Tabelle 9.3: Mittelwerte und Standardabweichungen der KPI-Kategorien für Patienten in NEE-, HKR- und HEOI-Familien

KPI-Kategorie		Patienten in Familien der EE-Gruppe: Ges.: N=42	NEE N=20	HKR N=16	HEOI N=6	Signifikanzprüfung *) (dF: 2/39) 3 Gruppen	HKR vs. NEE	HKR vs. HEOI
Selbstöffnung	M	6,3	6,7	6,4	6,7	F=0,54		
	SD	4,1	4,6	3,7	3,8	p=0,58		
Positive Lösung	M	2,1	2,4	1,2	3,2	F=2,05		
	SD	2,3	1,9	1,6	4,3	p=0,14		
Akzeptanz	M	0,8	0,9	0,4	1,3	F=0,75		
	SD	1,6	1,9	0,6	2,0	p=0,48		
Zustimmung	M	21,3	23,9	15,6	27,6	F=2,21		
	SD	14,6	16,6	11,3	12,0	p=0,12		
Problembeschreibung	M	29,0	28,6	27,2	35,4	F=1,53		
	SD	10,1	8,9	11,8	7,6	p=0,23		
Metakommunikation	M	1,2	1,1	1,2	1,2	F=0,03		
	SD	1,3	1,4	1,2	1,3	p=0,97		
Kritik	M	5,1	4,0	8,2	0,7	F=4,26	t=1,95	t=3,97
	SD	6,3	5,4	7,3	1,2	p=0,02	p=0,031	p=0,000
spezifische Kritik	M	4,7	3,6	7,6	0,7	F=4,53	t=2,06	t=4,19
	SD	5,7	5,1	6,3	1,2	p=0,02	p=0,024	p=0,000
abwertende Kritik	M	0,4	0,4	0,6	0,0	F=0,66		
	SD	1,1	1,0	1,4	0,0	p=0,52		
Negative Lösung	M	1,0	0,7	1,8	0,0	F=4,50	t=2,03	t=3,72
	SD	1,6	1,1	2,0	0,0	p=0,02	p=0,027	p=0,001
Rechtfertigung	M	1,9	1,4	2,9	1,2	F=1,97		
	SD	2,5	1,7	3,4	1,9	p=0,15		
Nicht-Übereinstimmung	M	18,6	17,6	22,3	12,1	F=2,61	t=1,38	t=3,49
	SD	10,1	10,4	10,3	3,5	p=0,09	p=0,089	p=0,001
Nonverbal positiv	M	19,5	16,7	14,3	46,7	F=5,52		t=3,21
	SD	21,8	16,9	18,6	31,5	p=0,01	n.s.	p=0,001
Nonverbal negativ	M	23,2	19,7	31,5	12,3	F=2,82	t=1,88	t=2,03
	SD	19,3	17,5	21,4	8,3	p=0,07	p=0,034	p=0,025
Nonverbal neutral	M	57,0	63,6	54,2	41,1	F=2,21		
	SD	23,1	22,5	21,6	24,8	p=0,12		

*) Geplanter Vergleich ("CONTRAST") HKR vs. NEE und HEOI
(Test für Varianzhomogenität: Bartlett-Box)

Negative Kategorien

In den negativen KPI-Häufigkeiten unterscheiden sich die Patienten - wie schon die Angehörigen - stärker: "Kritik" wird in der HKR-Gruppe doppelt so oft geäußert wie in der NEE-Gruppe; in der HEOI-Gruppe kommt sie mit Abstand am wenigstens vor. Dieser signifikante Unterschied gilt auch für die Subkategorie "spezifische Kritik". Ebenfalls signifikant sind die Unterschiede bei den Kategorien "Negative Lösung" und "Nicht-Übereinstimmung": "Negative Lösung" ist bei HKR-Patienten doppelt so häufig wie bei NEE-Patienten; bei HEOI-Patienten kommt sie gar nicht vor. "Nicht-Übereinstimmung" wird besonders selten von der HEOI-Gruppe geäußert, und die häufigere Verwendung dieser Kategorie durch die HKR-Patienten gegenüber den NEE-Patienten ist nur tendenziell (10 % Irrtumswahrscheinlichkeit) zu erkennen. "Rechtfertigungen" sind bei Patienten in HKR-Familien zwar doppelt so oft wie bei den anderen, statistische Signifikanz ist hier jedoch nicht gegeben. Nonverbal verhalten sich die HKR-Patienten deutlich negativer als die anderen, und zwar besteht dieser signifikante Unterschied sowohl gegenüber der NEE- als auch gegenüber der HEOI-Gruppe.

Neutrale Kategorien

Weder verbal noch nonverbal sind signifikante Unterschiede der neutralen Kategorien vorhanden. "Problembeschreibung" ist fast gleich verteilt, "Metakommunikation" ebenso, und im nonverbal neutralen Verhalten gibt es zwar die häufigsten Kodierungen bei der NEE-Gruppe, jedoch nicht signifikant unterschieden von den beiden anderen Gruppen. In Abbildung 9.2 sind die signifikanten Gruppenunterschiede graphisch dargestellt.

Wie schon beim Interaktionsverhalten der Angehörigen gelten auch bei den Patienten die Unterschiede der HKR-Gruppe gegenüber den beiden anderen Gruppen. Aus dem geplanten Vergleich ist zu erkennen, daß sich die Unterschiede zwischen den drei Gruppen auf Unterschiede der HKR-Gruppe beziehen, die sowohl gegenüber der NEE- als auch gegenüber der HEOI-Gruppe bestehen. Eine Ausnahme ist das nonverbal positive Verhalten der HEOI-Patienten, und bei "Nicht-Übereinstimmungen" besteht der Unterschied nur tendenziell.

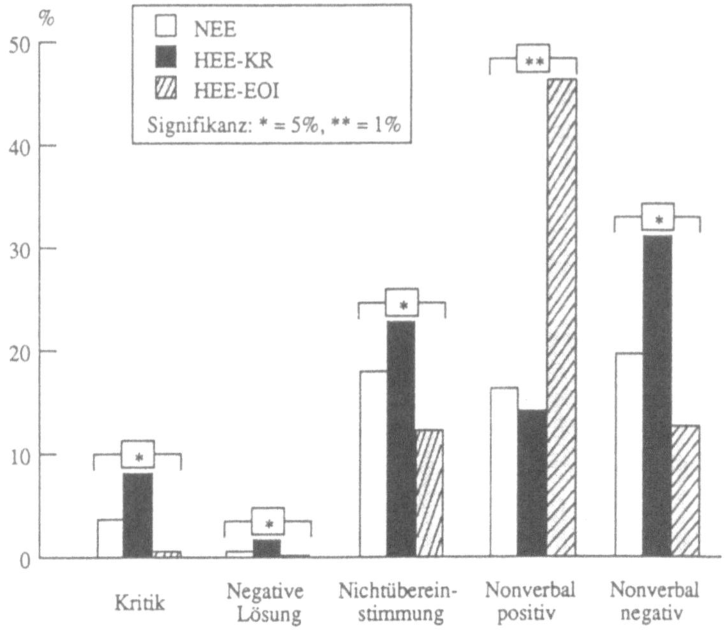

Abbildung 9.2: Familiäre Interaktion in NEE-, HKR- und HEOI-Familien; Patientenverhalten

Ein direkter Vergleich der beiden Gruppen, die sich am stärksten voneinander unterscheiden - nämlich Patienten in NEE-Familien und Patienten in HKR-Familien -, der mit dem T-Test durchgeführt wurde, führt dazu, daß die häufigere Verwendung der Kategorie "Positive Lösung" bei Patienten in NEE-Familien und die häufigere Verwendung der Kategorie "Rechtfertigung" bei Patienten in HKR-Familien auf dem 5%-Niveau nahezu signifikant ist (p=0,055 und p=0,057) (Tabelle 9.4).

Um Fehlinterpretationen zu vermeiden, wurden auch diese Mittelwertsunterschiede zusätzlich nichtparametrisch auf Signifikanz geprüft. Die Werte des Mann-Whitney-U-Tests sind im Anhang, Tabelle A 7, enthalten.

Tabelle 9.4: Mittelwerte und Standardabweichungen der KPI-Kategorien für <u>Patienten</u> in NEE- und HKR-Familien (N = 36)

KPI-Kategorie		Pat. in NEE-Fam N = 20	Pat. in HKR-Fam N = 16	t	p df: 2/34
Selbstöffnung	M	6,7	6,4	0,18	0,427
	SD	4,6	3,7		
Positive Lösung	M	2,4	1,2	1,99	0,055
	SD	1,9	1,6		
Akzeptanz	M	0,9	0,4	0,97	0,343
	SD	1,9	0,6		
Zustimmung	M	23,9	15,6	1,70	0,098
	SD	16,6	11,3		
Problem-beschreibung	M	28,6	27,2	0,40	0,689
	SD	8,9	11,8		
Metakommunikation	M	1,1	1,2	0,20	0,840
	SD	1,4	1,2		
Kritik	M	4,0	8,2	2,01	0,026
	SD	5,4	7,3		
spezif. Krtik	M	3,6	7,6	2,11	0,021
	SD	5,0	6,3		
abwert. Kritik	M	0,4	0,6	0,60	0,276
	SD	1,0	1,4		
Negative Lösung	M	0,7	1,8	2,04	0,027
	SD	1,1	2,0		
Rechtfertigung	M	1,4	2,9	1,64	0,057
	SD	1,7	3,4		
Nicht-Übereinstimmung	M	17,6	22,3	1,37	0,089
	SD	10,4	10,3		
Nonverbal pos.	M	16,7	14,3	0,40	0,345
	SD	16,9	18,6		
Nonverbal neg.	M	19,7	31,5	1,80	0,041
	SD	17,5	21,4		
Nonverbal neutr.	M	63,6	54,2	1,25	0,220
	SD	22,5	21,6		

9.1.3 Zusammenfassung der KPI-Häufigkeitsanalyse für Angehörige und Patienten in den Schizophrenie-Familien

Angehörige mit dem HEE-Status auf der Skala "Kritische Haltung" äußern sich in der realen Interaktion mit dem schizophrenen Familienmitglied häufiger als NEE- oder HEOI-Angehörige in den für die Kommunikation ungünstigen Kategorien "Kritik", "Negative Lösung", "Rechtfertigung" und "Nichtübereinstimmung". Insgesamt machen diese 4 Kategorien bei HKR-Angehörigen 36 % ihrer Interaktionsbeiträge aus; bei NEE-Angehörigen sind es 19,9 % und bei HEOI-Angehörigen 16,7 %. Ihr nonverbaler Ausdruck während der Interaktion ist ebenfalls negativer. 26,8 % der Äußerungen wurden als nonverbal negativ kodiert im Vergleich zu 15 % bei den NEE-Angehörigen und 18,5 % bei den HEOI-Angehörigen.

Patienten in HKR-Familien drücken sich gegenüber ihren Angehörigen häufiger in den Kategorien "Kritik" und "Negative Lösung" sowie - tendenziell - in den Kategorien "Nichtübereinstimmung" und "Rechtfertigung" aus. Bei den Patienten machen diese 4 Kategorien insgesamt 35,2 % ihrer Interaktionsbeiträge aus gegenüber 23,7 % bei den Patienten in NEE-Familien und 14,0 % bei Patienten in HEOI-Familien. 31,5 % ihrer Äußerungen wurden als nonverbal negativ kodiert gegenüber 19,7 % bei den Patienten in NEE-Familien und 12,3 % bei Patienten in HEOI-Familien.

Signifikant größere Kommunikationsanteile der positiven Kategorien ergeben sich aus dem Vergleich der drei Gruppen für die NEE-Angehörigen nicht; in der Kategorie "Zustimmung" weisen die HEOI-Angehörigen einen höheren Anteil als die anderen beiden Gruppen auf. Stellt man die HKR-Angehörigen direkt den NEE-Angehörigen gegenüber, ohne Berücksichtigung der HEOI-Angehörigen, so ist der Anteil der Kategorie "Akzeptanz" bei den NEE-Angehörigen signifikant größer. Die Summe der positiven Kategorien "Selbstöffnung", "Positive Lösung", "Akzeptanz" und "Zustimmung" beträgt bei NEE-Angehörigen 22,4 %, bei HKR-Angehörigen 18,5 % und bei HEOI-Angehörigen 28,4 %, wobei dies bei den HEOI-Angehörigen mit 21,5 % zum überwiegenden Teil "Zustimmungen" sind.

Die Patienten mit HEOI-Angehörigen zeigen ein deutlich positiveres nonverbales Interaktionsverhalten als die anderen Patienten; es handelt sich jedoch um eine kleine Gruppe von 6 Patienten gegenüber 20 und 16 Patienten in den beiden anderen Gruppen. In den positiven Verbalkategorien sind keine wesentlichen Unterschiede festzustellen, mit Ausnahme der Tendenz ($p = 0{,}055$) zu einem höheren Anteil an "Positiven Lösungen" bei Patienten in NEE-Familien. Anteilig betragen die positiven Verbalkategorien "Selbstöffnung", "Positive Lösung", "Akzeptanz" und "Zustimmung" bei Patienten in NEE-Familien 33,9 %, bei Patienten in HKR-Familien 23,6 % und in HEOI-Familien 38,8 %.

Die <u>neutrale</u> Kategorie "Problembeschreibung" macht mit 47,3 % bei NEE-Angehörigen einen signifikant größeren Anteil aus als bei den anderen Angehörigen (36,8 % und 37,1 %). Bei den Patienten zeigt sich ein solcher Unterschied nicht.

In Tabelle 9.5 sind die Anteile an positiven, negativen und neutralen KPI-Kategorien für Angehörige und Patienten noch einmal zusammengefaßt, bei denen sich die Häufigkeiten signifikant unterscheiden; es wurden auch die berichteten tendenziellen Unterschiede einzelner Kategorien mit einer Irrtumswahrscheinlichkeit von 10 % in die Tabelle einbezogen.

Tabelle 9.5: Übersicht über die KPI-Kategorien, die in NEE-, HKR- und HEOI-Familien am häufigsten auftreten

	NEE-Familien		HKR-Familien		HEOI-Familien	
	Ang.	Pat.	Ang.	Pat.	Ang.	Pat.
Positive Verbalkategorien	AK	PL			ZU	
Negative Verbalkategorien			KR,NL RF,NU	KR,NL RF,NU		
Neutrale Verbalkategorien	PB					
Nonverbales Verhalten	NV-pos		NV-neg	NV-neg		NV-pos

9.1.4 Beantwortung der Fragen 1 und 2

Zu den ersten beiden Fragen läßt sich aufgrund der Häufigkeitsanalysen wie folgt Stellung nehmen:

Die Frage 1 lautete: Welche Interaktionsformen der <u>Angehörigen</u> sind mit dem EE-Status verbunden?

a) Die erwarteten Unterschiede haben sich bei den HKR-Angehörigen deutlich gezeigt, und die Hypothese bestätigt sich, daß Angehörige, die auf der EE-Skala "Kritische Haltung" als HEE eingestuft wurden, ein negativeres Kommunikations- und Problemlöseverhalten zeigen als NEE- oder HEOI-Angehörige. Dies drückt sich in den Verbalkategorien "Kritik", "Negative Lösung", "Nicht-Übereinstimmung" und "Rechtfertigung", die häufiger beobachtet wurden, sowie einem nonverbal negativeren Verhalten aus.

b) Das Interaktionsverhalten der NEE-Angehörigen läßt sich nicht in der vermuteten Weise bestätigen. Von den 4 Kategorien "Selbstöffnung", "Positive Lösung", "Akzeptanz" und "Zustimmung", die zu einer positiven Kommunikation und Problemlösung gehören, ist allein die Kategorie "Akzeptanz" bei NEE-Angehörigen häufiger zu beobachten als bei HKR-Angehörigen. Ein deutlicher Unterschied innerhalb der positiven Verbalkategorien ist für "Zustimmung" bei HEOI-Angehörigen festzustellen; auf diesen Unterschied bezieht sich die Hypothese jedoch nicht, und die Beobachtung bedarf einer eigenen Erklärung. Die für die NEE-Angehörigen erwarteten positiveren Kommunikationsanteile werden offenbar durch <u>neutralere</u> Beiträge (zum Beispiel sachliche Problembeschreibungen) ersetzt.

Die Frage 2 lautete: Welche Interaktionsformen der <u>Patienten</u> hängen mit dem EE-Status der Angehörigen zusammen?

a) Die vermuteten Unterschiede im Patientenverhalten sind besonders in Form der Kategorien "Kritik", "Negative Lösung" und eines negativen nonverbalen Verhaltens vorhanden; für "Nicht-Übereinstimmungen" und "Rechtfertigungen" treffen sie tendenziell (mit einer Irrtumswahrscheinlichkeit von 10 %) zu, so daß insgesamt die Hypothese als bestätigt gelten kann, daß in HKR-Familien nicht nur bei den Angehörigen, sondern auch bei den Patienten ein negativerer Interaktionsstil beobachtet wird.

b) Positivere Kommunikationsformen der Patienten in NEE-Familien lassen sich in der vermuteten Weise ebensowenig bestätigen wie für NEE-Angehörige. Mit Ausnahme einer größeren Tendenz zu "Positiven Lösungsvorschlägen" kommen die positiven KPI-Kategorien bei Patienten in NEE-Familien nicht häufiger vor als bei den anderen.

Die vier Detailfragen müssen zusammengefaßt dahingehend beantwortet werden, daß in HKR-Familien ein höherer Anteil an negativen Interaktionsbeiträgen besteht; dies gilt sowohl für die Angehörigen als auch für die Patienten. Jedoch stehen diesen ungünstigen Kommunikationsformen nicht die erwarteten positiveren Kommunikationsformen in den NEE-Familien gegenüber; hier lassen sich nur geringfügige Unterschiede erkennen. Einen Teil der Interaktion machen offenbar bei den NEE-<u>Angehörigen</u> neutrale Beiträge aus; bei den <u>Patienten</u> dieser Gruppe lassen sich mit Hilfe der Häufigkeitsanalysen keine deutlichen Alternativen zum Verhalten der Patienten in HKR-Familien erkennen. Wie das Interaktionsverhalten der Angehörigen und der Patienten in den einzelnen Gruppen miteinander zusammenhängt, geht aus den Häufigkeitsanalysen nicht hervor. Dieser Frage soll im Abschnitt 9.2 der Ergebnisse nachgegangen werden.

9.1.5 Interkultureller Vergleich der KPI-Häufigkeitsanalyse

Die Gegenüberstellung der hier beobachteten KPI-Häufigkeiten und der Ergebnisse der Untersuchung von Hahlweg et al. (1989) in USA läßt folgende Übereinstimmungen und Diskrepanzen erkennen:

a) Interaktionsverhalten der <u>Angehörigen</u>:

Übereinstimmende Ergebnisse:
In beiden Untersuchungen sind Äußerungen der Kategorie "Akzeptanz" bei NEE-Angehörigen häufiger als bei HKR-Angehörigen, obwohl diese Kategorie in beiden Gruppen in der BRD wesentlich seltener kodiert wurde als in den USA.

Für "Kritik" ergaben sich in der Subkategorie "spezifische Kritik" sehr ähnliche Mittelwerte in beiden Untersuchungen, wobei jeweils ein hochsignifikant höherer Anteil bei den HKR-Angehörigen vorhanden ist. Dieser Unterschied ist für die Subkategorie "abwertende Kritik" in der BRD kleiner als in USA, wo diese Kategorie häufiger kodiert wurde. "Negative Lösungen" wurden in der BRD häufiger beobachtet als in USA, jedoch besteht ein signifikanter Unterschied zwischen den EE-Gruppen in beiden Studien, und das Verhältnis der Mittelwerte der einen Gruppe zur anderen ist etwa dasselbe.

Ein nonverbal negativeres Verhalten zeigen in beiden Untersuchungen die HKR-Angehörigen; in USA ist dieser Unterschied wesentlich größer als in der BRD, denn ein nonverbal negatives Verhalten wurde dort für NEE-Angehörige seltener und für HKR-Angehörige häufiger kodiert als in der BRD.

Diskrepante Ergebnisse:
"Positive Lösungen" wurden in USA für HKR-Angehörige sehr selten kodiert und für NEE-Angehörige wesentlich öfter. Ein solcher Unterschied ist in der BRD nicht festzustellen; vielmehr wurde diese Kategorie sowohl bei HKR-Angehörigen als auch bei NEE-Angehörigen häufiger beobachtet als in der amerikanischen Studie. "Rechtfertigungen" sind in der BRD bei HKR-Angehörigen häufiger; dies ist in USA, wo diese Kategorie seltener kodiert wurde, nicht der Fall. Dasselbe gilt für die Kategorie "Nicht-Übereinstimmung".

Nonverbal wurde das Verhalten der Angehörigen in USA öfter als "positiv" beurteilt als in der BRD, und zwar bei NEE-Angehörigen signifikant häufiger als bei HKR-Angehörigen; zwischen den beiden Gruppen läßt sich dieser Unterschied in der BRD nur als Tendenz mit 10 %iger Irrtumswahrscheinlichkeit erkennen.

Ein weiteres Ergebnis dieser Untersuchung, das aus der amerikanischen Studie nicht hervorgeht, besteht in den häufigeren "Problembeschreibungen" der NEE-Angehörigen gegenüber den HKR-Angehörigen; in USA wurde diese Kategorie in beiden EE-Gruppen öfter kodiert.

In Tabelle 9.6 und Abbildung 9.3 sind die Ergebnisse aus beiden Untersuchungen gegenübergestellt.

Tabelle 9.6: Interkultureller Vergleich: Mittelwerte und Standardabweichungen der signifikant unterschiedlichen KPI-Häufigkeiten bei NEE- und HKR-Angehörigen von schizophrenen Patienten in USA und in der BRD

		USA		BRD	
		NEE-Ang. N = 42	HKR-Ang. N = 13	NEE-Ang. N = 36	HKR-Ang. N = 22
Positive Lösung	M	1,9 *	0,4	2,6	2,3
	SD	1,8	0,5	2,9	2,2
Akzeptanz	M	7,1 *	2,2	1,2 *	0,4
	SD	7,0	4,0	1,5	1,1
Problembeschreibung	M	59,9	49,0	47,3 **	36,8
	SD	13,3	10,6	14,7	11,2
Spezifische Kritik	M	3,5	11,7 **	3,2	8,6 **
	SD	4,6	5,6	4,6	8,0
Abwertende Kritik	M	0,1	5,5 **	0,1	0,9 +
	SD	0,5	6,5	0,4	2,3
Negative Lösung	M	0,2	0,7 *	2,1	4,7 **
	SD	0,5	1,1	3,9	4,0
Rechtfertigung	M	0,5	0,7	1,0	2,4 *
	SD	1,2	4,5	1,6	2,7
Nicht-Übereinstimmung	M	6,6	10,2	13,4	19,3 *
	SD	4,6	12,3	9,4	8,4
Nonverbal positiv	M	34,5 *	11,4	23,1 +	15,9
	SD	27,2	25,3	21,1	18,6
Nonverbal negativ	M	4,5	35,8 **	15,0	26,8 *
	SD	8,0	31,1	16,8	21,4

Signifikanz: + = 10 %
* = 5 %
** = 1 %

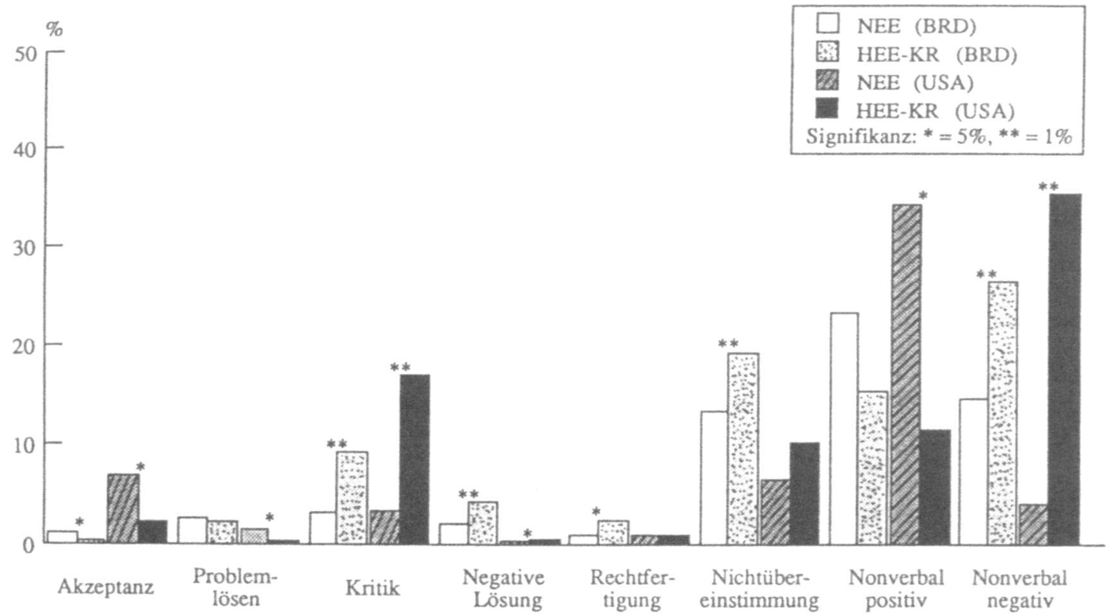

Abbildung 9.3: Interkultureller Vergleich: Familiäre Interaktion in Abhängigkeit vom EE-Status; Angehörigenverhalten

b) Interaktionsverhalten der Patienten

Übereinstimmende Ergebnisse:
Die Mittelwertsunterschiede der KPI-Häufigkeiten bei den Patienten in der BRD beziehen sich - bis auf eine Ausnahme - auf dieselben Kategorien, für die auch in USA Gruppenunterschiede bestanden: "Positive Lösungen" sind häufiger bei Patienten in NEE-Familien (10 % Irrtumswahrscheinlichkeit in beiden Untersuchungen). "Kritik" wird von Patienten in HKR-Familien in beiden Ländern häufiger geäußert; der Anteil von "Kritik" an den gesamten Interaktionsbeiträgen ist in der BRD größer als in USA. "Rechtfertigungen" wurden bei den Patienten in HKR-Familien in USA sehr viel öfter beobachtet als bei Patienten in NEE-Familien; in der BRD kam diese Kategorie nicht so oft vor, jedoch auch mit einem tendenziellen Übergewicht bei den HKR-Patienten. "Nicht-Übereinstimmungen" sind in der BRD sowohl bei Patienten in NEE- als auch bei Patienten in HKR-Familien häufiger als in USA, so daß der deutliche Gruppenunterschied in USA in der BRD nur mit einer 10 %igen Irrtumswahrscheinlichkeit besteht.

Das nonverbale Verhalten wurde in USA und in der BRD fast genauso oft als "negativ" beurteilt, und zwar deutlich negativer bei den Patienten in HKR-Familien; insgesamt wurde in der BRD jedoch auch das nonverbale Verhalten der Patienten in NEE-Familien häufiger als "negtiv" beurteilt als in USA.

Diskrepante Ergebnisse:
Bei "Negativen Lösungen" unterscheiden sich die Patienten in der BRD in der Weise, daß sich Patienten in HKR-Familien öfter in dieser Kategorie äußern als Patienten in NEE-Familien. In USA, wo sich dieser Unterschied nicht ergab, wurde diese Kategorie seltener beobachtet.

Das Interaktionsverhalten der Patienten in beiden Untersuchungen wird in Tabelle 9.7 und Abbildung 9.4 gegenübergestellt.

Tabelle 9.7: Interkultureller Vergleich: Mittelwerte und Standardabweichungen der signifikant unterschiedlichen KPI-Häufigkeiten bei schizophrenen Patienten in NEE- und HKR-Familien in USA und in der BRD

		USA		BRD	
		Patienten in NEE-Fam. N = 24	HKR-Fam. N = 11	Patienten in NEE-Fam. N = 20	HKR-Fam. N = 16
Positive Lösung	M	1,4 +	0,5	2,4 +	1,2
	SD	1,9	0,8	1,9	1,6
Kritik	M	1,2	5,1 +	4,0	8,2 *
	SD	3,3	7,0	5,4	7,3
Negative Lösung	M	0,1	0,3	0,7	1,8 *
	SD	0,2	0,7	1,1	2,0
Rechtfertigung	M	0,7	4,0 **	1,4	2,9 +
	SD	1,2	4,5	1,7	3,4
Nicht-Übereinstimmung	M	9,8	16,6 **	17,6	22,3 +
	SD	4,6	9,1	10,4	10,3
Nonverbal negativ	M	12,6	33,7 *	19,7	31,5 *
	SD	20,2	29,4	17,5	21,4

Signifikanz: + = 10 %
* = 5 %
** = 1 %

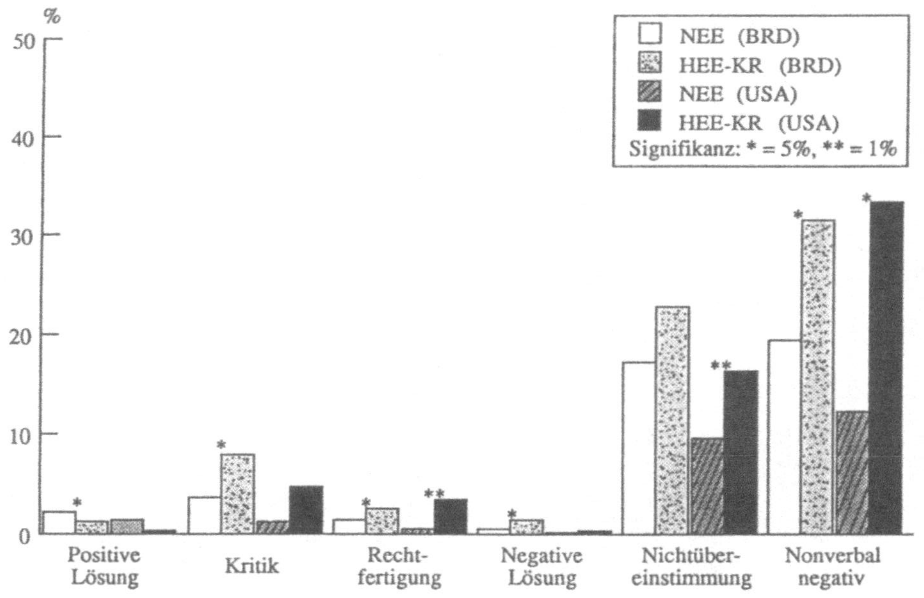

Abbildung 9.4: Interkultureller Vergleich: Familiäre Interaktion in Abhängigkeit vom EE-Status der Familie; Patientenverhalten

9.2 Interaktionsprozesse in NEE-, HKR- und HEOI-Familien: Sequenzanalysen (Frage 3)

Aus der bisherigen Häufigkeitsanalyse geht hervor, wie stark die Verhaltensmuster bei den einzelnen Gruppen ausgeprägt sind. Interaktion wird als zirkulärer Prozeß verstanden, in dem das Verhalten der Familienmitgieder einer wechselseitigen Steuerung unterliegt (vgl. Abschnitt 9.2.3). Der Prozeßcharakter der Interaktion impliziert, daß bestimmte Interaktionsbeiträge des einen Partners bestimmte Interaktionsbeiträge des anderen Partners wahrscheinlicher werden lassen. Für den konkreten Fall des negativeren Verhaltens von Angehörigen und Patienten in HKR-Familien, wie es sich in der Häufigkeitsanalyse gezeigt hat, würde dies bedeuten, daß sich die negativen Äußerungen gegenseitig bedingen. Um derartige Kontingenzen zu ermitteln, müssen die Interaktionsbeiträge der Patienten und die Interaktionsbeiträge der Angehörigen als aufeinander folgende <u>Sequenz</u> untersucht werden, und zwar als Reaktionsmuster, die tatsächlich während der Interaktion aufgetreten sind.

Revenstorf et al. (1980b) entwickelten zur Identifizierung von Sequenzmustern die sogenannte N-Gramm-Analyse. Dabei wird ausgezählt, wie oft auf die Äußerung des einen Partners (zum Beispiel "Kritik") eine bestimmte Äußerung des anderen Partners (zum Beispiel "Rechtfertigung") folgt. Nach demselben Prinzip wird auch die Häufigkeit längerer Sequenzen berechnet; zum Beispiel:

2-Gramm: SO→PB, PB→KR, KR→RF...
3-Gramm: SO/PB→KR, PB/KR→RF, KR/RF→NU...
4-Gramm: SO/PB/KR→RF, PB/KR/RF→NU, KR/RF/NU→SO...
5-Gramm: SO/PB/KR/RF→NU, PB/KR/RF/NU→SO...

Für jede dieser Sequenzen werden die bedingten Wahrscheinlichkeiten ermittelt; zum Beispiel: 2-Gramm: p (PB/SO); 3-Gramm: p (KR/SO,PB) usw. Sie gelten als Maß für die Kontingenz der Sequenzen. Ein z-Wert gibt an, ob die Wahrscheinlichkeit für die Sequenzfolge statistisch überzufällig größer als für eine andere Folge ist.

Das Verfahren ermittelt Kontingenzen der Kommunikation zwischen <u>zwei</u> Gesprächspartnern (Partner A und Partner B). Die vorliegende Untersuchung analysiert Interaktionen, die zwischen schizophrenen Patienten und ihren Angehörigen ablaufen; Partner A ist der Patient, und Partner B ist "ein Angehöriger". Bei Familien, in denen die Interaktion zwischen dem Patienten und zwei Angehörigen stattfand, sind beide Angehörige "Partner B". Die Analyse ist deshalb mit der Einschränkung verbunden, daß Interaktionssequenzen in Dyaden und in Triaden nicht unterschieden werden und Unterschiede, die sich aus dem unterschiedlichen Familienstatus des Familienmitglieds (zum Beispiel Vater oder Mutter) ergeben, nicht berücksichtigt werden.

Wie schon erwähnt (vgl. Abschnitt 8.2.3), erfordert die Anwendung der N-Gramm-Analyse eine starke Reduzierung des Kategoriensystems, wenn längere Sequenzen beobachtet werden sollen. Eine solche Reduzierung wurde nach inhaltlichen Gesichtspunkten in zwei Schritten vorgenommen (Abschnitt 8.2.3). In der sequentiellen Analyse ist darüber hinaus auch die Kategorie "Zuhören" (ZH) ein Bestandteil der Sequenz und steht in funktionalem Zusammenhang mit den Sprecheräußerungen. "Zuhören" zusammen mit der nonverbalen Kodierung "negativ" (ZH-2) wurde "Ablehnung" zugeordnet; "Zuhören" zusammen mit nonverbal positivem oder neutralem Verhalten (ZH-1 und ZH-3) wurde "Akzeptanz und Zustimmung" zugeordnet.

Reduktion I

Direkter Ausdruck (DA)
Akzeptanz und Zustimmung (AZ)
Kritik (KR)
Ablehnung (AL)
Sachlich-neutrale Problembeschreibung (NP)
(Restkategorie / RK)

Reduktion II

Positive Kommunikation (PK)
Negative Kommunikation (NK)
Sachlich-neutrale Problembeschreibung (NP)

9.2.1 Analyse der Übergangswahrscheinlichkeiten

Zur Berechnung von Kontingenzen zwischen den Äußerungen wurde die KPI-Reduktion I verwendet, die aus je zwei Formen positiver Kommunikation (DA und AZ) und negativer Kommunikation (KR und AL) sowie einer neutralen Form (NP) besteht. Mit dem Programm SEQANA wurden die absoluten (N) und relativen Häufigkeiten (Grundrate) der Oberkategorien sowie die bedingten Wahrscheinlichkeiten (Übergangswahrscheinlichkeiten) von je 2 Oberkategorien, getrennt nach NEE-, HKR- und HEOI-Familien, berechnet. Tabelle 9.8 zeigt das Ergebnis der Analyse, und zwar sind diejenigen Übergangswahrscheinlichkeiten der Kategorien vom Zeitpunkt t zum Zeitpunkt t + 1 aufgeführt, deren z-Wert bei mindestens 1.96 liegt, die also auf dem 5 %-Niveau signifikant sind.

Die überzufälligen Wahrscheinlichkeiten ($z > 1.96$), die mit (+) gekennzeichnet sind, sagen aus, daß diese Folgereaktion wahrscheinlicher ist, während ein (-) besagt, daß diese Folgereaktion signifikant <u>un</u>wahrscheinlicher ist. Für die Ergebnisse in Tabelle 9.8 bedeutet dies:

Auf <u>direkten Ausdruck</u> (DA) folgen eher akzeptierende und zustimmende (AZ) als ablehnende (AL) Äußerungen; neutrale Äußerungen (NP) sind unwahrscheinlich. <u>Akzeptierende/zustimmende</u> Äußerungen werden mit größter Wahrscheinlichkeit von neutralem und zum Teil auch von direktem Ausdruck gefolgt; unwahrscheinlich sind sowohl ablehnende als auch zustimmende Äußerungen. Umgekehrt werden <u>neutrale Problembeschreibungen</u> am häufigsten von zustimmenden/akzeptierenden Äußerungen gefolgt. <u>Kritik</u> wird in erster Linie mit Ablehnung beantwortet. Hier bildet die HEOI-Gruppe eine Ausnahme: sie reagiert auf kritisierende Äußerungen nicht mit derselben Wahrscheinlichkeit wie die anderen mit "Ablehnung"; vielmehr zeigt diese Gruppe eine größere Bereitschaft, auf "Kritik" mit Zustimmung und Akzeptanz zu reagieren (aus den Häufigkeitsanalysen ging bereits ein besonders hoher Anteil an "Zustimmung" bei den HEOI-Familien hervor). Auf <u>Ablehnung</u> folgt mit einiger Wahrscheinlichkeit (22 - 30 %) ebenfalls Ablehnung sowie Kritik; letzteres jedoch wiederum nicht bei den HEOI-Familien. Zustimmende/akzeptierende Äußerungen wie auch neutrale Äußerungen sind unwahrscheinlich. Zu den beiden Oberkategorien AZ und NP ist zu sagen, daß die absoluten Häufigkeiten (bei AZ vor allem "Zustimmung" und bei NP vor allem "Problem-

Tabelle 9.8: Kontingenzen: Grundraten und bedingte Wahrscheinlichkeiten der KPI-Kategorien (Reduktion I) in NEE-, HKR- und HEOI-Familien

Zeitpunkt t	Zeitpunkt t + 1 DA			AZ			KR			AL			NP		
	HKR	HEOI	NEE	HKR	HEOI	NEE	HKR	HEOI	NEE	HKR	HEOI	NEE	HKR	HEOI	NEE
DA	-	-	-	33++	65+++	36+	-	-	-	25	13	21+	18--	10--	22--
AZ	10++	10++	10++	16--	19--	23-	11	03+	08	15---	09--	11---	42+++	53+++	46+++
KR	-	-	-	19-	50+	27	09	-	-	45+++	-	38+++	15---	-	14--
AL	05	05	08	17--	28-	24--	16+++	-	07++	30++	22++	27++	26-	27-	25--
NP	03--	02--	05--	34+++	49+++	40+++	05---	-	02--	24	13	16	26-	19---	26--
Grundrate	05	05	08	23	34	29	10	02	04	25	13	17	28	35	32
N	322	96	397	1258	627	1524	548	32	216	1371	239	895	1560	642	1681

(z) 1.96 - 3.0 = +/-
3.1 - 5.9 = ++/--
6 = +++/---

beschreibung") bereits wesentlich größer sind als die der anderen Oberkategorien, so daß hier natürlich auch die Wahrscheinlichkeit für das Aufeinanderfolgen wächst.

Ein Vergleich der EE-Gruppen untereinander führt zu nur wenigen Unterschieden. Es fällt auf, daß in HEOI-Familien etwas andere Reaktionstendenzen bestehen als in HKR- oder NEE-Familien: Auf "direkten Ausdruck" wie auch auf "Kritik" antworten diese Familienmitglieder mit größerer Wahrscheinlichkeit als die anderen mit "Zustimmung", während in HKR-Familien Zustimmung als Folge auf Kritik signifikant unwahrscheinlich ist. Der hohe Anteil an "Zustimmung" in der HEOI-Gruppe erzeugt hier möglicherweise ein Artefakt. Inhaltlich bedeutsam scheint jedoch zu sein, daß die in NEE- und HKR-Familien bestehende Kontingenz zwischen KR und AL für HEOI-Familien nicht gilt.

Insgesamt lassen sich deutliche Reaktionstendenzen erkennen, auf positive Interaktionsformen positiv und auf negative Interaktionsformen negativ zu antworten.

9.2.2 Verlaufsformen der Interaktion in NEE-, HKR- und HEOI-Familien

Längere Sequenzen des Interaktionsprozesses lassen sich als "Wahrscheinlichkeitsbäume" beschreiben. Ausgehend von einer Kriteriumskategorie werden aufgrund der Übergangswahrscheinlichkeiten Gesprächsabläufe auf dem oben beschriebenen Wege ermittelt. Die Gesprächsverläufe wurden getrennt nach verbaler und nonverbaler Interaktion analysiert. Für die Verbalkategorien war wegen der benötigten großen Datenmenge die Zusammenfassung zu positiver, negativer und neutraler Kommunikation (KPI-Reduktion II) erforderlich. In den Abbildungen 9.5 bis 9.9 sind Wahrscheinlichkeitsbäume dargestellt, die für die EE-Gruppen unterschiedliche Prozesse beschreiben. Aufgeführt sind Wahrscheinlichkeiten, die über $p = 0,20$ liegen, und zwar bei $p = 0,20 - 0,49$ als gestrichelte Linie und ab $p > 0,50$ als durchgehende Linie.

a) Verbal positiv beginnende Kommunikation

In NEE-Familien setzen sich Interaktionen, die von einem Familienmitglied mit einer positiven Äußerung begonnen wurden, entweder positiv (p = 0,34) oder neutral (p = 0,41) fort. In beiden Fällen verläuft die weitere Kommunikation in einem Wechsel zwischen positiven und neutralen Äußerungen. Ein negativer Verlauf entsteht nicht (Abbildung 9.5).

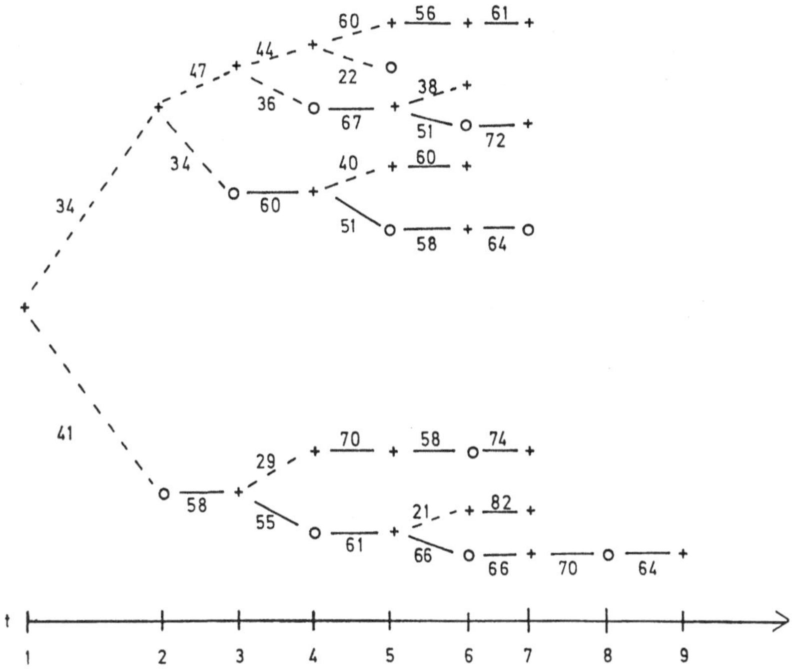

Abbildung 9.5: Wahrscheinlichkeitsbaum: Verbal positiv beginnende Interaktion in NEE-Familien

Ähnlich verlaufen Interaktionen in HEOI-Familien; die Übergangswahrscheinlichkeiten zur positiven oder neutralen Kommunikation von t-1 zu t-2 sind fast genauso groß wie bei den NEE-Familien, und die Kommunikation setzt sich positiv oder in positiv-neutralem Wechsel fort (Abbildung 9.6).

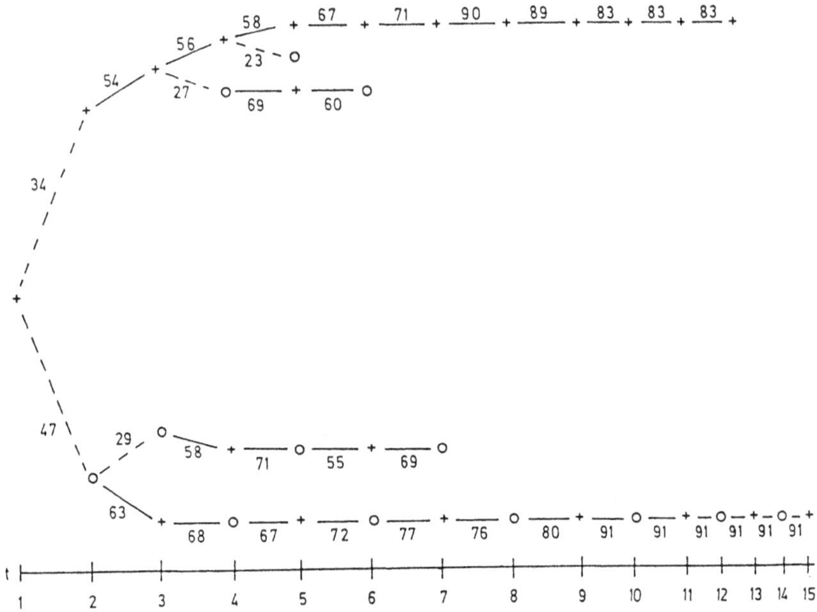

Abbildung 9.6: Wahrscheinlichkeitsbaum: Verbal positiv beginnende Interaktion in HEOI-Familien

In den HKR-Familien ist die Tendenz, eine positiv begonnene Interaktion positiv, neutral oder negativ fortzusetzen, etwa gleich groß; wird sie im ersten Übergang von t-1 zu t-2 positiv oder neutral erwidert, so verläuft sie - wie bei den anderen Familien - auch weiter im positiv-neutralen Stil. Wird sie jedoch negativ erwidert, was ebenso wahrscheinlich ist wie die positive Fortsetzung, so sind positive und negative Abläufe in gleichem Maße möglich (Abbildung 9.7).

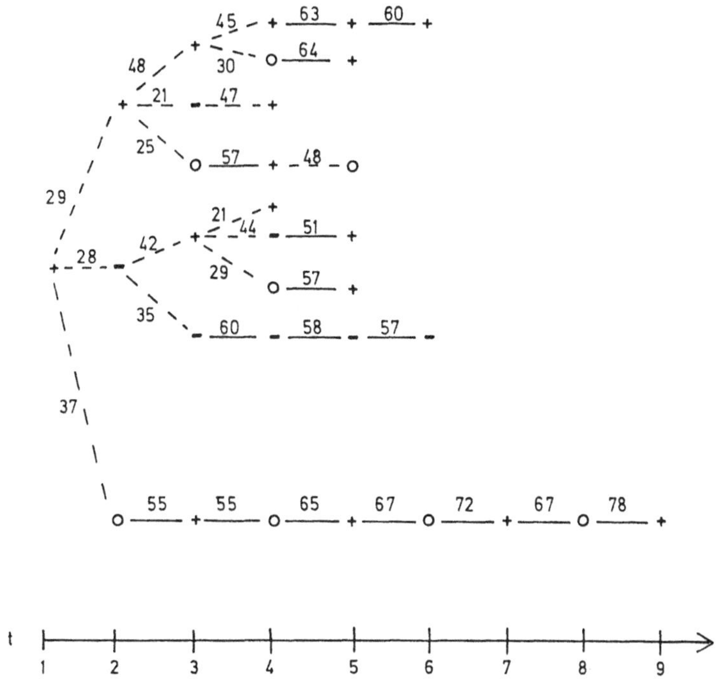

Abbildung 9.7: Wahrscheinlichkeitsbaum: Verbal positiv beginnende Interaktion in HKR-Familien

b) Verbal negativ beginnende Kommunikation

Beginnt in HKR-Familien ein Mitglied mit einer ungünstigen Kommunikationsform, so ist die Wahrscheinlichkeit für eine darauffolgende ungünstige Form der Äußerung mit fast 50 % doppelt so groß wie die Wahrscheinlichkeit für eine positive oder neutrale Reaktion. Kommt es zu einer positiven oder neutralen Reaktion, so sind im weiteren Verlauf positive und neutrale Abläufe wahrscheinlich. Kommt es jedoch - und dies ist sehr viel wahrscheinlicher - zu einer negativen Reaktion, so sind weitere negative Reaktionen auf längere Sequenzen hin "vorprogrammiert" (Abbildung 9.8).

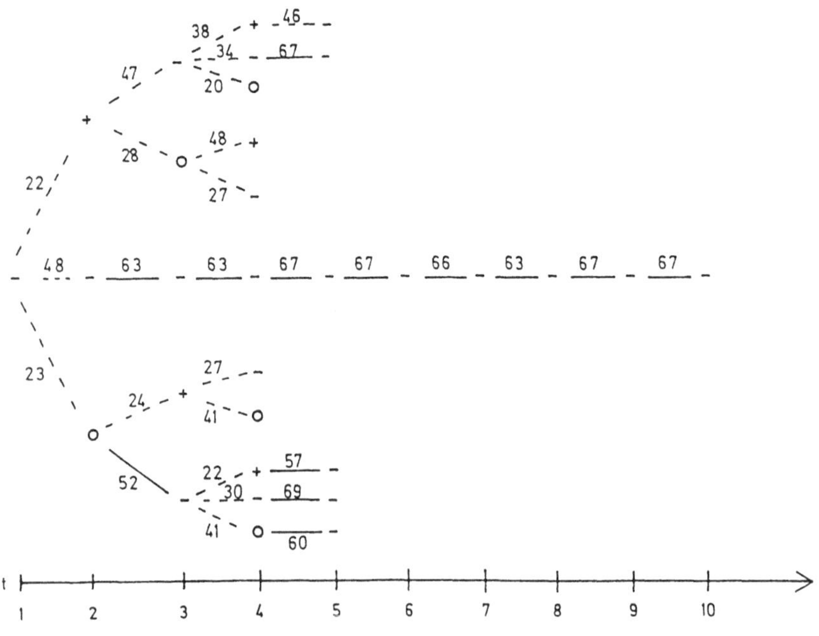

Abbildung 9.8: Wahrscheinlichkeitsbaum: Verbal negativ beginnende Interaktion in HKR-Familien

In NEE-Familien verteilen sich die Möglichkeiten anders: Auf eine negativ begonnene Interaktion folgen in etwa gleichem Maße negative, positive oder neutrale Äußerungen, die sich entsprechend gemischt fortsetzen. Erst bei einer nochmaligen negativen Äußerung zum Zeitpunkt t-3 führt dies zu einer durchgängig negativen Interaktion (Abbildung 9.9).

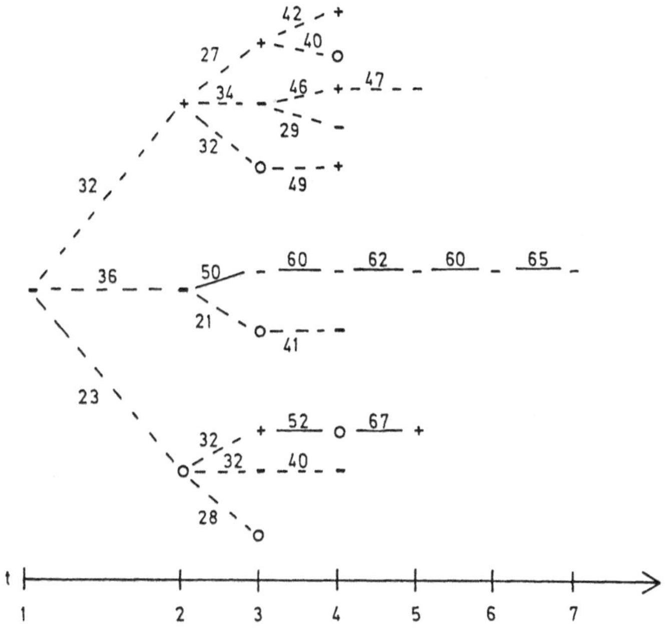

Abbildung 9.9: Wahrscheinlichkeitsbaum: Verbal negativ beginnende Interaktion in NEE-Familien

Die Verlaufsbeschreibungen deuten darauf hin, daß besonders die erste und zweite Reaktion die Richtung dafür angeben, ob der weitere Verlauf sich eher neutral/positiv oder eher negativ entwickelt. Für diese erste und zweite Reaktion besteht in HKR-Familien eine größere Tendenz zu ungünstigen Kommunikationsformen als in NEE-Familien.

9.2.3 Eskalierende Prozesse in NEE-, HKR- und HEOI-Familien

a) Deskriptive Analyse

Eine theoretische Grundannahme für den Zusammenhang zwischen dem emotionalen Klima (EE) und damit verbundenen Familieninteraktionen einerseits und dem Verlauf schizophrener Psychosen andererseits impliziert, daß ein HEE-Klima und ungünstige Kommunikationsformen für die Patienten belastende, streßerzeugende Funktion haben (vgl. Abschnitt 6). Die Untersuchung von Hahlweg et al. (1989) weist auf die Möglichkeit hin, daß ein derartiges, streßerzeugendes Moment in Interaktionen zwischen Patienten und Angehörigen liegen kann, die in negativer Form eskalieren, das heißt es entwickelt sich ein Aufschaukelungsprozeß, bei dem eine negative Äußerung die nächste bedingt und diese wiederum auf reziproke Weise eine weitere negative Äußerung zur Folge hat. Die Ergebnisse von Hahlweg et al. (1989) haben für HEE- und NEE-Familien unterschiedlich lange Ketten solcher Aufschaukelungsprozesse aufgezeigt, die in der vorliegenden Untersuchung überprüft wurden.

Als Eskalationen gelten Interaktionssequenzen, bei denen sich, ausgehend von einer Grundrate, dieselbe Kommunikationsform mit großer Wahrscheinlichkeit immer wiederholt, ohne von anderen Kommunikationsformen unterbrochen oder abgebrochen zu werden. Eine verbal negative Eskalation bedeutet also eine ununterbrochene Kette von abwechselnden Verbaläußerungen der Interaktionspartner, die alle der KPI-Reduktion "negative Kommunikation" zugeordnet wurden; dies gilt analog für positive und neutrale Eskalationen und ebenso für das nonverbale Verhalten. Diese Eskalationen wurden in NEE-Familien (N=19), HKR-Familien (N=16) und HEOI-Familien (N= 5), getrennt nach verbalen und nonverbalen Kategorien, analysiert, wobei den Daten der Verbalkategorien wiederum die KPI-Reduktion II zugrundeliegt. Zunächst wurden positive, negative und neutrale Eskalationen innerhalb der EE-Gruppen ermittelt und in deskriptiver Form miteinander verglichen. Diese eskalierenden Sequenzen sind in den Abbildungen 9.10 bis 9.13 dargestellt und folgendermaßen zu verstehen:

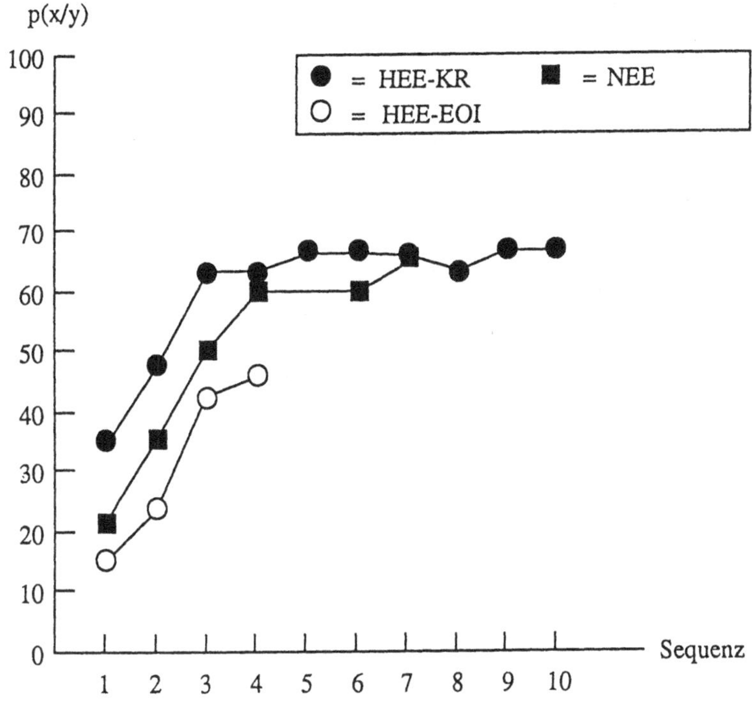

Abbildung 9.10: Verbal negative Eskalation in HKR-, HEOI- und NEE-Familien

Abbildung 9.10: Die bedingte Wahrscheinlichkeit (Grundrate) für eine negative Äußerung liegt in HKR-Familien bei p = 0,35; darauf folgt eine negative Äußerung mit 48 % Wahrscheinlichkeit, die nächste mit 63 % Wahrscheinlichkeit, die nächsten mit 63, 67, 67, 66, 63, 67 und 67 % bis zur 10. Sequenz. Dann folgt eine andere Reaktion. In NEE-Familien ist die Grundrate mit p = 0,21 niedriger; es folgen negative Äußerungen mit 36, 50, 60, 62, 60 und 65 % Wahrscheinlichkeit. Die Folge von negativen Äußerungen ist also mit 6 Sequenzen etwas kürzer. Noch etwas geringer ist die Grundrate für HEOI-Familien (p = 0,15), und die Eskalation hört hier bereits nach 4 Sequenzen auf.

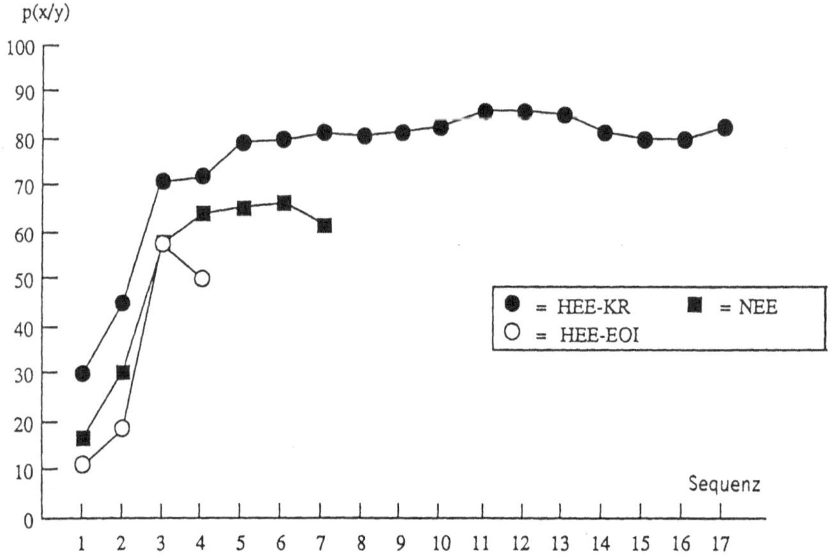

Abbildung 9.11: Nonverbal negative Eskalation in HKR-, HEOI- und NEE-Familien

Im nonverbal negativen Verhalten zeigt sich ein deutlicher Unterschied im Eskalationsprozeß der Gruppen (Abbildung 9.11): Mit einer Grundrate von 30 % Wahrscheinlichkeit wird von einem der Interaktionspartner in HKR-Familien nonverbal negatives Verhalten gezeigt; nach 4 weiteren nonverbal negativen Beiträgen wird mit 80-85 %iger Wahrscheinlichkeit die nonverbal negative Interaktion bis zu einer Länge von 17 Sequenzen fortgesetzt. Dagegen erreicht eine nonverbal negative Interaktion in NEE-Familien, beginnend mit einer niedrigeren Grundrate von p = 0,17, nach 3 Sequenzen eine Wahrscheinlichkeit von p = 0,64, mit der sie bis zur 7. Sequenz weitergeht und dann beendet ist. Ähnlich verläuft auch die Eskalation bei HEOI-Familien, die bereits nach 4 Elementen aufhört.

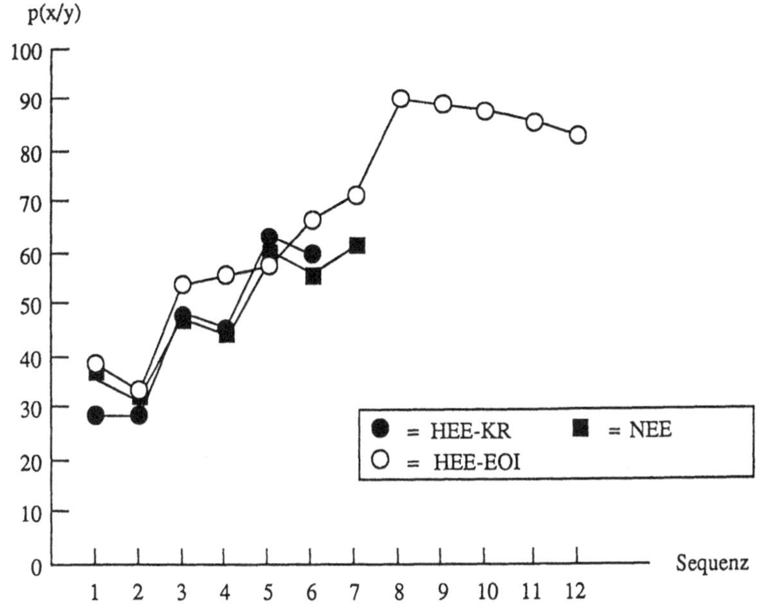

Abbildung 9.12: Verbal positive Eskalation in HKR-, HEOI- und NEE-Familien

Bei positiv eskalierenden Prozessen zeigt sich für verbale Äußerungen folgendes Bild (Abbildung 9.12): Mit etwa gleichen Grundraten beginnend, werden positive Interaktionssequenzen von HEOI-Familien am längsten fortgesetzt (hier schlägt sich vermutlich wieder der hohe Anteil an "Zustimmungen" in dieser Gruppe nieder).

Im nonverbal positiven Verhalten (Abbildung 9.13) sind die Eskalationsketten in NEE-Familien mit 7 Elementen (Grundrate p = 0,18) am kürzesten und in HKR-Familien mit 18 Elementen (Grundrate p = 0,13) am längsten; in HEOI-Familien sind sie fast genauso lang, beginnen mit einer höheren Grundrate und erreichen nach 3 Sequenzen ähnliche Wahrscheinlichkeiten wie in den HKR-Familien.

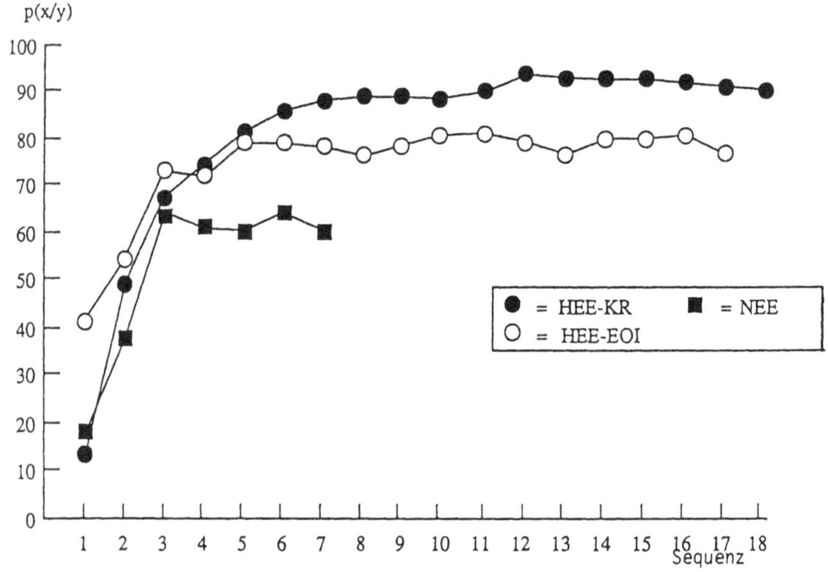

Abbildung 9.13: Nonverbal positive Eskalation in HKR-, HEOI- und NEE-Familien

Neutrale Interaktionssequenzen hatten in den EE-Gruppen sowohl etwa gleiche Längen als auch ähnliche Grundraten; sie werden nicht abgebildet.

b) Statistisch signifikante Unterschiede

Um Aussagen über eskalierende Prozesse machen zu können, die über die deskriptive Analyse der Sequenzen hinausgehen, wurden positive und negative Sequenzen, getrennt nach verbalem und nonverbalem Verhalten, für jede einzelne Familie ermittelt und für NEE- und HKR-Familien verglichen. In Tabelle 9.9 sind die mittleren Sequenzlängen für die beiden Gruppen gegenübergestellt. Die Signifikanzprüfung erfolgte mit dem Mann-Whitney-U-Test, da es sich bei den Sequenzlängen um Daten auf Ordinalskalenniveau handelt.

Tabelle 9.9: Eskalationen: Mittlere Länge und Standardabweichungen eskalierender Sequenzen in NEE- und HKR-Familien

		Mittlere Sequenzlänge		Signifikanzprüfung (Mann-Whitney-U-Test)	
		NEE-Fam. (N=19)	HKR-Fam. (N=16)	U	p
verbal positive Eskalation	M	5,8	5,5	142	0,75
	SD	2,5	2,3		
nonverbal positive Eskalation	M	4,2	5,4	136,5	0,86
	SD	3,5	5,8		
verbal negative Eskalation	M	4,1	7,3	63	0,003
	SD	2,7	3,3		
nonverbal negative Eskalation	M	3,1	8,2	74	0,008
	SD	3,4	6,3		

Die mittlere Länge einer positiv verlaufenden Sequenz unterscheidet sich zwischen HKR-Familien und NEE-Familien nicht; dies gilt sowohl für die Verbalkategorien als auch für das nonverbale Verhalten. Hochsignifikante Unterschiede zeigen sich jedoch für die Länge negativer Eskalationen: Beim Verbalverhalten sind die negativen Eskalationen in HKR-Familien knapp doppelt so lang (die Rangplätze unterscheiden sich mit einer Signifikanz von $p = .003$), und nonverbal ergeben sich fast dreimal so lange negative Eskalationen in HKR-Familien gegenüber NEE-Familien ($p = .008$ für den Unterschied der Rangplätze).

9.2.4 Zusammenfassung der Sequenzanalyse

Der generell für das Interaktionsverhalten geltende Zusammenhang, daß auf eine positive Kommunikationsform eher eine positive Reaktion und auf eine negative Kommunikationsform eher eine negative Reaktion folgt ("Reziprozität"), läßt sich für die Interaktion in NEE- und HEE-Familien nicht im selben Maße beobachten. Aus den "Wahrscheinlichkeitsbäumen", die der beschreibenden Abbildung von Interaktionsverläufen dienen, geht hervor, daß die Gefahr, daß auch positiv begonnene Interaktionen eine negative Verlaufsrichtung nehmen, bei HKR-Familien größer ist als bei NEE- und HEOI-Familien. Dagegen ist die generell sehr wahrscheinliche Tendenz, negativ begonnene Interaktionen auch negativ fortzusetzen, in NEE- und HEOI-Familien geringer als in HKR-Familien. Diese Beobachtungen haben explorativen Charakter ohne statistische Signifikanz.

Der Verlauf längerer Interaktionssequenzen, dem sicher für die Frage nach interaktionellen Korrelaten zu einem so umfassenden Konstrukt wie Expressed Emotion besondere Bedeutung zukommt, unterscheidet sich zwischen den EE-Gruppen deutlich, und zwar dann, wenn negativ eskalierende Prozesse entstehen. Solche negativ eskalierenden Prozesse - sei es verbal oder nonverbal - setzen sich in HKR-Familien signifikant länger fort. Bei positiven Eskalationen zeigt sich dieser Unterschied nicht.

9.2.5 Beantwortung der Frage 3

Zur Frage, welche Interaktionsprozesse sich in Abhängigkeit vom EE-Status der Familienangehörigen beobachten lassen, bestätigt sich ein Teilaspekt der Hypothese: Negativ eskalierende Prozesse entstehen in HKR-Familien eher als in NEE- oder HEOI-Familien und werden, wenn sie einmal begonnen wurden, wesentlich länger fortgesetzt, und zwar sowohl verbal als auch nonverbal. Für den Bereich der positiven Kommunikation läßt sich die Vermutung nicht bestätigen, daß es längere positiv verlaufende Interaktionen in NEE-Familien gibt. Hier erscheint die bereits angesprochene Frage nach der qualitativen Bewertung dieses <u>fehlenden Unterschiedes</u> interessant: Fehlen die erwarteten positiven Interaktionen in NEE-Familien? Oder sind sie in HKR-Familien <u>ebenso vorhanden</u> wie in NEE-Familien? Auf diese Frage wird in den Abschnitten 9.3 und 9.4 noch eingegangen werden.

9.2.6 Interkultureller Vergleich der sequenzanalytischen Ergebnisse

Ähnlich wie bei den Häufigkeitsanalysen (Abschnitt 9.1) lassen sich auch für die wechselseitige Steuerung der Interaktionselemente Unterschiede im Verhalten der EE-Gruppen beobachten, die den Familien in USA und in der BRD gemeinsam sind. In der Studie von Hahlweg et al. (1989) und in der vorliegenden Untersuchung entwickelten sich in HKR-Familien negativ eskalierende Prozesse, die verbal 3 Sequenzen länger andauern als in NEE-Familien; dabei ist die Grundrate in USA niedriger, und die Sequenzen sind in beiden EE-Gruppen kürzer als in der vorliegenden Untersuchung, der Unterschied, wie oft sich solche Interaktionen wiederholen, ist jedoch derselbe (Abbildung 9.14).

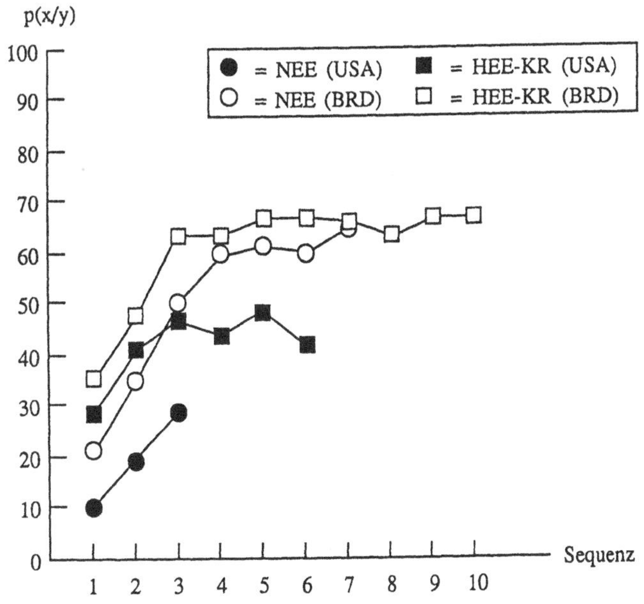

Abbildung 9.14: Interkultureller Vergleich: Verbal negative Eskalation

Eine noch deutlichere Parallele zwischen beiden Populationen ist im nonverbalen Interaktionsverhalten zu erkennen: Einer Kette von 20 aufeinanderfolgenden negativen Interaktionselementen in HEE-Familien in USA entsprechen 17 Elemente in der BRD, und einer Folge von 5 negativen Elementen in NEE-Familien entsprechen 7 Elemente in der BRD. Die Wahrscheinlichkeiten für nonverbal negatives Verhalten sind auch in den Grundraten in beiden Untersuchungen fast dieselben (Abbildung 9.15).

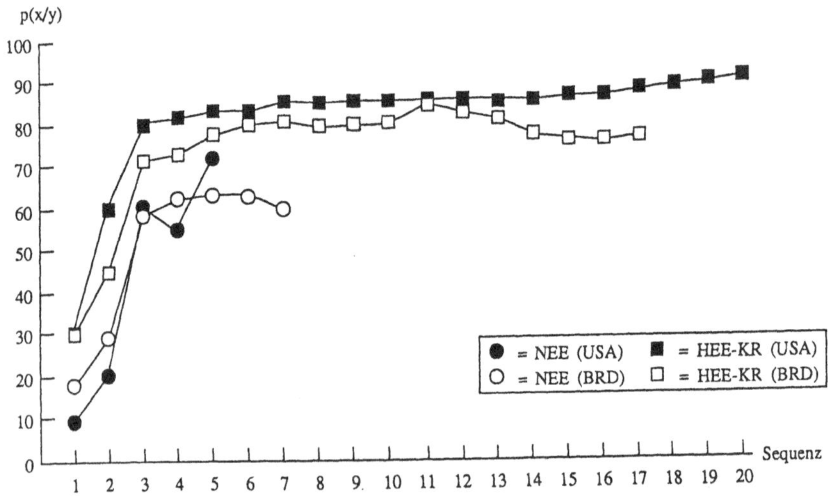

Abbildung 9.15: Interkultureller Vergleich: Nonverbal negative Eskalation

9.3 Interaktion in Schizophrenie- und Kontrollfamilien: Häufigkeitsanalysen

Um festzustellen, wie die Ergebnisse zum Interaktionsverhalten von Familien mit einem schizophrenen Mitglied in Relation zum Interaktionsstil in Familien, in denen keine psychische Störung besteht, einzuordnen sind, wurden die Schizophreniefamilien mit 11 Kontrollfamilien verglichen (vgl. Abschnitt 8.1). Die 11 Kontrollfamilien bestanden nur aus Jugendlichen mit einem oder zwei Elternteilen; Paare waren hier als Familienkonstellation nicht vertreten. Deshalb wurden zur besseren Vergleichbarkeit auch von den Schizophreniefamilien nur diejenigen in die Analyse einbezogen, in denen es sich bei den Angehörigen um Eltern der Patienten handelte. Familien, in denen Patient und Angehörige(r) (Ehe-)Partner waren, sind in diesem Vergleich nicht enthalten.

9.3.1 Verhalten der Angehörigen in Schizophrenie- und Kontrollfamilien

Die 51 Eltern der Schizophreniefamilien wurden mit den 18 Eltern der Kontrollfamilien mit dem T-Test auf Mittelwertsunterschiede der KPI-Kategorien geprüft. Die Werte des Gruppenvergleichs sind in Tabelle 9.10 aufgeführt und in Abbildung 9.16 graphisch dargestellt.

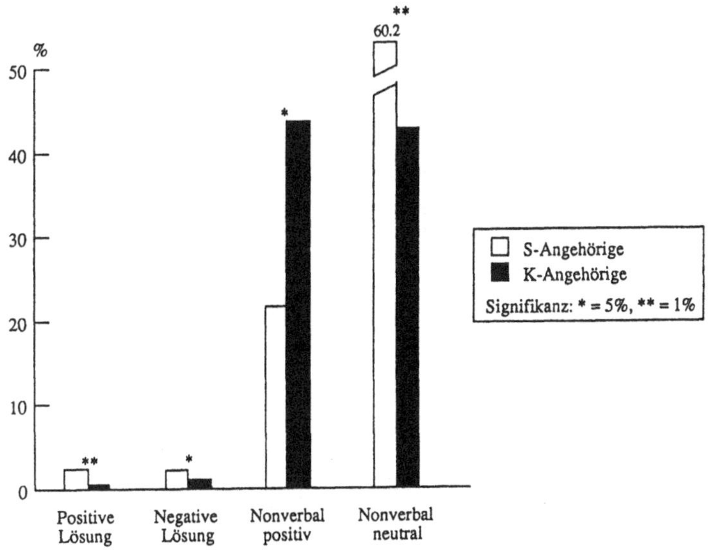

Abbildung 9.16: Familiäre Interaktion in Schizophrenie- und in Kontrollfamilien; Angehörigenverhalten

Bei den Eltern in den Kontrollfamilien fällt ein wesentlich positiveres nonverbales Verhalten auf, während sich die Eltern in den Schizophreniefamilien nonverbal wesentlich neutraler verhalten. Weitere signifikante Unterschiede zeigen sich bei "Positiven Lösungen" und "Negativen Lösungen", die beide bei den Schizophreniefamilien etwa doppelt so oft vorkommen wie bei den Kontrollfamilien. In allen anderen Interaktionskategorien unterscheiden sich die Angehörigen nicht.

Tabelle 9.10: Mittelwerte und Standardabweichungen der KPI-Kategorien von Angehörigen (Eltern) in Schizophrenie- und Kontrollfamilien

KPI-Kategorie	Eltern in S-Fam. N = 51		Eltern in Kontroll-Fam. N = 18		Signifikanzprüfung (T-Test) dF(2, 67)	
	M	SD	M	SD	t	p
Selbstöffnung	4,2	3,1	4,4	3,6	0,2	0,79
Positive Lösung	2,9	2,9	0,9	1,3	4,0	0,00
Akzeptanz	0,9	1,5	1,7	2,2	1,3	0,19
Zustimmung	13,2	9,3	14,9	11,1	0,7	0,51
Problembeschreibung	44,3	13,9	45,7	14,6	0,3	0,73
Metakommunikation	1,4	1,6	1,7	2,2	0,6	0,58
Kritik	5,1	7,5	3,7	4,1	1,0	0,33
spezif. Kritik	4,7	6,6	3,2	3,6	1,3	0,22
abwertende Kritik	0,4	1,4	0,5	1,8	0,4	0,70
Negative Lösung	2,6	3,3	1,1	1,5	2,6	0,01
Rechtfertigung	1,2	1,9	1,4	1,8	0,4	0,71
Nicht-Übereinst.	14,1	8,9	15,8	9,8	0,7	0,52
Nonverbal positiv	21,9	21,0	44,0	31,4	2,8	0,01
Nonverbal negativ	17,9	18,8	13,4	13,2	0,9	0,36
Nonverbal neutral	60,2	16,8	42,7	23,3	3,4	0,00

Zur Differenzierung des Interaktionsverhaltens wurden die Angehörigen der Schizophreniefamilien nach ihrem EE-Status unterteilt. Die Gruppenmittelwerte der NEE-, HKR- und HEOI-Angehörigen wurden in einer einfaktoriellen Varianzanalyse mit den Angehörigen der Kontrollfamilien verglichen (SPSS-Prozedur ONEWAY) und im geplanten Vergleich (CONTRAST) auf signifikante Unterschiede gegenüber der Kontrollgruppe geprüft. Im Mittelwertsvergleich zeigen sich folgende Ergebnisse (Tabelle 9.11, Abbildung 9.17):

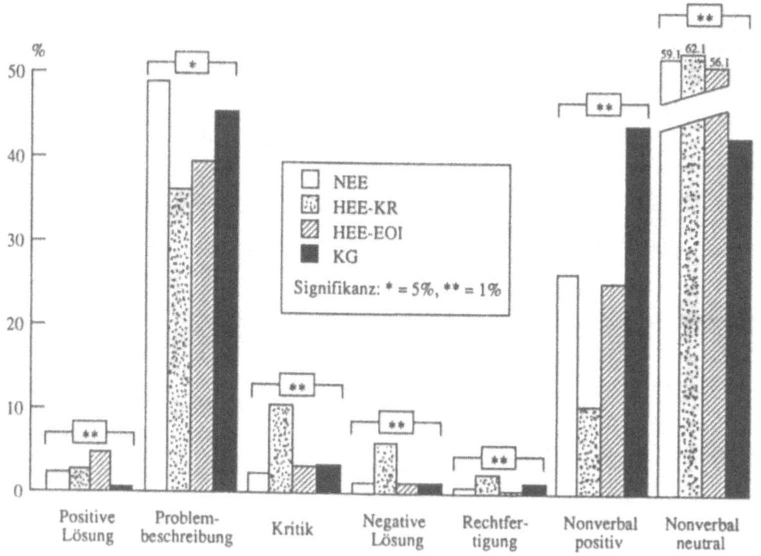

Abbildung 9.17: Familiäre Interaktion in Schizophreniefamilien (NEE, HKR und HEOI) und in Kontrollfamilien; Angehörigenverhalten

Tabelle 9.11: Mittelwerte und Standardabweichungen der KPI-Kategorien der NEE-, HKR-, HEOI-Angehörigen und der Angehörigen der Kontrollfamilien

KPI-Kategorie		NEE-Ang. N=30	HKR-Ang. N=15	HEOI-Ang. N=6	KG-Ang. N=18	Signifikanzprüfung *) dF (3, 65) 4 Gr. F/p	1/4 t/p	2/4 t/p	3/4 t/p
Selbstöffnung	M	4,8	4,0	1,8	4,4	1,5			
	SD	3,6	2,1	0,7	3,6	0,23			
Positive Lösung	M	2,6	2,9	4,8	0,9	4,3	2,7	3,1	3,1
	SD	3,0	2,2	3,0	1,3	0,01	0,01	0,01	0,02
Akzeptanz	M	1,1	0,4	1,1	1,7	1,6			
	SD	1,5	0,9	2,3	2,2	0,20			
Zustimmung	M	13,0	11,4	18,4	14,9	0,9			
	SD	9,9	6,9	9,7	11,1	0,46			
Problembeschr.	M	48,9	36,3	39,3	45,7	3,3	0,8	2,1	1,1
	SD	13,7	11,5	12,0	14,6	0,03	0,46	0,05	0,31
Metakommunikation	M	1,4	1,5	1,1	1,7	0,2			
	SD	1,4	2,0	1,0	2,2	0,92			
Kritik	M	2,9	10,8	3,4	3,7	5,8	0,6	2,5	0,2
	SD	4,8	10,2	7,8	4,1	0,00	0,57	0,02	0,87
spezif. Kritik	M	2,8	9,5	3,4	3,2	5,8	0,3	2,8	0,1
	SD	4,7	8,2	3,8	3,6	0,00	0,76	0,01	0,90
abwert. Kritik	M	0,2	1,3	0,0	0,5	1,9			
	SD	0,4	2,7	0,0	1,8	0,14			
Negative Lösung	M	1,3	6,1	1,1	1,1	17,3	0,5	4,9	0,1
	SD	2,0	3,7	0,8	1,5	0,00	0,64	0,00	0,92
Rechtfertigung	M	0,8	2,5	0,1	1,4	4,2	1,2	1,5	2,8
	SD	1,4	2,4	0,3	1,8	0,01	0,23	0,16	0,01
Nichtübereinst.	M	13,4	16,3	13,2	15,8	0,5			
	SD	9,9	7,3	7,6	9,8	0,70			
Nonverbal pos.	M	26,3	11,0	25,3	44,0	5,3	2,1	3,9	1,6
	SD	21,7	16,0	22,2	31,4	0,00	0,05	0,00	0,14
Nonverbal neg.	M	14,6	26,9	18,5	13,4	1,9			
	SD	15,8	24,6	21,2	13,2	0,14			
Nonverbal neutr.	M	59,1	62,1	56,1	42,7	3,6	2,6	2,5	2,1
	SD	16,0	21,6	8,4	23,3	0,02	0,01	0,02	0,05

*) Geplanter Vergleich ("CONTRAST") KG vs. NEE, HKR und HEOI
(Test für Varianzhomogenität: Bartlett-Box)

Das nonverbal positivere Verhalten der Kontrollgruppe ist gegenüber den NEE- und HKR-Subgruppen statistisch signifikant, nicht jedoch gegenüber der HEOI-Subgruppe. Hier spielt vermutlich die geringe Anzahl der HEOI-Angehörigen (N=6) eine Rolle, denn ihr Gruppenmittelwert ist nicht kleiner als für die NEE-Angehörigen. Das nonverbal neutralere Verhalten der Angehörigen der Schizophreniefamilien gilt für alle drei EE-Gruppen; ebenso der höhere Anteil an positiven Lösungen. Bei der Kategorie "Negative Lösungen" besteht der in der Gesamtgruppe gefundene Unterschied nicht zwischen der Kontrollgruppe und NEE- oder HEOI-Angehörigen, sondern die häufigere Verwendung dieser Kategorie gilt nur für die HKR-Angehörigen. Ebenfalls negativer verhält sich diese Gruppe in Form von "Kritik"; ein Unterschied, der in der Gesamtgruppe der Angehörigen in Schizophreniefamilien nicht gegeben war, sich in dieser Subgruppe aber deutlich zeigt. Die häufigere Kritik findet in Form von "spezifischer Kritik", nicht in ablehnender Form, statt. Ein weiteres Merkmal des Interaktionsverhaltens in dieser Gruppe ist, daß der Anteil an "sachlichen Problembeschreibungen" geringer ist als bei den Kontroll-Angehörigen.

9.3.2 Verhalten der schizophrenen Patienten und der Jugendlichen in Kontrollfamilien

Das Interaktionsverhalten der 30 Patienten - wiederum nur derjenigen, die mit Mutter und/oder Vater an der Studie teilnahmen; keine Partner - wurde mit dem Interaktionsverhalten der 11 Jugendlichen der Kontrollfamilien verglichen. Tabelle 9.12 zeigt die mittleren Häufigkeiten und Signifikanzwerte der KPI-Kategorien dieser beiden Gruppen (T-Test).

Tabelle 9.12: Mittelwerte und Standardabweichungen der KPI-Kategorien von schizophrenen Patienten (Jugendlichen) und Jugendlichen der Kontrollfamilien

	Patienten N = 30		Jugendliche (KG) N = 11		Signifikanzprüfung (T-Test) dF(2, 66)	
KPI-Kategorie	M	SD	M	SD	t	p
Selbstöffnung	5,0	3,2	8,0	4,4	2,4	0,02
Positive Lösung	1,7	1,7	0,7	1,2	1,8	0,09
Akzeptanz	0,5	1,1	0,8	1,1	0,8	0,41
Zustimmung	22,1	15,2	16,6	10,4	1,1	0,28
Problembeschreibung	29,0	10,1	34,7	15,1	1,4	0,17
Metakommunikation	1,2	1,2	0,8	1,1	0,9	0,40
Kritik	5,3	6,9	1,1	1,4	3,1	0,00
spezifische Kritik	4,8	6,2	1,0	1,1	3,2	0,00
abwertende Kritik	0,5	1,3	0,1	0,4	1,5	0,13
Negative Lösung	1,0	1,7	1,5	1,3	0,9	0,36
Rechtfertigung	2,0	2,7	2,9	3,3	0,9	0,38
Nichtübereinstimmung	19,3	10,8	21,1	12,9	0,5	0,65
Nonverbal positiv	21,6	22,6	62,5	32,4	4,5	0,00
Nonverbal negativ	25,6	20,5	6,9	9,4	3,9	0,00
Nonverbal neutral	52,8	22,2	30,5	23,9	2,8	0,01

Die signifikanten Unterschiede in einzelnen Kategorien machen deutlich, daß sich die Jugendlichen der Kontrollfamilien positiver in der Interaktion mit ihren Eltern verhalten als die Patienten: Nonverbal positives Verhalten wird bei ihnen dreimal so oft beobachtet wie bei den Patienten, und ihr Anteil an Äußerungen der Kategorie "Selbstöffnung" ist größer. Umgekehrt leisten Patienten hochsignifikant mehr Gesprächsbeiträge der Kategorie "Kritik" (in spezifischer, nicht in abwertender Form) und verhalten sich nonverbal hochsignifikant negativer. Darüber hinaus steht dem hohen Anteil nonverbal positiver Beiträge der Kontroll-Jugendlichen ein größerer Anteil nonverbal neutraler Beiträge der Patienten gegenüber. Die Unterschiede sind in Abbildung 9.18 dargestellt.

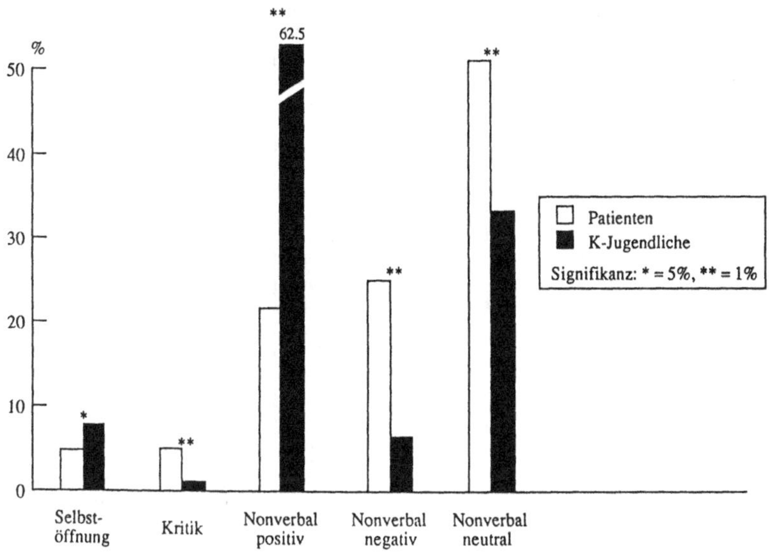

Abbildung 9.18: Familiäre Interaktion in Schizophrenie- und in Kontrollfamilien; Patientenverhalten

Auch in dieser Analyse sollte im nächsten Schritt entschieden werden, ob sich die beobachteten Unterschiede auf die Patientengruppe generell beziehen, oder ob sich die Zugehörigkeit der Patienten zu Familien mit unterschiedlichem EE-Status auf diese Differenzen auswirkt. Die Patienten wurden deshalb varianzanalytisch in drei Gruppen (Patienten in NEE-Familien, Patienten in HKR-Familien und Patienten in HEOI-Familien) mit den Kontroll-Jugendlichen verglichen, und Mittelwertsunterschiede wurden im geplanten Vergleich auf Signifikanz geprüft (Tabelle 9.13). (Die Gruppe der Patienten in HEOI-Familien besteht allerdings nur aus 5 Personen.) Hier zeigt sich, daß die in der Gesamtgruppe der Patienten gefundenen Merkmale nicht im

Tabelle 9.13: Mittelwerte und Standardabweichungen der KPI-Kategorien der Patienten in NEE-, HKR-, HEOI-Familien (Jugendliche) und der Jugendlichen in Kontrollfamilien

KPI-Kategorie		P.in NEE-Fam. N=14	P.in HKR-Fam. N=11	P.in HEOI-Fam. N=5	KG-Jug. N=11	Signifikanzprüfung *) dF (3, 37) 4 Gr. F/p	1/4 t/p	2/4 t/p	3/4 t/p
Selbstöffnung	M	4,9	5,8	3,3	8,0	2,5	2,2	1,5	2,5
	SD	3,7	2,8	1,9	4,4	0,07	0,04	0,15	0,02
Positive Lösung	M	1,9	1,5	1,5	0,7	1,2			
	SD	1,7	1,8	1,4	1,2	0,33			
Akzeptanz	M	0,2	0,3	1,5	0,8	1,8			
	SD	0,6	0,6	2,1	1,6	0,16			
Zustimmung	M	24,4	15,7	29,5	16,6	1,8			
	SD	17,2	12,0	12,5	10,4	0,16			
Problembeschr.	M	29,3	25,8	35,1	34,7	1,4			
	SD	9,3	11,2	8,4	15,1	0,25			
Metakommunik.	M	1,0	1,3	1,4	0,8	0,5			
	SD	1,4	1,1	1,3	1,0	0,67			
Kritik	M	4,1	9,0	0,4	1,1	4,8	1,8	3,2	1,2
	SD	5,9	8,0	1,0	1,4	0,01	0,09	0,01	0,26
spezif. Kritik	M	3,6	8,3	0,4	1,0	5,1	1,7	3,5	1,1
	SD	5,5	6,8	1,0	0,1	0,00	0,11	0,01	0,31
abwert. Kritik	M	0,5	0,8	0,0	0,1	0,9			
	SD	1,2	1,6	0,0	0,4	0,47			
Negative Lösung	M	0,6	2,0	0,0	1,5	3,1	2,1	0,6	3,9
	SD	0,9	2,3	0,0	1,3	0,04	0,06	0,57	0,01
Rechtfertigung	M	1,3	3,1	1,4	2,9	1,1			
	SD	1,8	3,7	2,0	3,3	0,35			
Nichtübereinst.	M	18,9	23,1	12,2	21,1	1,6			
	SD	11,4	10,9	3,9	12,9	0,34			
Nonverbal pos.	M	20,7	11,1	46,7	62,5	10,4	3,8	4,9	0,9
	SD	18,9	13,0	31,5	32,4	0,00	0,00	0,00	0,38
Nonverbal neg.	M	19,2	39,3	12,3	6,9	8,2	2,2	4,7	1,1
	SD	17,2	21,1	8,3	9,4	0,00	0,04	0,00	0,28
Nonverbal neutr.	M	60,1	49,6	41,1	30,5	3,6	3,1	2,0	0,8
	SD	22,4	19,6	24,8	23,9	0,02	0,01	0,06	0,44

*) Geplanter Vergleich (CONTRAST) KG vs. Pat. in NEE-, HKR- und HEOI-Fam. (Test für Varianzhomogenität: Bartlett-Box)

selben Maße auf die EE-Subgruppen zutreffen: Mehr "Selbstöffnung" bei den Kontroll-Jugendlichen gibt es im Vergleich zu Patienten in NEE- und HEOI-Familien, nicht im Vergleich zu Patienten in HKR-Familien. Nonverbal verhalten sich die Kontroll-Jugendlichen positiver als Patienten in NEE- und HKR-Familien, nicht als Patienten in HEOI-Familien. Mehr "Kritik" wird nur von Patienten in HKR-Familien geübt; ein nonverbal negativeres Verhalten zeigen Patienten in NEE- und HKR-Familien, nicht in HEOI-Familien, und das nonverbal neutralere Verhalten gilt für Patienten in NEE-Familien. Ein weiterer signifikanter Unterschied gegenüber der Kontrollgruppe, der in der Gesamtgruppe der Patienten nicht erkennbar war, besteht in der Verwendung der Kategorie "Negative Lösung", die bei Patienten in HEOI-Familien - im Gegensatz zu allen anderen Gruppen - überhaupt nicht beobachtet wurde. (Abbildung 9.19)

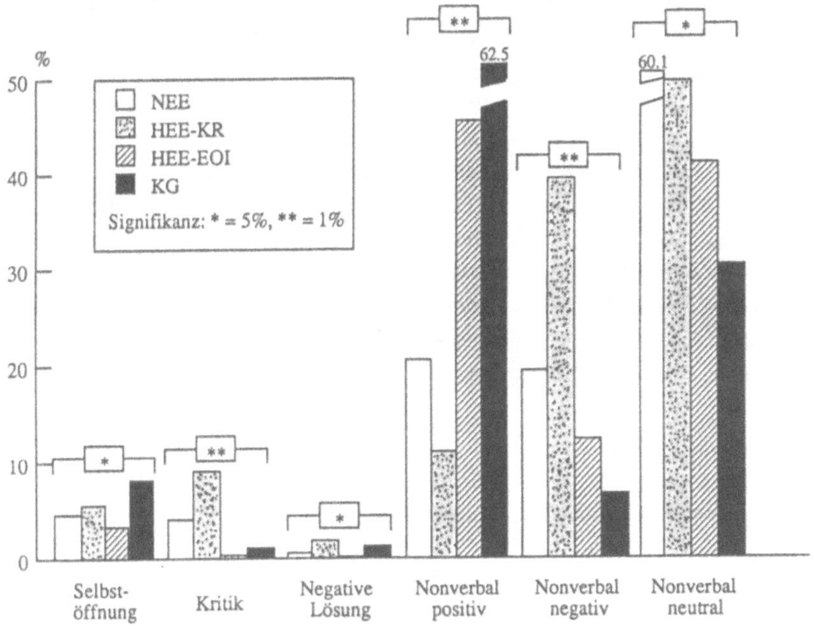

Abbildung 9.19: Familiäre Interaktion in Schizophreniefamilien (NEE, HKR und HEOI) und in Kontrollfamilien; Verhalten der Patienten und Jugendlichen

9.3.3 Zusammenfassung der Häufigkeitsanalyse der Interaktion in Schizophrenie- und Kontrollfamilien (Frage 4)

Ein charakteristisches Merkmal der Kontrollfamilien ist, daß weder die Jugendlichen noch ihre Eltern in irgendeiner der als ungünstig geltenden KPI-Kategorien größere Anteile aufweisen als die Patienten und ihre Angehörigen, und zwar weder verbal noch nonverbal. Es werden jedoch auch nur geringfügig höhere Anteile der günstigen Kommunikationsformen beobachtet, nämlich bei den Jugendlichen mehr "Selbstöffnung" und bei Jugendlichen und Eltern ein nonverbal positiveres Verhalten. Negative Interaktionsformen sind bei den Kontrollfamilien seltener zu beobachten.

Für die Schizopreniefamilien lassen sich folgende Merkmale feststellen: Negativere Interaktionen als bei den Kontrollfamilien finden in den HKR-Familien statt: Patienten und Angehörige äußern mehr Kritik, Angehörige machen häufiger negative Lösungsvorschläge, und Patienten verhalten sich nonverbal negativer. Ungünstiger im Vergleich zu den Kontrollfamilien verhalten sich in NEE-Familien nur die Patienten, und zwar nur in nonverbaler Form; sie sind - sowohl Patienten als auch Angehörige - ebenso wie die HKR-Familien nonverbal weniger positiv als die Kontrollfamilien. Ein gegenüber den Kontrollfamilien negativeres Verhalten gibt es in den HEOI-Familien nicht, weder bei Patienten, noch bei Angehörigen. In einem Merkmal drückt sich eine positivere Kommunikation der Angehörigen der Schizophreniefamilien gegenüber den Kontrollfamilien aus: in "Positiven Lösungsvorschlägen". Im übrigen ist der nonverbale Ausdruck aller drei Gruppen von Angehörigen in den Schizophreniefamilien neutraler als in den Kontrollfamilien.

9.4 Interaktionsprozesse in Schizophrenie- und Kontrollfamilien: Sequenzanalysen (Frage 4)

Funktionale Zusammenhänge der Interaktionsbeiträge, die im Abschnitt 9.2 für die Interaktion zwischen Patienten und ihren Angehörigen in Abhängigkeit vom EE-Status der Angehörigen ermittelt wurden, lassen sich für die Interaktion zwischen den Jugendlichen und ihren Eltern in den Kontrollfamilien folgendermaßen beschreiben:

a) Verlaufstendenzen in Kontrollfamilien (Wahrscheinlichkeitsbäume)

Mit Hilfe der bedingten Wahrscheinlichkeiten, die die wechselseitige Steuerung der Interaktion bestimmen (vgl. Abschnitt 9.2.2), lassen sich einige Tendenzen für Kommunikationsverläufe erkennen (KPI-Reduktion II): Positiv begonnene Interaktionssequenzen werden in den meisten Fällen entweder positiv (p = 0,32) oder neutral (p = 0,43) fortgesetzt und entwickeln sich in einem Wechsel zwischen positiven und neutralen Elementen weiter. Die Wahrscheinlichkeit für eine negative Fortsetzung ist kleiner als p = 0,20.

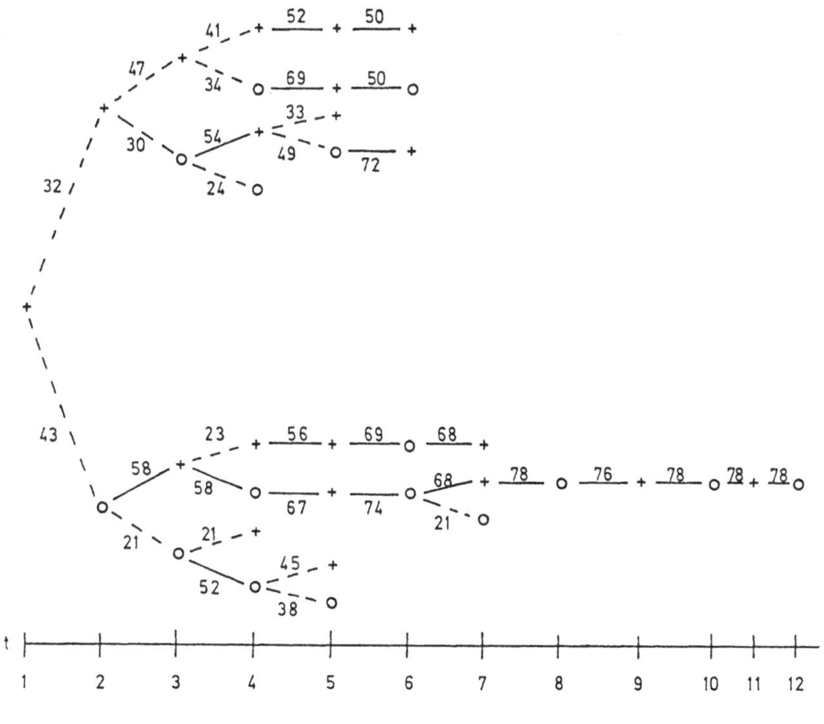

Abbildung 9.20: Wahrscheinlichkeitsbaum: Verbal positiv beginnende Interaktion in Kontrollfamilien

Abbildung 9.20 zeigt einen Wahrscheinlichkeitsbaum für verbal positiv begonnene Interaktionen, wobei Interaktionsfolgen mit einer kleineren Wahrscheinlichkeit als p = 0,20 nicht aufgeführt sind.

Ebenfalls neutral (p = 0,30) oder positiv (p = 0,43) fortgesetzt werden neutral begonnene Sequenzen. Auch hier ist die Wahrscheinlichkeit für eine negative Fortsetzung kleiner als p = 0,20 (Abbildung 9.21).

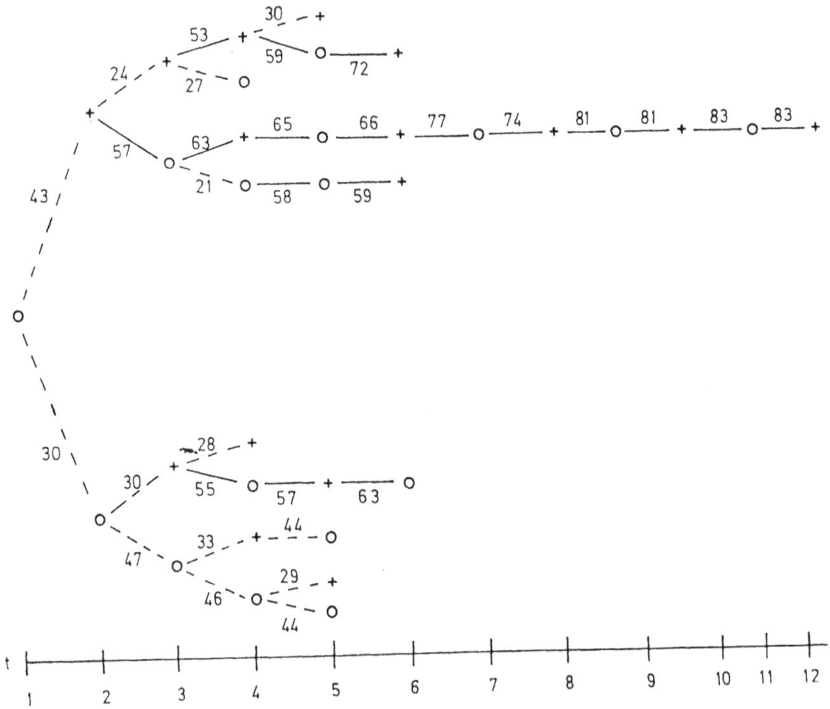

Abbildung 9.21: Wahrscheinlichkeitsbaum: Verbal neutral beginnende Interaktion in Kontrollfamilien

Wurde eine Gesprächssequenz negativ begonnen, so wird sie mit gleichen Wahrscheinlichkeiten negativ (p = 0,34), positiv (p = 0,35) oder neutral (p = 0,33) fortgesetzt; diese drei Möglichkeiten sind auch für die nachfolgenden Sequenzen gleichmäßig verteilt (Abbildung 9.22).

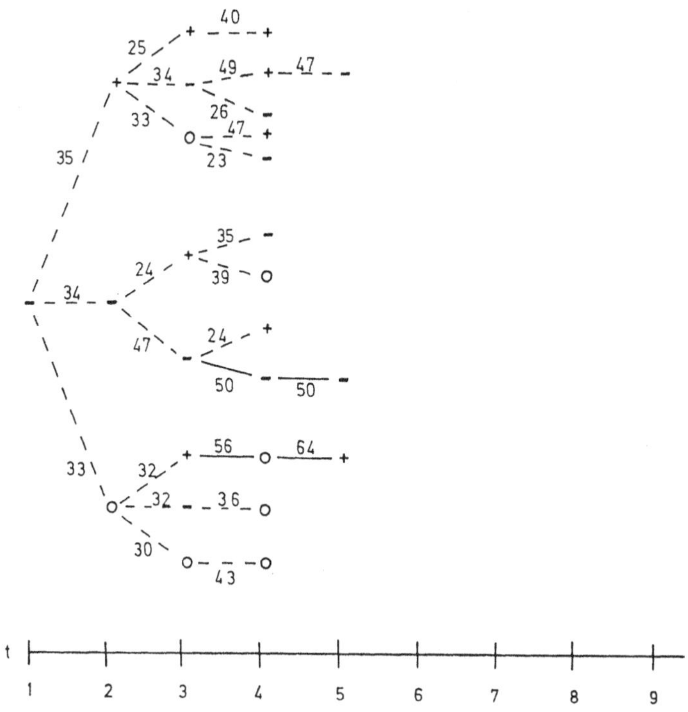

Abbildung 9.22: Wahrscheinlichkeitsbaum: Verbal negativ beginnende Interaktion in Kontrollfamilien

Die Verlaufstendenzen sind denen in NEE-Familien äußerst ähnlich (vgl. Abbildungen 9.5 und 9.9) und unterscheiden sich von Verlaufstendenzen in HKR-Familien, bei denen negative Verläufe wahrscheinlicher sind (vgl. Abbildungen 9.7 und 9.8).

b) Eskalierende Prozesse in Kontrollfamilien

Für die Kontrollfamilien wurden auf dieselbe Weise wie für die Schizophreniefamilien (vgl. Abschnitt 9.2.3) eskalierende Prozesse ermittelt, bei denen auf die negative Kommunikationsform des einen Partners mit großer Wahrscheinlichkeit eine negative Kommunikationsform des anderen Partners folgt, oder - umgekehrt - bei denen nur positive Äußerungen aufeinanderfolgen (KPI-Reduktion II). Als eskalierende Prozesse gelten diese Folgen so lange, bis sie von einer Kommunikationsform der übrigen beiden Möglichkeiten mit größerer Wahrscheinlichkeit unterbrochen werden, also negative Äußerungen von positiven oder neutralen und positive Äußerungen von negativen oder neutralen.

In den Abbildungen 9.23 bis 9.26 sind die Eskalationsketten der Kontrollfamilien zusammen mit den Eskalationsketten der Schizophreniefamilien dargestellt:

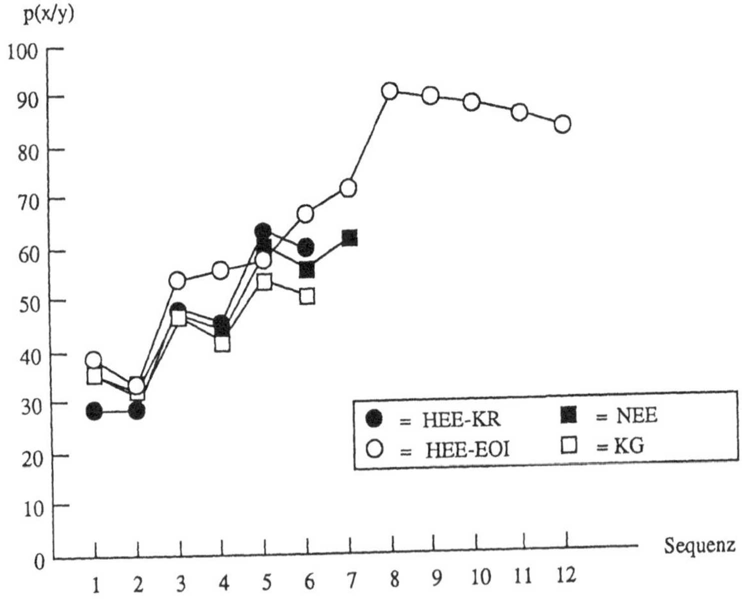

Abbildung 9.23: Verbal positive Eskalation in HKR-, HEOI-, NEE- und Kontrollfamilien

Im positiven Verbalverhalten (Abbildung 9.23) sind die Sequenzen der Kontrollfamilien etwa genauso lang wie bei den NEE- und HKR-Familien; auch die Grundraten sind etwa dieselben. Nur die HEOI-Familien bilden hier eine Ausnahme (vgl. Abschnitt 9.2.3).

Beim nonverbal positiven Verhalten sind die Interaktionssequenzen der Kontrollfamilien genauso lang wie bei HKR- und HEOI-Familien und wesentlich länger als bei NEE-Familien (Abbildung 9.24). Wie schon aus den Häufigkeitsanalysen zu erkennen war, entsteht eine nonverbal positive Interaktion in den Kontrollfamilien mit größerer Wahrscheinlichkeit (Grundrate) als in den Schizophreniefamilien, und die höhere Grundrate trägt auch zu einer längeren Fortsetzung dieses Interaktionsstils bei.

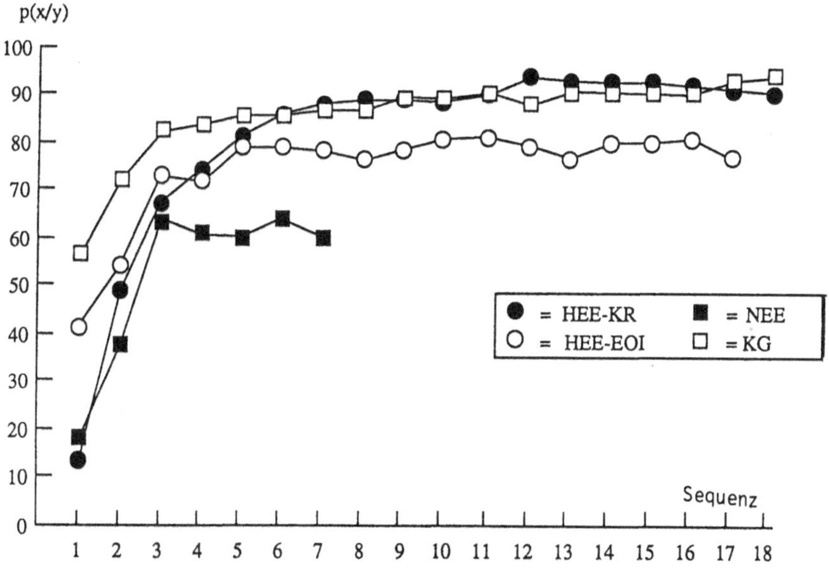

Abbildung 9.24: Nonverbal positive Eskalation in HKR-, HEOI, NEE- und Kontrollfamilien

Bei der negativen verbalen Kommunikation verhalten sich wiederum die Kontrollfamilien und die HEOI-Familien am ähnlichsten. Die verbal negativen Beiträge der Kontrollfamilien beginnen mit niedrigen Grundraten und werden über maximal 4 Sequenzen fortgesetzt. Sowohl bei NEE- als auch bei HKR-Familien entstehen längere Eskalationen als in den Kontrollfamilien. (Abbildung 9.25)

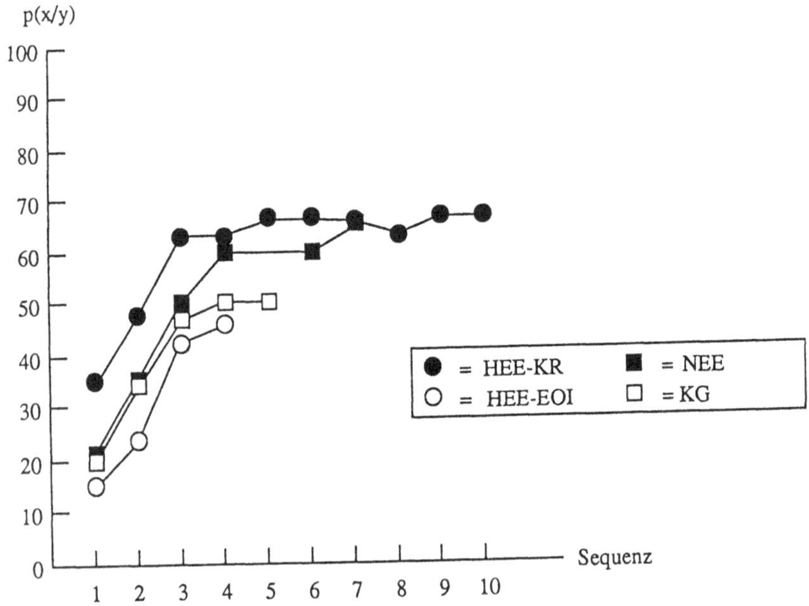

Abbildung 9.25: Verbal negative Eskalation in HKR-, HEOI-, NEE- und Kontrollfamilien

Die nonverbal negativen Eskalationen der Kontrollfamilien sind am besten mit denen in NEE-Familien vergleichbar; beide fangen mit niedrigen Grundwahrscheinlichkeiten (zwischen p = 0,10 und p = 0,20) an und gehen über maximal 7 Sequenzen. Im Gegensatz dazu sind diese Eskalationen bei HKR-Familien wesentlich länger. (Abbildung 9.26)

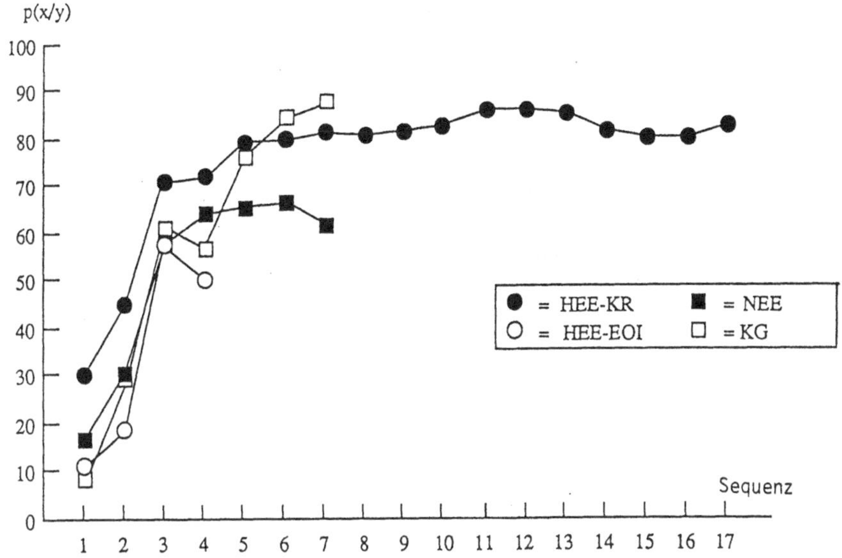

Abbildung 9.26: Nonverbal negative Eskalation in HKR-, HEOI-, NEE- und Kontrollfamilien

Umgekehrt läßt sich bei den Schizophreniefamilien feststellen:

HKR-Familien bilden positive Interaktionssequenzen, die sich in ihrer Länge nicht von denen in Kontrollfamilien unterscheiden. Im negativen Kommunikationsbereich entstehen in HKR-Familien länger andauernde Eskalationen, einerseits in Form negativer verbaler Kommunikation, besonders jedoch in Form eines nonverbal negativen Ausdrucks.

Die HEOI-Familien fallen gegenüber den Kontrollfamilien durch eine lange Kette verbal positiver Äußerungen auf. Wie schon in der Analyse der EE-Gruppen untereinander, schlägt sich hier auch gegenüber den Kontrollfamilien wahrscheinlich der besonders hohe Anteil an "Zustimmungen" der HEOI-Familien nieder. Im nonverbal positiven Verhalten besteht ein solcher Unterschied im Vergleich zu den Kontrollfamilien nicht. Ohne Unterschied sind auch die negativen Eskalationen der HEOI- und der Kontrollgruppe, nämlich beide sind kürzer als bei HKR-Familien, sowohl verbal als auch nonverbal.

An den Interaktionsverläufen der <u>NEE-Familien</u> ist abzulesen, daß verbal dieselben positiven Interaktionssequenzen entstehen wie bei Kontrollfamilien; nonverbal-positiv sind die Grundraten in dieser Gruppe niedriger und die Sequenzen kürzer als in der Kontrollgruppe. In der verbal negativen Kommunikation unterscheiden sie sich geringfügig von den Kontrollfamilien: die Eskalation erstreckt sich, ausgehend von derselben Grundrate, über zwei Interaktionselemente mehr. Nonverbal negative Eskalationen beginnen mit gleicher Grundrate wie in den Kontrollfamilien und setzen sich genauso lange, jedoch mit etwas geringerer Wahrscheinlichkeit, fort.

10 DISKUSSION

Die vorliegende Untersuchung sollte zur Klärung der Frage beitragen, wie sich das emotionale Klima in Familien mit einem schizophrenen Mitglied (Expressed Emotion) in der realen Interaktion zwischen schizophrenen Patienten und ihren Angehörigen ausdrückt. Die Studie knüpft an Ergebnisse an, die darauf hinweisen, daß in der Art, wie sich die Familienmitglieder miteinander verständigen und Probleme lösen, einer der Einflußfaktoren des EE-Konstrukts auf die Rückfallgefährdung schizophrener Patienten liegt. Die Annahme sollte empirisch überprüft werden, daß ein für den Verlauf schizophrener Psychosen ungünstiges Familienklima (HEE) mit Interaktionsformen beim Diskutieren von Konfliktgesprächen verbunden ist, die für die gegenseitige Verständigung und das Lösen von Problemen als ungünstig gelten, und daß NEE-Familien positiv-unterstützende Kommunikationsformen praktizieren.

Im folgenden werden die Ergebnisse der Untersuchung zusammengefaßt und in ihrer Bedeutung für die Validierung des EE-Konstrukts einerseits und in ihrer Relevanz für die Rückfallprophylaxe bei schizophrenen Psychosen andererseits diskutiert.

Die beiden Skalen "kritische, ablehnende Haltung" und Überfürsorglichkeit/übermäßige emotionale Beteiligung / EOI" bilden - getrennt und gemeinsam - den Hoch-EE-Status eines Angehörigen, und dieser wird als Rückfallprädiktor dem Niedrig-EE-Status eines Angehörigen gegenübergestellt. Obwohl diese beiden Unterformen von HEE (kritische Haltung oder EOI) offenbar eine gemeinsame Funktion im Verlauf schizophrener Psychosen erfüllen, charakterisieren sie völlig unterschiedliche Einstellungen der Angehörigen gegenüber den Patienten, und diese Unterscheidung drückt sich auch deutlich in der Interaktion miteinander aus (vgl. Miklowitz et al., 1984; Hahlweg et al., 1989). Voraussetzung für die Analyse der Interaktion in HEE-Familien im Vergleich zu NEE-Familien ist deshalb die Differenzierung nach "HEE/-Kritik" (HKR) und "HEE/EOI" (HEOI).

Aus den Häufigkeitsanalysen der KPI-Beobachtungsdaten geht hervor, daß positive und negative Kommunikationsformen in den Familien in Abhängigkeit vom EE-Status der Angehörigen unterschiedlich ausgeprägt sind: Angehörige schizophrener Patienten, die auf der EE-Skala "Kritische Haltung" als HEE eingeschätzt wurden, kommunizieren in negativerer Form mit dem schizophrenen Familienmitglied als NEE- oder HEOI-Angehörige. Die vier für die Kommunikation ungünstigen KPI-Verbalkategorien "Kritik", "Negative Lösung", "Rechtfertigung" und "Nicht-Übereinstimmung" sind bei ihren Interaktionsbeiträgen stärker ausgeprägt als bei den anderen Angehörigen. Auch nonverbal werden ihre Interaktionsbeiträge von negativerem Ausdruck begleitet. Dies gilt ebenso - wenn auch nicht für alle einzelnen Kategorien mit derselben statistischen Signifikanz - für Patienten in HKR-Familien: Weist einer ihrer Angehörigen hohe Werte auf der EE-Skala "Kritische Haltung" auf, so sind auch die Kommunikationsformen der Patienten negativer als die von Patienten in NEE- oder HEOI-Familien, und zwar - ebenso wie die Kommunikation der Angehörigen - in verbaler und nonverbaler Form.

Für die daraus resultierenden Interaktionsprozesse zwischen Angehörigen und Patienten ergaben die Sequenzanalysen ebenfalls negativere Bedingungen für Familien mit einer "Kritischen Haltung" der Angehörigen. Sie reagieren mit größerer Wahrscheinlichkeit auf einen ungünstigen Beitrag des Interaktionspartners mit eigenem ungünstigen Verhalten, und es entwickeln sich - verbal und auch nonverbal - längere Sequenzen von negativ eskalierenden Interaktionen. Bei NEE- und HEOI-Familien entstehen diese Eskalationen nicht; eine negativ begonnene Sequenz wird nicht im selben Maße negativ fortgesetzt, sondern entweder neutral/positiv fortgeführt oder abgebrochen.

Die Hypothese hat sich bestätigt, daß in HEE-Familien (Skala "Kritische Haltung") im Vergleich zu NEE- oder HEOI-Familien negativere Interaktionsformen praktiziert werden, und zwar sowohl hinsichtlich stärkerer Ausprägungen von ungünstigen Kommunikationsaspekten bei beiden Interaktionspartnern (Patienten und Angehörigen) als auch hinsichtlich negativer Aufschaukelungsprozesse der Interaktion. Im Rahmen eines theoretischen Vulnerabilität-Streß-Modells (Nuechterlein & Dawson, 1984; vgl. Abschnitt 4.1) könnten diese negativen Aufschaukelungsprozesse als einer der Belastungsfaktoren angesehen werden, die für Patienten in diesen Familien die Prognose für einen Krankheitsrückfall ungünstiger machen.

Die in HKR-Familien beobachtete Interaktion läßt sich eindeutig in die Reihe der Ergebnisse aus amerikanischen Studien einordnen: Einen negativeren Interaktionsstil als bei NEE-Angehörigen berichteten Valone et al.

(1983), Miklowitz et al., (1984) und Strachan et al. (1986) bei Angehörigen, die als HEE eingestuft worden waren. Daß es sich dabei nicht um einen einseitigen Einfluß der Angehörigen handelt, sondern daß ebenso die Patienten in diesen Familien mit ungünstigeren Interaktionsformen als Patienten in NEE-Familien daran beteiligt sind, fanden Hahlweg et al. (1989) mit spezifischeren Erhebungs- und Auswertungsmethoden.

Die hier berichteten Ergebnisse stimmen sehr gut mit den Beobachtungen an amerikanischen Familien überein und fügen spezifische Details ergänzend hinzu. Sie bestätigen, daß die Interaktion in Familien, in denen ein Angehöriger als HKR eingestuft wurde, für die gegenseitige Verständigung und die Lösung von Problemen ungünstig ist. Auch wenn sich der EE-Status auf die Person des Angehörigen bezieht, so sind an der Kommunikation zwischen Angehörigen und Patienten die Patienten in derselben ungünstigen Weise beteiligt wie die Angehörigen. Die Beteiligung der Patienten an negativen Interaktionen manifestiert sich in der vorliegenden Untersuchung ferner in inadäquaten Lösungsvorschlägen, einem Teilbereich der Kommunikation, für den in USA kein Unterschied bestand. Da dieses Verhalten in USA in allen Familien - nicht nur in HKR-Familien - sehr viel seltener beobachtet worden ist als in der BRD, könnte der unterschiedliche Sprachgebrauch ein Grund für die Diskrepanz der Ergebnisse sein.

Auffallend ist, daß der negative Bereich der Kommunikationsformen <u>einheitlich</u> stärker ausgeprägt ist. Daß sich eine kritische Haltung der Angehörigen, wie sie im Gespräch mit einem Interviewer zum Ausdruck kommt, in der realen Interaktion mit den Patienten auch am ehesten in Form von Kritik am Patienten zeigt, liegt natürlich näher als alle anderen vermuteten Zusammenhänge zwischen Einstellung und Verhalten. Der negativere Interaktionsstil wird jedoch auch durch alle übrigen Kategorien des KPI repräsentiert, und keine der Kategorien aus dem positiven oder neutralen Kommunikationsbereich ist ein spezifisches Merkmal der HKR-Familien. Offenbar geht von Kritik am Verhalten des Interaktionspartners - von Seiten der Angehörigen ebenso wie von Seiten der Patienten - ein zentraler Einfluß auf den Interaktionsstil der Familie aus, der weiteres ungünstiges Verhalten, wie Rechtfertigungen, inadäquate Problemlösungen und negativen Affekt nach sich zieht.

Wie aus den "Wahrscheinlichkeitsbäumen" deutlich zu erkennen ist, wird in den ersten beiden Äußerungen des Interaktionsprozesses die Tendenz für eine sich positiv, negativ oder neutral fortsetzende Interaktion festgelegt. Das bedeutet, daß der Ansatzpunkt zur Veränderung negativ eskalierender Prozesse im möglichst frühzeitigen Abbau von gegenseitiger Kritik liegen muß, und zwar bei schizophrenen Patienten ebenso wie bei ihren Angehörigen. In Behandlungsprogrammen ist dies nur möglich, wenn sowohl die Patienten als auch die Angehörigen in die Maßnahmen zur Rückfallprophylaxe einbezogen werden.

Im Vergleich zu Familien, in denen keine psychische Störung besteht, liegt das charakteristische Merkmal der HKR-Familien ebenfalls in stärker ausgeprägter gegenseitiger Kritik und - in Verbindung damit - länger anhaltenden, verbal und nonverbal negativen Kommunikationsprozessen. Die weiteren Unterscheidungsmerkmale, die gegenüber HEOI- und NEE-Familien bestehen, gelten gegenüber den Familien ohne psychische Störung nicht, mit Ausnahme inadäquater Problemlöseversuche bei den Angehörigen schizophrener Patienten und mit Ausnahme des nonverbal negativeren Verhaltens der Patienten. Dieses nonverbal negativere Verhalten der Patienten wirkt sich insofern auf die familiäre Interaktion ungünstiger aus als die ungünstigen Problemlöseversuche der Angehörigen, als dieser Verhaltensaspekt einerseits einen wesentlich größeren Anteil an der Kommunikation ausmacht als das spezifische Problemlöseverhalten der Angehörigen und weil negative Aufschaukelungsprozesse nur dann entstehen können, wenn beide Interaktionspartner, also auch die Patienten, daran beteiligt sind.

Ein für die Beurteilung der Interaktion in HKR-Familien wichtiges Ergebnis ist die Feststellung, daß im Bereich positiv-unterstützender Interaktionsformen kein Unterschied der Familien ohne psychische Störung besteht, der allein gegenüber HKR-Familien gelten würde. Die Selektivität der Kontrollfamilien drückt sich dadurch aus, daß nur eine einzelne Mutter als HKR eingestuft worden war, eine Angehörige als HEOI und alle anderen als NEE. Einzelne positive Kommunikationsaspekte (nonverbal positives Verhalten der Jugendlichen und Eltern, selbstöffnende Äußerungen der Jugendlichen) sind bei Familien ohne psychische Störung stärker ausgeprägt als bei HEE- und NEE-Familien. Diese Kommunikationsaspekte müssen deshalb als spezifisches Merkmal der Kontrollgruppe angesehen werden und sind mit der besonderen

Bereitschaft zu erklären, die diese Familien zur Teilnahme an der Untersuchung veranlaßt hat (vgl. Abschnitt 8.1); sie sind nicht im Sinne eines Verhaltensdefizits von HEE- im Vergleich zu NEE-Familien zu verstehen. Ähnliches gilt für die affektive Beteiligung: Hier unterscheiden sich die Familien ohne psychische Störung von allen Schizophrenie-Familien dadurch, daß sie nonverbal weniger neutral sind und sich positiver als HEE- und NEE-Familien verhalten.

Neben spezifischen Stichproben-Merkmalen der Kontrollgruppe trägt aller Wahrscheinlichkeit nach die Tatsache, daß Schizophrenie-Familien durch die Krankheit mit sehr viel größeren Problemen belastet sind als Familien ohne psychische Störung, zu diesen Unterschieden bei. Bei den HKR-Angehörigen wird diese Feststellung dadurch bestätigt, daß ein korrelativer Zusammenhang zwischen der KPI-Kategorie "Kritik" und dem Ausmaß an Belastung (SCL-90) gefunden wurde.

Die Annahme, daß NEE-Familien nicht nur seltener in negativer Form, sondern statt dessen in konkret zu beobachtender Weise positiv miteinander kommunizieren, hat sich nicht im erwarteten Maß bestätigt. Ein wesentliches Merkmal, das diese Familien unterscheidet, liegt im nonverbal positiven Verhalten der Angehörigen, während verbal positivere Beiträge nur in jeweils einem Teilaspekt bei Angehörigen ("Akzeptanz") und Patienten ("Positive Lösungen") beobachtet wurden, der einen sehr niedrigen Anteil am Interaktionsgeschehen ausmacht. Die neutrale Besprechung von Problemen kennzeichnet in diesen Familien den Interaktionsstil. Auch in der gegenseitigen Steuerung der Interaktion ist zwar das Fehlen von negativen Aufschaukelungsprozessen, nicht aber ein umso längerer positiver Verlauf, zu erkennen.

Die Hinweise dieser Untersuchung auf ein in NEE-Familien größeres Bewältigungspotential in Form von aktiv unterstützenden Kommunikations- und Problemlöseprozessen sind weniger einheitlich zu interpretieren als bei HEE-Familien. Die Untersuchungen der Goldstein-Gruppe (Valone, 1983; Miklowitz, 1984; Strachan, 1986) hatten keine derartigen Unterschiede zwischen HEE und NEE aufgezeigt, allerdings hing dieses Ergebnis mit dem auf negatives Verhalten gerichteten Schwerpunkt des AS-Kodiersystems (Doane et al., 1981) zusammen (vgl. Abschnitt 6.1). Im Bereich positiver Interaktionen können als Vergleich die Ergebnisse von Hahlweg et al. (1989) herangezogen werden:

Größere Toleranz bzw. Akzeptanz gegenüber den Patienten ist bei NEE-Angehörigen übereinstimmend beobachtet worden; die unterschiedlich hohen Anteile am gesamten Interaktionsgeschehen in beiden Ländern hängen wahrscheinlich mit kulturellen Unterschieden des Sprachgebrauchs zusammen. Daß das Merkmal trotzdem übereinstimmend als charakteristisch für NEE-Angehörige zu erkennen ist, erhöht die Aussagekraft dieser Beobachtung. Ebenfalls übereinstimmend wurden positivere Lösungsvorschläge bei Patienten in NEE-Familien beobachtet. Möglicherweise besteht zwischen akzeptierendem Verhalten der Angehörigen und konstruktiven Lösungsversuchen der Patienten ein kontingenter Zusammenhang der Interaktion. Aus den vorliegenden Daten läßt sich diese Frage aufgrund der vorgenommenen Kategorienreduktion leider nicht beantworten. Daß NEE-Angehörige affektiv positiver an der Kommunikation beteiligt sind - dies wurde in USA beobachtet -, trifft auf deutsche Familien nur tendenziell zu. Aus Diskussionen mit den Beurteilerinnen geht als mögliche Begründung hervor, daß die für nonverbal positives Verhalten definierten Beobachtungskriterien weniger prägnant und eindeutig anzuwenden waren als beispielsweise für nonverbal negatives Verhalten und diese Kategorie deshalb weniger häufig vergeben wurde. Gegen diese Erklärung als Meßfehler spricht jedoch, daß nonverbal positive Sequenzen bei NEE-Familien wesentlich kürzer sind als bei allen anderen, einschließlich der Familien ohne psychische Störung, so daß diese Familien affektiv nicht im erwarteten Maße positiver reagieren als andere Familien. Auch verbal verhalten sich NEE-Angehörige in dieser Untersuchung - im Gegensatz zu den amerikanischen Ergebnissen - neutraler als HEE-Angehörige, und das familiäre Klima ist insgesamt eher als "gelassen-neutral" zu bezeichnen, mit größerer Bereitschaft als in HEE-Familien, auf Konfliktsituationen eher tolerant als kritisierend zu reagieren.

Zieht man die Zusammensetzung der Patientenstichproben in Betracht, so wirkt sich hier möglicherweise der geringere Anteil an Erstmanifestationen in dieser Untersuchung (50 %; vgl. Abschnitt 8.1.2) gegenüber der amerikanischen Untersuchung aus, in der die Ersterkrankung bei allen Patienten noch nicht länger als zwei Jahre zurücklag. Ein sich hieraus ergebender Unterschied würde bedeuten, daß sich NEE-Angehörige mit zunehmender Dauer der Krankheit der Patienten nicht mehr so positiv engagieren wie zu Beginn der Erkrankung.

Beim Vergleich mit Normalfamilien fällt auf, daß sich alle Patienten durch dieselben spezifischen Merkmale wie die Patienten in HKR-Familien von den Jugendlichen ohne psychische Störung unterscheiden, nämlich durch mehr Kritik an den Eltern und negativeren Affekt. Da ein geringeres Ausmaß an Kritik in NEE-Familien und nonverbal negativerer Ausdruck - nicht nur bei den Eltern, sondern auch bei den Patienten - die von allen am gravierendsten Unterschiede zu HKR-Familien ausmachen, weist eine noch geringere Ausprägung dieser Komponenten in der Kontrollgruppe eher auf die Besonderheiten der Jugendlichen ohne Störung als auf Charakteristika der Patienten in NEE-Familien hin. Ein negativeres Verhalten der Patienten, auf das die NEE-Eltern ebenso positiv reagieren wie die Eltern der Kontrollgruppe auf das positivere Verhalten der Jugendlichen, könnte andererseits auch ein Argument gegen einen einseitig ungünstigen Einfluß des elterlichen Kommunikationsstils bedeuten, dem in einigen Familientheorien große ursächliche Bedeutung zugemessen wurde (vgl. Abschnitt 3). Sachlichere Neutralität scheint besser auf Patienten in NEE-Familien zuzutreffen, denn hier ist ihr Anteil gegenüber den Jugendlichen größer, während dies bei den übrigen Patienten nicht der Fall ist. Bei den Angehörigen verhält es sich anders, denn die größere Neutralität der affektiven Komponente trifft auf alle Eltern der schizophrenen Patienten zu, und man muß umgekehrt von geringerer Neutralität - verbunden mit stärker ausgeprägter positiver Grundtönung - bei den Eltern in Normalfamilien sprechen. In diesem Zusammenhang ist einerseits die Selektivität der Kontrollstichprobe zu berücksichtigen, andererseits die schon angesprochene Tatsache, daß es im Verlauf einer immer wiederkehrenden Krankheit immer schwieriger wird, sich positiv zu engagieren.

Wenig läßt sich bisher über die Interaktion in HEOI-Familien aussagen. Zustimmende Einwürfe sind bei Angehörigen häufig, und bei Patienten ist das nonverbale Verhalten positiver als in allen anderen Familien. Weitere Merkmale zur spezifischen Charakterisierung dieser Gruppe von Familienangehörigen und der dazugehörigen Patienten wurden nicht beobachtet.

Wie auch in der Untersuchung von Hahlweg et al. (1989) festgestellt wurde, weist das Interaktionsverhalten von HEOI-Angehörigen größere Ähnlichkeit mit dem Verhalten von NEE-Angehörigen auf. Dabei fallen weniger die häufigen zustimmenden Äußerungen, die auch zu längeren positiven Sequenzen führen, ins Gewicht; die Ähnlichkeit bezieht sich vielmehr auf die ebenso geringen Anteile der für die Kommunikation ungünstigen Elemente. Der HEE-Status ist ihnen jedoch mit den HKR-Angehörigen gemeinsam und bedeutet einen entscheidenden Unterschied zu NEE-Angehörigen bei der Rückfallprädiktion schizophrener Psychosen. Während sich für HEE/Kritik relativ gut erklären läßt, daß ein Wirkmechanismus - unter anderen - in unzureichenden Kommunikations- und Problemlösestrukturen zu finden ist, sind hierfür bei der Unterform HEE/EOI aus den Ergebnissen dieser Untersuchung keine konkreten Hinweise zu entnehmen.

Als kennzeichnend für den Interaktionsstil in Familien mit HEOI-Angehörigen haben Miklowitz et al. (1984) unter der englischen Bezeichnung "intrusiveness" ein Verhalten der Angehörigen beschrieben, bei dem sie sich so äußern, als könnten sie "Gedanken lesen", das heißt als wüßten sie über die Wünsche, Gefühle und persönlichen Belange der Patienten besser Bescheid als die Patienten selbst. "Intrusiveness" als beobachtetes Interaktionsmerkmal ist ebenso wie "Emotional Overinvolvement" als Einstellungsmerkmal ein komplexer Begriff, der sich schwerer in Verhaltenskategorien beschreiben läßt als zum Beispiel eine kritisierende Haltung. Beide Begriffe können zwar im Rahmen der Beobachtungs- bzw. Rating-Systeme, in denen sie enthalten sind, reliabel bestimmt werden, eine Übertragung auf deutsche Verhältnisse ist jedoch, wie schon die Problematik einer prägnanten Übersetzung zeigt, sehr schwierig. Die Kategorien des KPI trennen günstiges und ungünstiges Interaktionsverhalten nach Gesichtspunkten, in denen die Intention des Sprechers eine große Rolle spielt. Aus der klinischen Erfahrung mit HEOI-Angehörigen enthält jedoch gerade deren "gut gemeinte Absicht" eine Verhaltenskomponente mit stark beeinflussender Wirkung auf den Interaktionspartner; es ist sehr viel schwieriger, gut gemeintem Verhalten eigene Bedürfnisse entgegenzusetzen als in der Konfrontation mit einer kritisierenden Haltung. Die Vermischung positiver Intention mit der Anforderung, sich unerwünschten Einmischungen widersetzen zu müssen, die für schizophrene Patienten einen belastenden Widerspruch bedeuten kann, ist mit dem KPI schwer zu erfassen. Ein Anhaltspunkt hierfür wäre die Diskrepanz zwischen verbalen Äußerungen und nonverbalem Verhalten; eine solche Diskrepanz ist jedoch bei den HEOI-Angehörigen nicht zu erkennen. Ein ungünstiger Einfluß auf den Verlauf der Krankheit läßt sich also für HEOI als Unterform von HEE nicht auf spezifische Unterschiede der Familieninteraktionen im Vergleich zu NEE zurückführen. Dies geht aus den vorliegenden Ergebnissen in Übereinstimmung mit den Ergebnissen von Hahlweg et al. (1989) hervor.

Die längere Fortsetzung positiver Sequenzen in HEOI-Familien, die sich sowohl von den übrigen Schizophrenie-Familien als auch von Familien ohne psychische Störung abhebt, basiert auf einem einzelnen Verhaltensaspekt, nämlich zustimmenden Äußerungen der Angehörigen. Zieht man die ohnehin als ungewöhnlich "vorbildlich" einzustufende Kommunikation der Kontrollfamilien ins Kalkül, so könnte ein Belastungsmoment in HEOI-Familien gerade in einem zu hohen Maß an Zustimmung (im Sinne eines unreflektierten Ja-Sagens) bestehen. Auch das Bemühen um positive Problemlösungen, das bei den HEOI-Angehörigen stärker ausgeprägt ist als bei den Eltern in den Kontrollfamilien, könnte möglicherweise ein "zuviel" an Engagement, das den Patienten zu wenig eigenen Handlungsspielraum läßt, bedeuten. Es liegt auf der Hand, daß im Zusammenhang mit einer psychischen Krankheit die Notwendigkeit, sich um die Lösung von Problemen zu bemühen, größer ist als in Familien ohne Krankheit; mit diesem Argument ließen sich verstärkte Problemlösebemühungen aller Schizophrenie-Familien erklären, nicht jedoch die der HEOI-Angehörigen allein.

"Expressed Emotion" umschreibt das emotionale Klima in Familien; aus der Art der Schilderungen der Angehörigen wird die Beziehung zwischen Angehörigen und Patienten eingeschätzt. Die Art der Erhebung von EE allein aufgrund von Informationen der Angehörigen und allein als auf die Person des Angehörigen bezogener Index rückt die Einstellung der Angehörigen gegenüber den Patienten in den Vordergrund des Konstrukts. Dieser Aspekt unterschiedlicher Einstellungen von NEE- und HEE-Angehörigen wurde auch durch entsprechend unterschiedliche Interaktionskorrelate auf Seiten der Angehörigen betont (Valone et al., 1983; Miklowitz et al., 1984; Strachan et al., 1986). Interaktionen drücken jedoch sehr viel deutlicher als Einstellungen einen prozeßhaften Vorgang aus, der einer wechselseitigen Steuerung unterliegt. Die Validierung des EE-Konstrukts durch Interaktionsprozesse erfordert deshalb stärker als bisher die Einbeziehung des Patienten in die Analyse, und zwar nicht nur in Form von statischen Merkmalen, wie der Symptomatik des Patienten, sondern in Form von interagierenden Prozeßmerkmalen. Derartige Interaktionsprozeßmerkmale auf mikroanalytischer Ebene, die nicht nur das Verhalten der Interaktionspartner, sondern auch die Beziehung der Interaktionskomponenten zueinander kennzeichnen, wurden von Hahlweg et al., (1989) im Zusammenhang mit EE in USA ermittelt und mit der vorliegenden Untersuchung für deutsche Verhältnisse bestätigt und fortgeführt. Das bedeutet im einzelnen:

1. Dem EE-Status der Angehörigen schizophrener Patienten entspricht spezifisches Interaktionsverhalten der Angehörigen, und zwar in Verbindung mit spezifischem Interaktionsverhalten der Patienten; die Interaktionspartner sind gemeinsam an einem Interaktionsprozeß beteiligt, der sich für Familien mit NEE- und HEE-Angehörigen unterschiedlich beschreiben läßt, wobei zwischen HEE/Kritik und HEE/EOI zu trennen ist.

2. Mit der Klassifizierung eines Angehörigen als HEE und der Diskussion des Konstrukts als Rückfallprädiktor geht implizit - von den Autoren sicher unbeabsichtigt - eine negative Beurteilung der Angehörigen einher. Die Erklärung von EE mit Familieninteraktions<u>prozessen</u> kann dazu beitragen, die Rolle der Angehörigen im Verlauf schizophrener Psychosen im komplexeren Zusammenhang mit familiären Bedingungen zu bewerten, zu denen die Person des Patienten ebenso gehört wie zum Beispiel wirtschaftliche oder soziale Bedingungen, die belastend oder entlastend für die <u>Familie</u> sein können. In diesem Zusammenhang muß noch einmal festgestellt werden, daß das Bemühen um die Bewältigung von Problemen mit Hilfe konstruktiver Kommunikation bei HEE-Familien ebenso ausgeprägt ist wie bei Familien, in denen keine psychische Störung besteht.

3. Die Trennung zwischen Interaktionsprozessen in HKR- und EOI-Familien, die beide unter HEE subsummiert sind, führt zu <u>spezifischen</u> Einflußfaktoren innerhalb des Konzepts. Eine genauere Berücksichtigung der spezifischen Einflüsse würde verhindern, daß dem HEE-Index in der klinischen Praxis und im Umgang mit den betroffenen Familien pauschal rückfallbegünstigende Funktion zugeschrieben wird. Dies gilt für HKR-Familien ebenso wie für HEOI-Familien; für beide müssen die spezifischen Stärken und Schwächen der Familieninteraktion gefördert bzw. abgebaut werden, um die Rückfallgefährdung der Patienten zu verringern. Aufgrund der vorliegenden Ergebnisse sind diese Stärken und Schwächen in HKR-Familien bisher deutlicher zu erkennen als in HEOI-Familien, und entsprechende Ansatzpunkte müssen in diesen Familien noch verstärkt identifiziert werden.

4. Die hohe Übereinstimmung der Ergebnisse mit denen aus dem amerikanischen Sprach- und Kulturraum - inbesondere mit den Ergebnissen von Hahlweg et al. (1989), die nach derselben Methode gewonnen wurden - bestätigt die interkulturelle Gültigkeit des EE-Konstrukts.

5. Für die Rückfallprophylaxe bei schizophrenen Psychosen bedeutet diese interkulturelle Gültigkeit, daß sich die auf der theoretischen Basis von "Expressed Emotion" entwickelten Behandlungskonzepte aus dem angloamerikanischen Raum, deren Schwerpunkt - neben medikamentöser Behandlung - auf Kommunikations- und Problemlösestrukturen liegt (z.B. Falloon et al., 1984), auf die Anwendung in der BRD übertragen lassen.

6. Dabei sollten Angehörige und Patienten gemeinsam in die Behandlung einbezogen und der interaktive Prozess zwischen ihnen zum Ziel der Veränderung gemacht werden. Veränderung würde bedeuten, daß bestehende positive Elemente der Interaktion, wie gegenseitige Anerkennung und konstruktive Problemdiskussionen, unterstützt und gefördert werden und daß Kritik am anderen und unrealistische Vorschläge, die ihrerseits mit ungünstigen Gegenreaktionen verbunden sind, abgebaut werden. Ein Interventionsschwerpunkt liegt auf dem Abbau von Kritik; sie muß durch adäquate Ausdrucksformen für negative Gefühle zum Interaktionspartner ersetzt werden. Besonders ist neben der Form der verbalen Äußerungen auf das nonverbale Verhalten der Interaktionspartner zu achten. Erst wenn diese Voraussetzungen gegeben sind, kann die Lösung von Konflikten angestrebt werden.

7. Wie die Ergebnisse aus NEE-Familien zeigen, liegt ein Ansatzpunkt zur Rückfallprophylaxe in der Betonung von Toleranz gegenüber den Patienten und einem damit verbundenen <u>Unterlassen</u> belastender Auseinandersetzungen. In manchen Fällen kann neutrales, eher passives Verhalten günstiger sein als Aktivitäten auf beiden Seiten, besonders wenn diese - wegen fehlender Alternativen - in ungünstiger Form erfolgen. Hier kommt es natürlich darauf an, einen für alle Beteiligten angemessenen Mittelweg zu finden zwischen Desinteresse und mangelnder Unterstützung einerseits sowie allzu engagiertem Eingreifen in die Belange der Patienten auf der anderen Seite. Möglicherweise deuten auch die Ergebnisse aus HEOI-Familien in diese Richtung; konkrete Hinweise hierzu fehlen jedoch noch.

8. Die im Vergleich zu Familien, in denen die Ersterkrankung erst kurze Zeit zurücklag, hier weniger ausgeprägten positiven Interaktionen in NEE-Familien legen nahe, auch NEE-Familien in die Rückfallprophylaxe einzubeziehen, um die ursprünglich vorhandenen unterstützenden Elemente zu erhalten.

Im Hinblick auf die zukünftige Forschung haben die Ergebnisse zu einer Reihe von unmittelbaren Perspektiven geführt:

Um den direkten Einfluß der Familieninteraktion zu bestimmen, muß untersucht werden, in welcher Weise sich der Verlauf schizophrener Psychosen aufgrund der Interaktionsvariablen vorhersagen läßt, und die vorliegenden Ergebnisse sind als Hypothesen geeignet, um diese prädiktive Validität von Interaktionsprozessen im Verlauf schizophrener Psychosen zu überprüfen. Dabei sollte die systematische Beobachtung der Interaktion mit dem Kategoriensystem auch durch Ratingskalen ergänzt werden, die einerseits die Interaktionsmerkmale der HEE-Subgruppe "Emotional Overinvolvement" besser als bisher bekannt zum Ausdruck bringen und die andererseits auch die Intensität der in der Familie bestehenden und besprochenen Konflikte berücksichtigen.

Als ein weiteres wichtiges Ziel muß dann festgestellt werden, wie sich die Verlaufsprognose verbessern läßt, wenn sich mit Hilfe familientherapeutischer Maßnahmen die Kommunikations- und Problemlösestrukturen in der Familie verändern.

11 ZUSAMMENFASSUNG

Die familiäre Umgebung hat Einfluß auf den Verlauf schizophrener Psychosen. In frühen Familientheorien war versucht worden, die Entstehung einer Schizophrenie - in Abgrenzung zu biologischen Ursachen - allein mit familiären Ursachen zu erklären; ursächliche Zusammenhänge in eindimensionaler Form sind anhand eines Überblicks über die empirische Literatur widerlegt worden. Weitgehend übereinstimmende empirische Belege konnten jedoch dafür gesammelt werden, daß unter dem Begriff "Expressed Emotion" Familienvariablen gefunden wurden, von denen im Rahmen eines interaktiven Vulnerabilität-Streß-Modells der weitere Verlauf einer bereits aufgetretenen schizophrenen Störung abhängt. EE umschreibt das emotionale Familienklima, das durch die im Interview geäußerten Einstellungen von Angehörigen zum schizophrenen Familienmitglied ermittelt wird. Man nimmt an, daß sich der EE-Index der Angehörigen in der unmittelbar zwischen schizophrenen Patienten und ihren Angehörigen stattfindenden Interaktion niederschlägt und sich auf diesem Wege auf den Krankheitsverlauf auswirkt. Erste Belege für diese Annahme wurden im angloamerikanischen Raum gefunden. Aus der genaueren Kenntnis der Zusammenhänge würden sich entsprechende Maßnahmen der Rückfallprophylaxe für hiesige Verhältnisse ableiten lassen.

Die vorliegende Untersuchung war dazu angelegt, Zusammenhänge zwischen EE und realen Familieninteraktionen in der BRD zu überprüfen. Dabei sollte geklärt werden, wie sich bei Konfliktgesprächen in Familien mit einem schizophrenen Mitglied die Interaktionsmuster unterscheiden, je nachdem ob die Angehörigen als "hoch-EE" oder "niedrig-EE" eingeschätzt worden waren. Angenommen wurde, daß Familienangehörige mit dem NEE-Status über günstigere Kommunikations- und Problemlösefertigkeiten als Angehörige mit dem HEE-Status verfügen, besonders dann, wenn die EE-Unterform "Kritische Haltung" den HEE-Status ausmacht, und daß sich die Unterschiede auf interagierende Prozesse zwischen Angehörigen und Patienten beziehen. Außerdem sollte geklärt werden, wie derartige Unterschiede im Vergleich zu Familien, in denen keine psychische Störung besteht, zu beurteilen sind.

In 42 Familien mit einem schizophrenen Mitglied und 11 Familien ohne psychische Störung wurde der EE-Index ermittelt. Konfliktgespräche der Familien wurden mit Video aufgenommen und mit dem Beobachtungssystem KPI, das der Abbildung von Kommunikations- und Problemlöseprozessen in Familien dient, kodiert. Fragebögen zur Symptomatik der Patienten und zu Beschwerden der Familienmitglieder ergänzten die Diagnostik. Die beobachteten Familieninteraktionen wurden zwischen Familien mit dem Status NEE, den HEE-Unterformen "Kritik" und "Emotionales Überengagement" sowie Familien ohne psychisch krankes Mitglied verglichen.

Die Untersuchung hat gezeigt, daß in Familien, in denen Angehörige aufgrund einer kritisierenden Haltung als HEE gelten, ungünstige Komunikations- und Problemlösestrukturen bestehen. Es entstehen negativ eskalierende Interaktionsprozesse, an denen Patienten und Angehörige wechselseitig beteiligt sind, so daß ein einseitiger Einfluß der Angehörigen auf den Krankheitsverlauf nicht anzunehmen ist. Diese Eskalationen entwickeln sich in NEE-Familien nicht. Einzelne günstige Kommunikationsbeiträge von Angehörigen und Patienten sind hier zwar stärker ausgeprägt, jedoch liegt der Schwerpunkt der Interaktion auf sachlichen, problembezogenen Diskussionen, und dies scheint eine Kommunikationsform zu sein, die für den Verlauf schizophrener Psychosen günstig ist. Die Interaktionsmuster in HEOI-Familien sind mit denen in NEE-Familien vergleichbar; Ansatzpunkte für das erhöhte Rückfallrisiko der Patienten in diesen Familien sind in den Kommunikationsstrukturen nicht zu erkennen. Durch überwiegend positive Interaktionselemente zeichnete sich die kleine Auswahl von Familien aus, in denen keine psychische Störung besteht.

Große Übereinstimmung wurde mit Ergebnissen aus dem angloamerikanischen Raum festgestellt. Sie trägt zur interkulturellen Validierung des EE-Konzepts bei.

Implikationen der Ergebnisse für die klinische Praxis der Rückfallprophylaxe und für die bewertende Beurteilung familiärer Interaktionen im Hinblick auf den Verlauf schizophrener Psychosen wurden diskutiert.

Literatur

American Psychiatric Association (1952). Diagnostic and statistical manual of mental disorders. Washington,D.C.: American Psychiatric Association <DSM-I>; 2nd e. DSM-II (1968); 3rd ed. DSM-III (1981).

Anderson,C.M., Reiss,D.J., Hogarty,G. (1986). Schizophrenia and the family. Guilford Press, New York, London.

Angermeyer,M. (1978). 20 Jahre Double Bind: Versuch einer Bilanz. Psychiatrische Praxis, 5, 106-117.

Bales,R.F. (1950). Interaction process analysis. Reading, MA: Addison-Wesley.

Bateson,G., Jackson,D., Haley,J. & Weakland,J. (1956). Toward a theory of schizophrenia. Behavioral Science, I, 252-264.

Bateson,G., Jackson,D.D., Haley,J. & Weakland,J. (1969). Auf dem Wege zu einer Schizophrenie-Theorie. In: G. Bateson et al. (1969). Schizophrenie und Familie. Frankfurt: Suhrkamp.

Beakel,N.G. & Mehrabian,A. (1969). Inconsistent communications and psychopathology. Journal of Abnormal Psychology, 74, 126.

Beavers,W.R. (1965). Communication patterns of mothers of schizophrenics. Family Process, 4, 95.

Behrens,M., Rosenthal,A. & Chodoff,P. (1968). Communication in lower-class families of schizophrenics. Observations and findings. Archives of General Psychiatry, 18, 689-696.

Berger,A. (1967). A test of the double bind hypothesis of schizophrenia. Family Process, 4, 198.

Beutel,P. & Schubö,W. (1983). SPSS 9. Statistik-Programm-System für die Sozialwissenschaften. Nach N.H. Nie und C.H. Hull, 1975. Stuttgart: Gustav Fischer Verlag.

Bijou,S.W., Peterson,R.F. & Ault,H.M. (1968). A method to integrate descriptive experimental field studies at a level of data and empirical concept. Journal of Applied Behavioral Analysis, 1, 75-191.

Blanck,G. & Blanck,R. (1974). Angewandte Ich-Psychologie. Stuttgart: Klett-Cotta.

Blanck,G. & Blanck,R. (1979). Ich-Psychologie II. Stuttgart: Klett-Cotta.

Bleuler,E. (1911). Dementia praecox oder die Gruppe der Schizophrenien. Leipzig: Deuticke.

Bleuler,M. (1972). Die schizophrenen Geistesstörungen im Lichte langjähriger Kranken- und Familiengeschichten. Stuttgart: Thieme.

Bowen,M. (1960). The family concept of schizophrenia. In: D. Jackson (Ed.). The Etiology of Schizophrenia. Basic Books, New York.

Bowen,M. (1978). Family therapy in clinical practice. New York: Jason Aronson.

British Glossary of Mental Disorders (1968)

Bronfenbrenner,U. (1977). Toward an experimental ecology of human development. American Psychologist, 32, 513-31.

Brown,G.W. (1959). Experiences of discharged chronic schizophrenic mental hospital patients in various types of living group. Millbank Memorial Fund Quarterly, 37, 105-131.

Brown,G.W. (1985). The discovery of "expressed emotion": Induction or deduction? In: J. Leff and C. Vaughn (Eds.). Expressed emotion in families: Its significance for mental illness. New York: Guilford Press.

Brown,G.W. & Birley,J.L.T. (1968). Crises and life change and the onset of schizophrenia. Journal of Health and Social Behavior, 9, 203-214.

Brown,G.W., Birley,J.L.T., Wing,J.K. (1972). The influence of family life on the course of schizophrenic disorders: A replication. British Journal of Psychiatry, 121, 241-258.

Brown,G.W., Monck,E.M., Carstairs,G.M., Wing,J.K. (1962). The influence of family life on the course of schizophrenic illness. British Journal of Preventative Social Medicine, 16, 55-68.

Bugental,D.E. et al. (1971). Verbal-nonverbal conflict in parental messages to normal and disturbed children. Journal of Abnormal Psychology, 77, 6.

Carpenter,W.T., Strauß,J.S. & Bartko,J.J. (1974). Use of signs and symptoms for the identification of schizophrenic patients. Schizophrenia Bulletin, 2, 37-49.

Cartwright,D. & Zander,A. (Eds.) (1968). Group dynamics: Research and theory (3rd. ed.). New York: Harper & Row.

Cheek,F. (1964a). The "schizogenic mother" in word and deed. Family Process, 3, 155-177.

Cheek,F. (1964b). A serendipitous finding: Sex roles and schizophrenia. Journal of Abnormal and Social Psychology, 69, 392-400.

Cheek,F. (1965a). Family interaction patterns and convalescent adjustment of the schizophrenic. Archives of General Psychiatry, 13, 138-147.

Cheek,F. (1965b). The father of the schizophrenic. Archives of General Psychiatry, 13, 336-345.

Cierpka,M. (Hrsg.) (1988). Familiendiagnostik. Berlin: Springer.

Ciompi,L. & Müller,C. (1976). Lebensweg und Alter der Schizophrenen. Berlin: Springer.

Ciotola,P.V. (1961). The effect of two contradictory levels of reward and censure on schizophrenics. Unveröffentlichte Dissertation, University of Missouri.

CIPS. Collegium Internationale Psychiatriae Scalarum (1981). (Hrsg.) Internationale Skalen für Psychiatrie.

Cohen,B.D. (1978). Self-editing deficits in schizophrenia. In: L.C. Wynne, R.L. Cromwell & S. Matthysse (Eds.) The nature of schizophrenia. New York: John Wiley & Sons, 313-319.

Cooper,J.E., Kendell,R.E., Gurland,B.J., Sharpe,L., Copeland,J.R.M. & Simon,R. (1972). Psychiatric diagnosis in New York and London. London: Oxford University Press.

Cromwell,R.E., Olson,D.H. & Fournier,D.G. (1976). Tools and techniques for diagnosis and evaluation in marriage and family therapy. Family Process, 15, 1-49.

Crow,T.J., MacMillan,J.F., Johnson,A.L., Johnstone,E.C. (1985). The Northwick Park study of first episodes of schizophrenia. 2. A randomised controlled trial of prophylactic neuroleptic treatment. British Journal of Psychiatry.

Dawson,M.E. & Nuechterlein,K.H. (1984). Psychophysiological dysfunctions in the developmental course of schizophrenic disorders. Schizophrenia Bulletin, 10, 2, 204-232.

Degkwitz,R., Helmchen,H., Kockott,G. & Mombour,W. (1980). Diagnoseschlüssel und Glossar psychiatrischer Krankheiten. 5. Auflage, korrigiert nach der 9. Revision der ICD. Berlin: Springer.

Dell,P.F. (1977). The relationship between the communication of parents and sons in schizophrenic and normal families. Unpublished doctoral dissertation. The University of Texas at Austin, Austin, TX.

Derogatis,L.R., Lipman,R.S. & Covi,L. (1973). SCL-90 / An Outpatient Psychiatric Rating Scale - Preliminary Report. Psychopharmacological Bulletin, 9, 13-28.

Doane,J.A. (1977). Parental Communication Deviance as a predictor of child competence in families with a schizophrenic and nonschizophrenic parent. Unpublished doctoral dissertation. University of Rochester, Rochester, N.Y.

Doane,J.A. (1978). Family interaction and Communication Deviance in disturbed and normal families: A review of research. Family Process, 17, 357-376.

Doane,J.A., Falloon,I.R.H., Goldstein,M.J., Mintz,J. (1985). Parental affective style and the treatment of schizophrenia: Predicting course of illness and social functioning. Archives of General Psychiatry, 42, 34-42.

Doane,J.A. & Goldstein,M.J. (1984). UCLA family assessment procedures. Unpublished manuscript. University of California, Los Angeles, Dept. of Psychology.

Doane,J.A., West,K.L., Goldstein,M.J., Rodnick,E.H. & Jones,J.E. (1981). Parental Communication Deviance and affective style: predictors of subsequent schizophrenia spectrum disorders in vulnerable adolescents. Archives of General Psychiatry, 38, 679-685.

Dulz,B., Hand,I. (1986). Short-term relapse in young schizophrenics: Can it be predicted and affected by family (CFI), patient and treatment variables? An experimental study. In: M.J. Goldstein, I. Hand, K. Hahlweg (Eds.) Treatment of Schizophrenia: Family assessment and intervention. Berlin: Springer.

Erikson,E.H. (1950). Childhood and society. New York: Norton.

Fairbairn,W. (1952). Psychoanalytic studies of the personality. London (Tavistock).

Falloon,I., Boyd,J. & McGill,C. (1984). Family care of schizophrenia. A problem-solving approach to the treatment of mental illness. New York: Guilford.

Farina,A. & Holzberg,J. (1968). Interaction patterns of parents and hospitalized sons diagnosed as schizophrenic or nonschizophrenic. Journal of Abnormal Psychology, 73, 114-118.

Federn,P. (1956). Ich-Psychologie und die Psychosen. Bern: Huber.

Ferreira,A. & Winter,W. (1965). Family interaction and decision making. Archives of General Psychiatry, 13, 214-223.

Ferreira,A. & Winter,W. (1968a). Decision-making in normal and abnormal two-child families. Family Process, 7, 17-36.

Ferreira,A., Winter,W. & Poindexter,E. (1966). Some interactional variables in normal and abnormal families. Family Process, 5, 60-75.

Fieguth,G. (1977). Die Entwicklung eines kategoriellen Beobachtungssystems. In: U. Mees & H. Selg (Hrsg.). Verhaltensbeobachtung und Verhaltensmodifikation. Stuttgart: Klett.

Freud,A. (1946). The ego and mechanisms of defense. New York: International Universities Press.

Freud,S. (1938). Die Ichspaltung im Abwehrvorgang. G.W., XVII, 59; S.E., XXIII, 275.

Friedman, C. & Friedman, A. (1970). Characteristics of schizogenic families during a joint family story-telling task. Family Process, 9 , 333-354.

Fromm-Reichmann,F. (1948). Notes on the development of treatment of schizophrenia by psychoanalytic psychotherapy. Psychiatry, 11, 263-273.

Garmezy,N. (1978). Current status of a sample of other high-risk research programs. In: L.C. Wynne, R.L. Cromwell & S. Matthysse (Eds.). The nature of schizophrenia: New approaches to research and treatment. New York: John Wiley & Sons, Inc., 473-480.

Glaser,R.B. (1976). Family interaction patterns and schizophrenia: A Rorschach study. Unpublished doctoral dissertation. University of California at Berkeley, Berkeley, CA.

Glick,B.R. & Gross,S.J. (1975). Marital interaction and marital conflict: A critical evaluation of current research strategies. Journal Marriage and the Familiy, 37,505-512.

Glover,E. (1939).The psycho-analysis of affects. International Journal of Psychoanalysis, 20, 299-307.

Goldstein,M.J. (1985). Family factors that antedate the onset of schizophrenia and related disorders: the results of a fifteen year prospective longitudinal study. Acta Psychiatrica Scandinavica, 71, 7-18.

Goldstein,M.J. (1987). The UCLA high risk project. In: M.J. Goldstein & H. Tuma (Eds.). Special issue on high risk research. Schizophrenia Bulletin (in press).

Goldstein,M.J. (1988). The family and psychopathology. Annual Review of Psychology, 39, 283-299.

Goldstein,M.J., Hand,I. & Hahlweg,K. (1986). Treatment of schizophrenia: Family assessment and intervention. Heidelberg: Springer.

Goldstein,M.J., Judd,L.L., Rodnick,E.H., Alkire,A.A. & Gould,E. (1968). A method for the study of social influence and coping patterns in the families of disturbed adolescents. Journal of Nervous and Mental Disease, 147, 233-251.

Goldstein,M.J. & Rodnick,E. (1975). The family's contribution to the etio logy of schizophrenia: Current status. Schizophrenia Bulletin, 14, 48-63.

Goldstein,M.J., Rodnick,E.H., Evans,J.R., May,P.R.A. & Steinberg,M.R. (1978). Drug and family therapy in the aftercare of acute schizophrenics. Archives of General Psychiatry, 35, 1169-1177.

Goldstein,M., Rodnick,E., Jones,J.E., McPherson,S. & West,K. (1976). Familial precursors of schizophrenia spectrum disorders. Paper read at the Second Rochester International Conference on Schizophrenia. Rochester, New York.

Goldstein,M.J. & Strachan,A.M. (1987). The familiy and schizophrenia. In: Jacob,T. (ed.). Family interaction and psychopathology. New York: Plenum Press.

Goldstein,M.J. & Strachan, A.M. (1986). The impact of family intervention programs on family communication and the short-term course of schizophrenia. In: M.J. Goldstein, I. Hand & K. Hahlweg (Eds.). Treatment of schizophrenia: Family assessment and intervention. Berlin: Springer.

Goldstein,M.J. & Tuma,H. (Eds.) (1987). Special issue on high risk research. Schizophrenia Bulletin. In press.

Gottesman,I.I. & Shields,J. (1982). Schizophrenia: The epigenetic puzzle. New York: Cambridge University Press.

Gottman,J.M. (1979). Marital interaction. Experimental investigations. New York: Academic Press.

Gottman,J.M., Notarius,C., Markman,H., Bank,S., Yoppi,B. & Rubin,M.E. (1976). Behavior exchange theory and marital decision making. Journal of Personality and Social Psychology, 34, 14-23.

Gottschalk, L.A. & Gleser, G.C. (1969). The measurement of psychological states through the content analysis of verbal behavior. Berkeley: University of California Press.

Guntrip,H. (1973). Psychoanalytic theory, therapy and the self. New York: Basic Books.

Hahlweg,K. (1986a). Partnerschaftliche Interaktion. Empirische Untersuchungen zur Analyse und Modifikation von Beziehungsstörungen. München: Röttger.

Hahlweg,K. (1986b). Einfluß der Familieninteraktion auf Entstehung, Verlauf und Therapie schizophrener Störungen. In: E. Nordmann & M. Cierpka (Hrsg.) Familienforschung in Psychiatrie und Psychotherapie. Berlin: Springer.

Hahlweg,K., Falloon,I.R.H. & Goldstein,M.J. (1985). Changes in schizophrenic families communication patterns after behavioral family care. 15th European Congress of Behavior Therapy, Munich.

Hahlweg,K., Feinstein,E., Müller,U. (1988). Analyse familiärer und partnerschaftlicher Kommunikation. In: M. Cierpka (Hrsg.). Familiendiagnostik. Berlin: Springer.

Hahlweg,K., Feinstein,E., Müller,U. & Dose,M. (im Druck). Familienbetreuung schizophrener Patienten: Rückfallprophylaxe und Änderung der familiären Kommunikationsmuster. In: H. Brenner & W. Böker (Hrsg.). Die Rolle intermediärer Prozesse für Verständnis und Therapie der Schizophrenie. Huber, Bern.

Hahlweg,K., Feinstein,E. & Müller, U. (im Druck). Family management programs for schizophrenic patients: prevention of relapse and modification of familial communication patterns. British Journal of Psychiatry.

Hahlweg,K., Goldstein,M.J., Nuechterlein,K.H., Magana,A.B., Mintz,J., Doane,J.A., Miklowitz,D.J. & Snyder,K.S. (1989). Expressed emotion and patient-relative interaction in families of recent onset schizophrenics. Journal of Consulting and Clinical Psychology.

Hahlweg,K., Reisner,L., Kohli,G., Vollmer,M., Schindler,L. & Revenstorf,D. (1984a). Development and validity of a new system to analyze interpersonal communication: Kategoriensystem für partnerschaftliche Interaktion. In: K. Hahlweg & N. Jacobson (Eds.). Marital Interaction. New York: Guilford Press.

Hahlweg,K., Reisner,L., Kohli,G., Vollmer,M., Schindler,L., Revenstorf,D., Müller,U. & Morgenroth,U. (1988). Unveröffentlichtes Ratermanual zum KPI, Kategoriensystem für partnerschaftliche/familiäre Interaktion (Version 1988).

Hahlweg,K., Revenstorf,D. & Schindler,L. (1984). Effects of behavioral marital therapy on couples communication and problem-solving skills. Journal of Consulting and Clinical Psychology, 52, 553-566.

Haley,J. (1962). Family experiments: A new type of experimentation. Family Process, 1, 265-293.

Haley,J. (1968). Testing parental instructions to schizophrenic and normal children. A pilot study. Journal of Abnormal Psychology, 73, 559-565.

Hartmann,H. (1975/1939-1958). Ich-Psychologie und Anpassungsproblem. Stuttgart: Klett.

Hartmann,H. (1972/1964). Ich-Psychologie. Studien zur psychoanalytischen Theorie. Stuttgart: Klett.

Hassan,S.A. (1974). Transactional and contextual invalidation between the parents of disturbed families: a comparative study. Family Process, 13, 53.

Helmerson,P. (1983). Family interation and communication in psychopathology: An evaluation in recent perspectives. London: Academic Press.

Henrich,G. (1986). Program Seqana. Modifizierte und erweiterte Form des Programms von B. Vogel, 1979

Herman,B.F. & Jones,J.E. (1976). Lack of acknowledgment in the family Rorschachs of families with a child at risk for schizophrenia. Family Process, 15. 289-302.

Heston,L. (1966). Psychiatric disorders in foster home reared children of schizophrenic mothers. British Journal of Psychiatry, 112, 819-825.

Hirsch,S.R. (1979). Eltern als Verursacher der Schizophrenie. Nervenarzt 50, 337-345.

Hirsch,S. & Leff,J. (1971). Parental abnormalities of verbal communication in the transmission of schizophrenia. Psychological Medicine, 1, 118-127.

Hirsch,S. & Leff,J. (1975). Abnormalities in parents of schizophrenics. London: Oxford University Press.

Hoch,P.H. & Polatin,P. (1949). Pseudoneurotic forms of schizophrenia. Psychiatric Quarterly, 23, 248-276.

Hogarty,G.E. (1985). Expressed emotion and schizophrenic relapse: implications from the Pittsburgh Study. In: M. Alpert (Ed.). Controversies in Schizophrenia, 354-365. New York: Guilford Press.

Hogarty,G.E., Anderson,C.M., Reiss,D.J., Kornblith,S.J., Greenwald,D.P., Javna,C.D., Madonia,M.J. & the EPICS Schizophrenia Research Group (1986). Family psychoeducation, social skills training and maintenance chemotherapy in the aftercare treatment of schizophrenia: I. One year effects of a controlled study on relapse and expressed emotion. Archives of General Psychiatry, 43, 633-642.

Hogarty,G.E., Schooler,N.R., Ulrich,R., Mussore,F., Ferro,P. & Herrow,E. (1979). Fluphenazine and social therapy in the aftercare of schizophrenic patients. Archives of General Psychiatry, 36, 1283-1294.

Hooley,J.M. (1984) Criticism and depression. Unpublished Phil.D. thesis. University of Oxford.

Hooley,J.M. (1985). Expressed emotion: A review of the critical literature. Clinical Psychology Review, 5.

Hooley,J.M. (1985). An introduction to EE measurement and research. In: M.J. Goldstein, I.Hand. & K.Hahlweg (Eds.). Treatment of schizophrenia: Family assessment and intervention. Berlin: Springer.

Hooley,J.M. & Hahlweg,K. (1986). The marriages and interaction patterns of depressed patients and their spouses: Comparison of high and low EE dyads. In: M.J. Goldstein, I.Hand & K. Hahlweg: Treatment of schizophrenia: Familiy assessment and intervention. Berlin: Springer.

Holmes,T.H. & Rahe,R.H. (1967). The social readjustment rating scale. Journal of Psychosomatic Research, 11, 213- 218.

Homans,G.C. (1968). Elementarformen sozialen Verhaltens. Köln-Opladen: Westdeutscher Verlag.

Hops,H., Willis,T.A., Patterson,G.R. & Weiss,R.L. (1972). Marital interaction coding system. University of Oregon: Unpublished manuscript.

Horney,K. (1942). Self-analysis. New York: Norton.

Huber,G., Zerbin-Rüdin,E. (1979). Schizophrenie. Darmstadt: Wissenschaftliche Buchgemeinschaft.

Jacob,T. (1975). Family interaction in disturbed and normal families. A methodological and substantive review. Psychological Bulletin, 82, 33-65.

Jacobson,N.S. & Margolin,G. (1979). Marital therapy: Strategies based on social learning and behavioral exchange principles. New York: Brunner/Mazel.

Jenkins,J.H., Karno,M., Selva,A., Santana,F., Telles,C., Lopez,S. & Mintz,J. (1986). Expressed emotion, maintenance pharmacotherapy and schizophrenic relapse among Mexican-Americans. Psychopharmacology Bulletin, 22, 621-627.

Johnstone,E.C., Crow,J., Johnson,L. & MacMillan,J.F. (1986). The Northwick Park Study of first episodes of schizophrenia. British Journal of Psychiatry, 148, 115-120.

Jones,J.E. (1977). Patterns of transactional style deviance in the TATs of parents of schizophrenics. Family Process, 16, 327-337.

Jones,J.E., Rodnick,E., Goldstein,M., McPherson,S. & West,K. (1977). Parental transactional style deviance as a possible indication of risk for schizophrenia. Archives of General Psychiatry, 34, 71-74.

Jones,M. (1953). The therapeutic community. New York: Basic Books.

Kasanin,J. (1933). The acute schizo-affective psychoses. American Journal of Psychiatry, 13, 97-126.

Kernberg,O. (1975). Borderline conditions and pathological narcissism. New York: Jason Aronson.

Kety,S.S., Rosenthal,D., Wender,P.H. & Schulsinger,F. (1968). The types and prevalence of mental illness in the biological and adoptive families of adopted schizophrenics. In: D.Rosenthal & S.S. Kety (Eds.) The transmission of schizophrenia. Oxford: Pergamon Press, 345-362.

Kety,S.S., Rosenthal,D., Wender,P.H., Schulsinger,F. & Jacobsen,B. (1978). The biologic and adoptive families of adopted individuals who become schizophrenic: Prevalence of mental illness and other characteristics. In: L.C. Wynne, R.L. Cromwell & S. Matthysse (Eds.) *The nature of schizophrenia: New approaches to research and treatment*. New York: Wiley.

Kingsley,V.C. (1970). The effects of the double-bind conflict and sex of the experimenter on the conceptual functioning and visual discrimination of male good and poor premorbid schizophrenics. Unveröffentlichte Dissertation.

Klein,M. (1952). Some theoretical conclusions regarding the emotional life of the infant. In: *Developments*.

Kleining,G. & Moore,H. (1968). Soziale Selbsteinstufung (SSE). *Kölner Zeitschrift für Soziologie und Sozialpsychologie 20*, 502-552

Kraepelin,E. (1896). *Psychiatrie* (5. Ausg.). Leipzig: Barth.

Kuipers,L., Sturgeon,D., Berkowitz,R. & Leff,J.P. (1983). Characteristics of expressed emotion: Its relationship to speech and looking in schizophrenic patients and their relatives. *British Journal of Clinical Pychology, 22*, 257- 264.

Laing,R.D., Philipson,H., Lee,A.E. (1966). *Interpersonal perception: A theory and a method of research*. London: Tavistock.

Laing,R.D. (1969). Mystifizierung, Konfusion und Konflikt. In: *Schizophrenie und Familie*. (Original erschienen 1965. Mystification, confusion, and conflict.)

Langfeldt,G. (1937). The prognosis in schizophrenia and the factors influencing the course of the disease. *Acta Psychiatrica et Neurologica Scandinavica, Suppl. 13*.

Leeb,B. (1989). Die kreuzkulturelle Validierung der "Fünf-Minuten-Sprechstichprobe" (FMSS) zur Bestimmung des EE-Status. Unveröffentlichte Diplomarbeit. Ludwig-Maximilians-Universität, München.

Leff,J.P., Hirsch,S.R., Gaind,R., Rohde,P.D. & Stevens,B.S. (1973). Life events and maintenance therapy in schizophrenic relapse. *British Journal of Psychiatry, 123*, 659-660.

Leff,J.P., Kuipers,L., Berkowitz,R., Eberlein-Vries,R. & Sturgeon,D.A. (1982). A controlled trial of social intervention in the families of schizophrenic patients. *British Journal of Psychiatry, 141*, 121-134.

Leff,J.P. & Vaughn,C. (1980). The interaction of life events and relatives' expressed emotion in schizophrenia and depressive neurosis. *British Journal of Psychiatry, 136*, 146-153.

Leff,J.P. & Vaughn,C. (1985). Expressed Emotion in families. New York: Guilford.

Leff,J., Wig,N.N., Ghosh,A., Bedi,H., Menon,K., Kuipers,L., Korte,A., Ernberg,G. & Day,R. (1987). Influence of relatives' expressed emotion on the course of schizophrenia in Chandigarh. British Journal of Psychiatry, 151, 166-173.

Lennard,H., Beaulieu,M. & Embry,N. (1965). Interaction in families with a schizophrenic child. Archives of General Psychiatry, 12, 166-183.

Lidz,R.W. & Lidz,T. (1949). The family environment of schizophrenic patients. American Journal of Psychiatry, 106, 332345.

Lidz,T., Fleck,S., Cornelison,A. (Eds) (1965). Schizophrenia and the family. New York: International Universities Press.

Lidz,T., Fleck, S., Cornelison,A.R. & Terry,D. (1957).The intrafamilial environment of the schizophrenic patient: II. Marital schism and marital skew. American Journal of Psychiatry, 114, 241-248.

Lieber,D.J. (1977). Parental focus of attention in a videotape feedback task as a function of hypothesized risk for offspring schizophrenia. Family Process, 16, 467-475.

Liem,J.H. (1980). Family studies of schizophrenia. An update and commentary. Schizophrenia Bulletin, 6, 429-455.

Loeff,R.G. (1966). Differential discrimination of conflicting emotional messages by normal, delinquent and schizophrenic adolescents. Unveröffentliche Dissertation, Indiana University.

Lorr,M., Klett,C.J., McNair,D.M. & Lasky,J.J. (1963). Manual: Inpatient Multidimensional Psychiatric Scale. Consulting Psychologists Press. Palo Alto, California.

Lukoff,D., Snyder,K., Ventura,J. & Nuechterlein,K.H. (1984). Life events, familial stress and coping in the developmental course of schizophrenia. Schizophrenia Bulletin, 10, 2, 258-292.

MacMillan,J.F., Gold,A., Crow,T.J., Johnson,A.L. & Johnstone,E.C. (1986). Expressed emotion & relapse. British Journal of Psychiatry, 148, 133-143.

Magana,A.B., Goldstein,M.J., Marvin,K., Miklowitz,D.J., Jenkins,J. & Falloon,I.R.H. (1985). A brief method for assessing Expressed Emotion in relatives of psychiatric patients. Psychiatry Research, 17, 203-212.

Mahler,M. (1968). Symbiose und Individuation. Stuttgart: Klett-Cotta. 1983.

Markman,H.J., Notarius,C.I., Stephen,T. & Smith,R.J. (1981). Behavioral observation systems for couples: The current status. In: E.E. Filsinger & R.A. Lewis (Hrsg.). Assessing marriage. Beverly Hills: Sage.

Marcus,J., Hans,S.L., Nagler,S., Auerbach,J.G., Mirsky,A.F. & Aubrey,A. (1987). A review of the NIMH Israeli Kibbutz City study. s. Goldstein & Tuma, 1987.

McCord,W., Porta,J. & McCord,J. (1962). The familial genesis of psychoses. Psychiatry, 25, 60-71.

McFarlane,W.R. (1983). Family therapy in schizophrenia. New York: Guilford Press.

Mees,U. (1977). Einführung in die systematische Verhaltensbeobachtung. In: U. Mees und H. Selg (Hrsg.). Verhaltensbeobachtung und Verhaltensmodifikation. Stuttgart: Klett.

Meyer,A. (1951). Genetic-dynamic psychology versus nosology. In: E.E. Winters (Ed.) The collected papers of Adolf Meyer (Vol. 3). Baltimore: John Hopkins University Press. (Original: 1926).

Meyers,D.F. & Goldfarb,W. (1961). Studies of perplexity in mothers of schizophrenic children. American Journal of Orthopsychiatry, 31, 551-564.

Miklowitz,D.J., Goldstein,M.J. & Falloon,I.R.H. (1983). Premorbid and symptomatic characteristics of schizophrenics from families with high and low levels of expressed emotion. Journal of Abnormal Psychology, 92, 359-367.

Miklowitz,D., Goldstein,M.J., Falloon,I.R.H. & Doane,J. (1984). Interactional correlates of expressed emotion in the families of schizophrenics. British Journal of Psychiatry, 144, 482-487.

Miklowitz,D., Goldstein,M.J., Doane,J., Nuechterlein,K., Strachan,A., Snyder,K. & Magana,A. (1989). Is expressed emotion an index of a transactional process? I. Parents' Affective Style. Family Process, 28, 153-166.

Mintz,J., Minth,L. & Goldstein,M. (1987). Expressed emotion and relapse in first episodes of schizophrenia. British Journal of Psychiatry, 151, 314-320.

Mishler,E. & Waxler,N. (1965). Family interaction processes and schizophrenia: A review of current theories. Merrill Palmer Quarterly of behaviour and development, 11,4, 269- 315.

Mishler,E. & Waxler,N. (1968). Interaction in families: An experimental study of family processes and schizophrenia. New York, Wiley.

Mishler,E.G. & Waxler,N.E. (1975). The sequential patterning of interaction in normal and schizophrenic families. Family Process, 14, 17-50.

Moline,R.A., Singh,S., Morris,A. & Meltzer,HJ.Y. (1985). Family expressed emotion and relapse in schizophrenia in 24 urban American patients. American Journal of Psychiatry, 142, 1078-1081.

Morris,G. & Wynne,L. (1965). Schizophrenic offspring and parantal styles of communication. Psychiatry, 28, 19-44.

Neale,J.M. & Oltmanns,T.F. (1980). Schizophrenia. New York: Wiley.

Newman,E.H. (1977). Resolution of inconsistent attitude communications in normal and schizophrenic subjects. Journal of Abnormal Psychology, 58, 41.

Nordmann,E., Sodemann,H., Schenck,K. & Wolf,M. (1983). Zum Stand der Familieninterationsforschung - methodische Überlegungen. In: K. Schenck (Hrsg.). Familieninteraktion. Bedeutung in der psychiatrischen Diagnostik und Therapie. Janssen GmbH, Raiffeisenstr. 8, 4040 Neuss 21.

Notarius,C.I. & Markman,H.J. (1981). The couples interaction scoring system. In: E.E. Filsinger & R.A. Lewis (eds.). Assessing marriage. Beverly Hills: Sage.

Nuechterlein,K.H. & Dawson,M.E. (1984). A heuristic vulnerability-stress model of schizophrenic episodes. Schizophrenia Bulletin, 10, 2, 300-312.

Nuechterlein,K.H. & Dawson,M.E. (1984). Vulnerability and stress factors in the developmental course of schizophrenic disorders. Schizophenia Bulletin, 10, 2, 158-203.

Nuechterlein,K.H. & Dawson,M.E. (1984). Information processing and attentional functioning in the developmental course of schizophrenic disorders. Schizophrenia Bulletin, 10, 2, 160-203.

Nuechterlein,K.H., Snyder,K.S., Dawson,M.E., Rappe,S., Gitlin,M. & Fogelson,D. (1986). Expressed emotion, fixed-dose Fluphenazine Decanote maintenance, and relapse in recent onset schizophrenia. Psychopharmacology Bulletin, 22, 633- 639.

Olson,D.H. (1971). Empirically unbinding the double bind: review of research and conceptual reformulations. Family Process, 11, 69-94.

Olson,D.H. & Ryder R.G. (1970). The Inventory of Marital Conflicts (IMC): An experimental interaction procedure. Journal of Mariage and Family, 32. 443-448.

Olson,D.H. & Ryder,R.G. (1975). Marital and family interaction coding system (MFICS). University of Minnesota: Unpublished manuscript.

Overall,J.E. & Gorham,D.R. (1962). The Brief Psychiatric Rating Scale. Psychological Report, 19, 799-812.

Parker,G., Johnston,P. & Hayward,L. (1988). Parental "expressed emotion" as a predictor of schizophrenic relapse. Archives of General Psychiatry, 45, 806-813.

Parsons, T. & Bales, R.F. (1955). Family: Socialization and interaction process. Glencoe, IL: Free Press.

Phillips,L. (1953). Case history data and prognosis in schizophrenia. Journal of Nervous and Mental Diseases, 6, 515-525.

Potash,H.M. (1965). Schizophrenic interaction and the concept of the double bind. Unveröffentlichte Dissertation. Michigan State University.

Raush.,H.L., Barry,W.A., Hertel,R.D. & Swain,M.A. (1974). Communication, conflict and marriage. San Francisco: Jossey-Bass.

Randolph,E. & Escobar,J. (November 1982). Social network factors in schizophrenic relapse: A longitudinal study. Presented at the annual meeting of the American Association of Behavior Therapy. Los Angeles.

Revenstorf,D., Vogel,B., Wegener,C., Hahlweg,K. & Schindler,L. (1980b). Escalation phenomena in interaction sequences. An empirical comparison of distressed and non-distressed couples. Behavioral Analysis Modification, 4, 97-115.

Revenstorf,D., Hahlweg,K., Schindler,L. & Vogel,B. (1984 a). Interaction analysis of marital conflict. In: K. Hahlweg & N.S. Jacobson (Hrsg.). Marital interaction: Analysis and modification. New York: Guilford.

Ringuette,E.L. & Kennedy,T. (1966). An experimental study of the double bind hypothesis. Journal of Abnormal Psychology, 71, 136.

Riskin,J. & Faunce,E.E. (1972). An evaluative review of family interaction research. Family Process 11, 365-455.

Robin,A.L., Kent,R., O'Leary,D. (1977). An approach to teaching parents and adolescents problem-solving communication skills: A preliminary report. Behavior Therapy, 8, 639-643.

Rosenthal,D., Wender,P.H., Kety,S.S., Schulsinger,F., Welner,J. & Ostergaard,L. (1968). Schizophrenics offspring reared in adoptive homes. In: D.Rosenthal & S.S. Kety (Eds.) The transmission of schizophrenia. New York: Pergamon Press.

Rosenthal,D., Wender,P.H., Kety,S.S., Welner,J. & Schulsinger,F. (1971). The adopted-away offspring of schizophrenics. American Journal of Psychiatry, 128, 307-311.

Rutter,M. & Brown, GW (1966). The reliability and validity of measures of family life and relationships in families containing a psychiatric patient. Social Psychiatry, 1, 38.

Rutter,M. (1978). Communication Deviance and diagnostic differences. In: L.C. Wynne, R.L. Cromwell, S. Matthysse (Eds.). The Nature of Schizophrenia: New Approaches to Research and Treatment. New York: John Wiley & Sons, Inc., 512-516.

Sartorius,N., Shapiro,R. & Jablonsky,A. (1974). The International Pilot Study of Schizophrenia. Schizophrenia Bulletin, 1 (11), 21-35.

Schied,H.W., Straube,E.R. & Heimann,H. (im Druck). Modern and Classical Psychiatric Concepts and Therapy. In: E.R. Straube & K. Hahlweg (Hrsg.) Schizophrenia: Concepts, vulnerability and intervention.

Schneider,K. (1967). Klinische Psychopathologie. Stuttgart: Thieme.

Scholz,O.B. (Hrsg.) (1978). Diagnostik in Ehe- und Partnerschaftskrisen. München: Urban & Schwarzenberg.

Shapiro,L. & Wild,C. (1976). The product of the consensus Rorschach in families of male schizophrenics. Family Process, 15, 211-224.

Simon,F.B. & Stierlin,H. (1984). Die Sprache der Familientherapie. Ein Vokabular. Stuttgart: Klett-Cotta.

Singer,M.T. & Wynne,L.C. (1963). Differentiating characteristics of the parents of childhood schizophrenics, childhood neurotics, and young adult schizophrenics. American Journal of Psychiatry, 120. 234-243.

Singer,M.T. & Wynne,L.C. (1965a). Thought disorder and family relations of schizophrenics. III. Methodology using projective techniques. Archives of General Psychiatry, 12. 187-200.

Singer,M. & Wynne,L. (1965b). Thought disorder and family relations of schizophrenics. IV. Results and implications. Archives of General Psychiatry, 12, 201-212.

Singer,M.T. & Wynne,L.C. (1966). Principles of scoring communication defects and deviances in parents of schizophrenics. Rorschach and TAT scoring manuals. Psychiatry, 29, 260-288.

Singer,M.T., Wynne,L.C. & Toohey,M.L. (1978). Communication disorders and the families of schizophrenics. In: L.C. Wynne, R.L. Cromwell & S. Matthysse (Eds): The Nature of schizophrenia: New approaches to research and treatment. New York: John Wiley & Sons, Inc. 499-511.

Skinner,B.F. (1953). Science and human behavior. New York: McMillan.

Sluzki,C.E. & Ransom,D.C. (Eds.) (1976). Double bind: The foundation of the communicational approach to the family. New York.

Sojit,C.M. (1971). The double bind hypothesis and the parents of schizophrenics. Family Process, 11, 53.

Solvberg,H. & Blakar,R. (1975). Communication efficiency in couples with and without a schizophrenic offspring. Family Process, 14, 515-534.

Spitz,R.A. (1954). Die Entstehung der ersten Objektbeziehungen. Stuttgart: Klett. 1973.

Spitzer,R.L., Endicott,J. & Robins,E. (1978). Research diagnostic criteria (RDC) for a selected group of functional disorders. New York: Biometric Research.

Stabenau,J., Turpin,J., Werner,M. & Pollin,W. (1965). A comparative study of families of schizophrenics, delinquents, and normals. Psychiatry, 28, 45-59.

Stephenson,G.M., Rutter,D.R. & Dore,S.R. (1972). Visual interaction and distance. British Journal of Psychology, 64, 251-257.

Strachan,A.M., Leff,J.P., Goldstein,M.J., Doane,J.A. & Burtt,C. (1986). Emotional attitudes and direct communication in the families of schizophrenics: A cross-national replication. British Journal of Psychiatry.

Strachan,A., Feingold,D., Goldstein,M., Miklowitz,D. & Nuechterlein,K. (1989). Is expressed emotion an index of a transactional process? II. Patient's coping style.

Strodtbeck,F.L. (1951). Husband-wife interaction over revealed differences. American Sociologicy Review, 16, 468-473.

Strodtbeck,F.L. (1954). The family as a three-person group. American Sociological Review, 19, 23-29.

Sullivan,H.S. (1953). The interpersonal theory of psychiatry. New York: Norton

Tarrier,N., Barrowclough,C., Vaughn,C., Bamrah,J.S., Porceddu,K., Watts,S. & Freeman,H. (1985). The community management of schizophrenia: A controlled trial of a behavioural intervention with families to reduce relapse. British Journal of Psychiatry.

Tienari,P., Sorri,A., Lahti,I., Naarala,M. Wahlberg,K.-E., Pohjola,J. & Moring,J. (1985). Interaction of genetic and psychosocial factors in schizophrenia. Acta Psychiatrica Scandinavica Supplementum, 71 (319), 19-30.

Tienari,P., Sorri,A., Lahti,I., Naarala,M., Wahlberg,K. et al. (1987). Interaction of genetic and psychosocial factors in schizophrenia. The Finnish Adoptive Family Study: A longitudinal combination of the adoptive family strategy and the risk research strategy. s. Goldstein & Tuma, 1987.

Valone,K., Norton,J.P., Goldstein,M.J. & Doane,J.A. (1983). Parental expessed emotion and affective style in an adolescent sample at risk for schizophrenia spectrum disorders. Journal of Abnormal Psychology, 92, 399-407.

Vaughn,C. (1986). Comment of Chapter 5 (Dulz & Hand). In: M.J. Goldstein, I. Hand & K. Hahlweg (Eds.): Treatment of schizophrenia: Family assessment and intervention. Berlin: Springer.

Vaughn,C. & Leff,J.P. (1976a). The measurement of expressed emotion in the families of psychiatric patients. British Journal of Clinical and Social Psychology, 15, 157-165.

Vaughn,C. & Leff,J.P. (1976b). The influence of family and social factors on the course of psychiatric illness: A comparison of schizophrenic and depressed neurotic patients. British Journal of Psychiatry, 129, 125-137.

Vaughn,C., Snyder,K.S., Jones,S., Freeman,W.B. & Falloon, I.R.H. (1984). Family factors in schizophrenic relapse: A California replication of the British research on Expressed Emotion. Archives of General Psychiatry, 41, 1169- 1177.

Wallace,C.J. (1984). Community and interpersonal functioning in the course of schizophrenic disorders. Schizophrenia Bulletin, 10, 2, 233-257.

Wechsler,D. (1981). Manual for the Wechsler Adult Intelligence Scale. New York: Pychological Corp.

Wegener,C., Revenstorf,D., Hahlweg,K. und Schindler,L. (1979). Empirical analysis of communication in distressed couples. Behavioral Analysis Modification, 3, 178-188.

Wender,P.H., Rosenthal,D., Kety,S.S., Schulsinger,F. & Welner,J. (1974). Cross-fostering: A research strategy for clarifying the role of genetic and experiential factors in the etiology of schizophrenia. Archives of General Psychiatry, 30, 121-128.

Whitehead,A.N. & Russell,B. (1940). Principia mathematica. Cambridge.

Wild,C.M., Shapiro,L.N. & Goldenberg,L. (1975). Transactional communication disturbances in families of male schizophrenics. Family Process, 14, 131-160.

Wild,C., Singer,M., Rosman,B., Ricci,J. & Lidz,T. (1965). Measuring disorder styles of thinking. Archives of General Psychiatry, 13, 471-476.

Wing,J.K., Cooper,J.E. & Sartorius,N. (1974). The measurement and classification of psychiatric symptoms. London: Cambridge University Press.

Wing,J.K., Cooper,J.E. & Sartorius,N. (1974). The description of psychiatric symptoms: An introduction manual for the PSE and Catego system. London: Cambridge University Press.

Winter, W. & Ferreira,A.. (1967). Interaction process analysis of family decision making. Family Process, 6, 155-172.

Winter,W., Ferreira,A. & Olson,J. (1966). Hostility themes in the family TAT. Journal of Projective Techniques and Personality Assessment, 30, 270-274.

World Health Organization (1973). The International Pilot Study of Schizophrenia. Vol. 1. Genf: World Health Organization.

Wynne,L.C. (1978). Concluding comments. In: L.C. Wynne, R.L. 22 Cromwell & S. Matthysse (Eds.). The Nature of Schizophrenia: New approaches to research and treatment. New York: John Wiley & Sons, Inc., 698-714.

Wynne,L.C., Ryckoff,I.M., Day,J. & Hirsch,S.I. (1958). Pseudomutuality in the family relations of schizophrenics. Psychiatry, 21, 205-220.

Wynne,L.C., Ryckoff,I.M., Day,J. & Hirsch,S.I. (1958). Pseudogemeinschaft in den Familienbeziehungen von Schizophrenen. In: G. Bateson et al. (1969). Schizophrenie und Familie. Frankfurt: Suhrkamp.

Wynne,L.C. & Singer,M.T. (1963). Thought disorder and family relations of schizophrenics. II. A classification of forms of thinking. Archives of General Psychiatry, 9. 199-206.

Wynne,L.C., Singer,M.T., Bartko,J.J. & Toohey,M.L. (1977). Schizophrenics and their families: Research on parental communication. In: J.M. Tanner (Ed.). Developments in psychiatric research. London: Hodder and Stoughton, 254- 286.

Wynne,L., Singer,M. & Toohey,M. (1976). Communication of the adoptive parents of schizophrenics. In: J. Jorstad & E. Ugelstad (Hrsg). Schizophrenia 75, Psychotherapy, Family Studies, Research. Universitetsforlaget, Oslo, Norwegen.

Yeomans,N.T. et al. (1970). Measurement of conflicting communication in social networks. British Journal of Social and Clinical Psychology, 9, 275.

Zubin,J. & Spring,B. (1977). Vulnerability - a new view of schizophrenia. Journal of Abnormal Psychology, 86, 103-126.

ANHANG

Anhang 1	Diagnostische Kriterien zur Schizophrenie nach Spitzer et al. (1978)
Anhang 2	Unterformen der Schizophrenie (RDC; Spitzer et al. (1978)
Anhang 3	Verlaufsformen der Schizophrenie: Unterscheidungskriterien (RDC, Spitzer et al., 1978)
Anhang 4	Instruktion zur "Fünf-Minuten-Sprechstichprobe" (Five-minute-speech-sample, FMSS; Magana et al., 1985)
Anhang 5	Kodiermanual und Kodierbogen zum KPI (Hahlweg et al., 1988)
Anhang 6	MPIP-Kurzform des Camberwell Family Interviews (CFI) (Vaughn & Leff, 1976)

Tabelle A 1:	Symptomatik der Patienten: Mittelwerte der BPRS-Summenscores der Patienten in NEE-, HKR- und HEOI-Familien
Tabelle A 2:	KPI-Geschlechtsunterschiede: Mittelwerte der KPI-Kategorien für männliche und weibliche Patienten
Tabelle A 3	KPI-Geschlechtsunterschiede: Mittelwerte der KPI-Kategorien für die Angehörigen männlicher und die Angehörigen weiblicher Patienten
Tabelle A 4:	Geschlechtsspezifische Unterschiede der KPI-Kategorien bei Angehörigen schizophrener Patienten
Tabelle A 5:	Korrelative Zusammenhänge zwischen dem Interaktionsverhalten (KPI) und Beschwerden der Patienten (BPRS) und ihrer Angehörigen (SCL-90)
Tabelle A 6:	Mittlere Rangplätze der KPI-Kategorien für NEE- und HKR-Angehörige der Schizophrenie-Familien
Tabelle a 7:	Mittlere Rangplätze der KPI-Kategorien für Patienten in NEE- und HKR-Familien

Anhang 1

Diagnostische Kriterien zur Schizophrenie nach Spitzer et al. (1978):

"Während einer floriden Erkrankungsphase sind mindestens zwei der folgenden Symptome für eine sichere Bewertung erforderlich:

(1) Gedankenausbreitung, Gedankeneingebung oder Gedankenentzug (wie in diesem Manual definiert).
(2) Wahnvorstellungen, kontrolliert zu werden (oder beeinflußt zu werden), andere bizarre Wahnvorstellungen oder multiple Wahnvorstellungen (wie in diesem Manual definiert).
(3) Leibhalluzinationen, Größenwahn, religiöse, nihilistische oder andere Wahninhalte (keine Verfolgungs- oder Eifersuchtsinhalte) mit einer Dauer von mindestens einer Woche.
(4) Wahnvorstellungen beliebiger Art, wenn sie im Zusammenhang mit Halluzinationen irgendeiner Art auftreten und mindestens eine Woche dauern.
(5) Akustische Halluzinationen, wobei entweder eine Stimme dauernd das jeweilige Verhalten oder dessen Gedanken kommentiert oder zwei oder mehrere Stimmen in Rede und Gegenrede vorhanden sind.
(6) Nicht affektabhängige, verbale Halluzinationen (wie in diesem Manual definiert) mit direkter Anrede an den Patienten.
(7) Halluzinationen irgendeiner Art während des gesamten Tages für einige Tage Dauer oder intermittierend für mindestens einen Monat.
(8) Definitives Vorhandensein von deutlichen formalen Denkstörungen mit gleichzeitigem flachen oder inadäquaten Affekt, mit Wahn oder Halluzinationen irgendeiner Art oder groben Verhaltensauffälligkeiten.

Die Krankheitssymptome bestehen seit mindestens 2 Wochen, ohne daß während dieser Zeit die Kriterien für eine andere psychiatrische Krankheit erfüllt wären." Einzelheiten der Symptombeschreibung sind im RDC-Manual enthalten.

Anhang 2

Unterformen der Schizophrenie (RDC; Spitzer et al., 1978):

"(1) Paranoide Form
Während der floriden Periode der Krankheitsepisode dominiert im klinischen Zustandsbild durch relative Persistenz oder auch durch Überwiegen eines oder mehrerer der folgenden Phänomene:
1. Verfolgungswahn
2. Größenwahn
3. Eifersuchtswahn
4. Halluzinationen mit Inhalten von Verfolgtwerden oder von Selbstüberschätzung

(2) Hebephrene Form (Disorganized subtype)
A bis einschließlich C sind erforderlich.
A. Deutliche formale Denkstörungen (wie in diesem Manual definiert).
B. entweder 1 oder 2.
1: Flacher, inadäquater oder läppischer Affekt,
2: Bruchstückhafte Wahnvorstellungen oder Halluzinationen, deren Inhalte kein zusammenhängendes Thema erkennen lassen.
C. Nicht im Zusammenhang stehend mit einer deutlichen emotionalen Erregung, außer während der Exacerbation der Erkrankung.

(3) Katatone Form
Während einer floriden Krankheitsepisode dominiertim klinischen Zustandsbild eines der folgenden katatonen Symptome:
1. Katatoner Stupor (gekennzeichnet durch eine deutliche Abnahme der Reaktivität zur Umgebung, sowie eine Reduzierung von spontanen Bewegungen und Aktivität).
2. Katatone Rigidität (gegenüber Bewegungsversuchen starres Haltungsverharren).
3. Flexibilitas cerea (von außen induzierte abnorme Stellungen werden mindestens 15 Sekunden beibehalten).
4. Katatoner Erregungszustand (offensichtlich zwecklose und stereotype motorische Bewegungen, nicht beeinflußbar durch äußere Stimuli).
5. Katatonieforme Haltungen (willkürliche Einnahme von inadäquaten oder bizarren Haltungen).

(4) Undifferenzierte Form (oder gemischte Form)
Die Erkrankung erfüllt die Kriterien für mehr als eine der oben erwähnten Unterformen oder für keine von diesen.

(5) Residualzustand
Diese Kategorie sollte dann gewählt werden, wenn ein Patient früher einmal eine Erkrankung durchlaufen hat, die die Kriterien A für Schizophrenie erfüllte, aber dessen klinisches Zustandsbild jetzt keine ausgeprägten psychotischen Symptome beinhaltet, jedoch Residualsymptome bei der Erkrankung persistieren, wie z.B. emotionale Verflachung, extreme soziale Rückzugstendenzen, exzentrisches Verhalten oder leichtere formale Denkstörungen. Wahn oder Halluzinationen können vorhanden sein, sind aber nicht hervortretend. Falls ein Patient die Kriterien für eine Schizophrenie erfüllt, jedoch ohne erneute Exacerbation von schizophrenen Symptomen ein vollständiges depressives Syndrom entwickelt, dann sollte er eine zusätzliche Diagnose erhalten, nämlich depressives Syndrom bei schizophrenem Residualzustand. Falls es zu einem Wiederauftreten von psychotischen Symptomen kommt, sollte man die Diagnose schizoaffektive Erkrankung vom depressiven Typ stellen und die Einordnung auf der Chronizitätsachse sollte die Dauer der schizophrenieähnlichen Symptome berücksichtigen.
A bis C sind erforderlich für den hier in Betracht gezogenen Krankheitszeitraum.
A. Der Patient hatte früher eine floride Krankheitsepisode, die die Kriterien für Schizophrenie erfüllte.
B. Das gegenwärtige klinische Zustandsbild enthält keine ausgeprägten psychotischen Symptome, obwohl der Patient einige Wahninhalte oder Halluzinationen haben kann.
C. Krankheitssymptome persistieren seit der Zeit der floriden Erkrankungsperiode (wie z.B. verflachter oder inadäquater Affekt, soziale Rückzugstendenzen, exzentrisches Verhalten, eigenartige oder ungewöhnliche Wahrnehmungserlebnisse, leichtere formale Denkstörungen)."

Anhang 3

Verlaufsformen der Schizophrenie: Unterscheidungskriterien (RDC, Spitzer et al., 1978):

"(1) Akute Schizophrenie:
A bis einschließlich C sind erforderlich.

A. Plötzlicher Beginn - d.h. weniger als drei Monate gerechnet vom Beginn der ersten Symptome einer zunehmenden psychopathologischen Störung bis zu irgendeinem der schizophrenen Kernsymptome (Kriterium A, S. 25).
B. Kurzer Verlauf, d.h. fortlaufend krank mit deutlichen Zeichen einer Schizophrenie, mit insgesamt weniger als drei Monaten Dauer.
C. Volle Genesung nach einer vorangegangenen Episode.

(2) Subakute Schizophrenie:
Der Verlauf ist einer akuten Schizophrenie ähnlicher als dem einer chronischen Schizophrenie. Beispiel: Erste Episode mit ziemlich plötzlichem Beginn und einer Dauer von 5 Monaten. Beispiel: Zweite Episode mit einer Krankheitsentstehung über einen Zeitraum von sechs Monaten hinweg und volle Remission nach der ersten Episode.

(3) Subchronische Schizophrenie:
Der Verlauf ist dem einer chronischen Schizophrenie ähnlicher als dem einer akuten Schizophrenie. Beispiel: Deutliche Symptome einer Schizophrenie waren mehr oder minder fortlaufend für mindestens das gesamte vergangene Jahr vorhanden. Beispiel: Eine zweite Krankheitsperiode, die einer vorangegangenen folgte, von der der Patient nicht voll genas.

(4) Chronische Schizophrenie:
Deutliche Zeichen einer Schizophrenie, mehr oder weniger fortlaufend für mindestens die letzten zwei Jahre vorhanden."

Anhang 4

Fünf-Minuten-Sprechstichprobe (Five-minute-speech-sample / FMSS, Magana et al., 1985)

Hinweise zur Durchführung

Ziel: Die befragte Person soll in freier Rede und ohne Unterbrechung jeglicher Art von Seiten des Interviewers ihre Eindrücke und Meinung über eine bestimmte Zielperson abgeben. Der Interviewer darf diese freie Rede auf keinen Fall beeinflussen, weder durch Nachfragen noch durch Kommentare verbaler oder nonverbaler Art (z.B. zustimmendes Kopfnicken).

Anweisung für die befragte Person:

"Ich werde gleich noch etwas genauer auf bestimmte Problembereiche mit ..... eingehen, aber vorher möchte ich einmal Ihre ganz persönlichen eigenen Gedanken hören, ohne daß ich Sie mit meinen Fragen oder Kommentaren unterbreche. Ich würde Sie also jetzt bitten, mal für fünf Minuten zu beschreiben, was für ein Mensch ..... ist und wie Sie miteinander zurechtkommen. Nachdem Sie begonnen haben, werde ich Sie nicht unterbrechen, bis die fünf Minuten vorüber sind. Haben Sie noch Fragen, bevor wir anfangen?"

Anhang 5

R A T E R M A N U A L

Z U M

K P I

Kategoriensystem für partnerschaftliche / familiäre Interaktion (Version 1988)

Hahlweg,K., Reisner,L., Kohli,G., Vollmer,M., Schindler,L., Revenstorf,D., Müller,U. & Morgenroth,U.

Max-Planck-Institut für Psychiatrie, Kraepelinstr. 2, 8000 München 40

HAHLWEG,K., SCHINDLER,L., REVENSTORF,D.: Partnerschaftsprobleme: Diagnose und Therapie. Handbuch für Therapeuten. Heidelberg: Springer, 1982

SCHINDLER,L., HAHLWEG,K. und REVENSTORF,D.: Partnerschaftsprobleme: Möglichkeiten zur Bewältigung. Handbuch für Paare. Heidelberg: Springer, 1980

Einführung

Das KPI wurde zur systematischen Beobachtung dyadischer Interaktionen entwickelt und eignet sich besonders für die Analyse von Problemlöseprozessen. Es ist so konstruiert, daß sowohl das verbale als auch das nicht-verbale Verhalten der Gesprächspartner erfaßt werden kann.

Folgende Annahmen über die Bedingungen erfolgreicher Problemlösungen liegen dem System zugrunde (Hahlweg, Schindler und Revenstorf, 1982):

In dem Kommunikations- und Problemlöseprozeß nehmen beide Partner abwechselnd eine Sprecher- und Zuhörerrolle ein. Fördernde Verhaltensweisen des Sprechers sind:

- Die eigenen Einstellungen, Gefühle und Gedanken zum Problem äußern (Kennzeichen ist der Ich-Gebrauch); so werden Anklagen, Vorwürfe und Beleidigungen vermieden (Kennzeichen hierfür ist der "Du"- oder "man"-Gebrauch).
- Ein Problem konkret und spezifisch aussprechen, d.h. konkretes Verhalten in konkreten Situationen beschreiben. (Ungünstig sind Formulierungen wie: "Immer", "nie", "typisch"). Außerdem soll im "hier und jetzt" geblieben werden, um so "alte Hüte" zu vermeiden.
- Insgesamt sollte sich der Sprecher dem Partner öffnen (Selbstöffnung), ihm seine Wünsche und Bedürfnisse mitteilen.
- Der Zuhörer sollte dem Sprecher nicht-verbal zu erkennen geben, daß er ihm zuhört (anschauen, nicken).
- Er sollte das Gesagte in kurzen Sätzen mit eigenen Worten wiederholen.
- Er sollte bei Unklarheiten nachfragen, aber nicht suggestiv, sondern in Form offener Fragen.
- Er sollte dem Partner seine Wertschätzung mitteilen.

Diese Bedingungen werden als förderlich für die allgemeine Kommunikation angesehen. Für eine erfolgreiche Problemlösung sind wichtig:

- generieren spezifischer, operationalisierbarer Änderungsvorschläge,
- Verhandlung fairer Abmachungen,
- Vereinbaren der Abmachungen,
- Überprüfung der getroffenen Abmachungen.

Die folgenden verbalen Kategorien wurden analog zu den angegebenen Kommunikationsfertigkeiten konstruiert.

I Verbale Kategorien

1. SO SELBSTÖFFNUNG

SOG Direkter Ausdruck von Gefühlen
SOW Direkter Ausdruck von Wünschen, Bedürfnissen und Interessen
SOM Direkter Ausdruck von Meinungen, Einstellungen und Verhaltensmustern

2. PL POSITIVE LÖSUNG

PLL Konstruktive Lösungsvorschläge
PLK Kompromiß-Vorschläge

3. AK AKZEPTANZ

AKP Paraphrasieren
AKI Interessierte und offene Fragen
AKF Feedback
AKV Verständnis für den anderen

4. ZU ZUSTIMMUNG

ZUI Direkte inhaltliche Zustimmung
ZUA Annahme von Verantwortung
ZUE Zustimmende Einwürfe

5. KR NEGATIVE BEWERTUNG DES VERHALTENS DES PARTNERS / KRITIK

KRS Spezifische Kritik
KRA Abwertung des Partners

6. RF RECHTFERTIGUNG

RFE Rechtfertigung des eigenen Verhaltens
RFA Ablehnung der Verantwortung

7. NL NEGATIVE LÖSUNG

NLU Forderung nach Unterlassung
NLS Scheinbarer Lösungsvorschlag

8. NU NICHT-ÜBEREINSTIMMUNG

NUI Direkte oder indirekte Nicht-Übereinstimmung
NUJ Ja, aber-Sätze
NUE Ablehnende Einwürfe
NUA Abblocken

9. PB PROBLEMBESCHREIBUNG

PBB Problembeschreibung
PBF sachliche inhaltliche Fragen

10. MK METAKOMMUNIKATION

MKK Gesprächssteuerung und -klärung
MKT Themenbezug, Themenvorschlag

11. ZH ZUHÖREN

ZHH Zuhören
ZHP Pause

12. RK RESTKATEGORIE
RKK Restkategorie

II Nonverbale Kategorien

Positiv 1
Negativ 2
Neutral 3

1. SO SELBSTÖFFNUNG

Direkter Ausdruck von Gefühlen (SOG)

Direkte Gefühlsäußerungen sind alle Redebeiträge, die ein ~~positives~~ Gefühl beim Namen nennen. Mit Gefühl ist dabei die unmittelbare affektive Erfahrung des Sprechers gemeint, die in Vergangenheit, Gegenwart oder Zukunft liegen kann. Das Gefühl kann unter Verwendung von Substantiven, Verben oder Adjektiven ausgedrückt werden. Es können seelische oder körperliche Zustände beschrieben werden.

Kennzeichen für direkte Form sind:

- der Ich-Gebrauch des Sprechers
- die eindeutige Benennung des Gefühls

Zu beachten ist, daß auch umgangssprachliche Beschreibungen sowie Metaphern ebenfalls dieser Sub-Kategorie zugerechnet werden.

Neben der Benennung des Gefühls schließen solche Äußerungen meist die Benennung des Auslösers, der Situation oder des Problems ein. Die Erwähnung eines positiven oder negativen Partnerverhaltens in Verbindung mit einer direkten Gefühlsäußerung wird daher zur Kategorie G gerechnet.

"Ich fühle mich sehr unwohl, wenn wir bei Deinen Eltern sind" (SOG)

"Über solche Aussprachen freue ich mich sehr" (SOG)

"Ich fand die Party richtig langweilig" (SOG

Er: "Wie findest Du Ilonas Zeugnis?" (PBF)

Sie: "Ich muß ehrlich sagen, ich bin enttäuscht" (SOG)

Sie: "Ich würde gerne mal wieder ein Fest machen" (SOW)

Er: "Ich hab im Augenblick keine Lust" (SOG)

"Da geht mir aber der Hut hoch" (SOG)

"Da bin ich aus der Haut gefahren" (SOG)

"Als Du gestern nicht gekommen bist, obwohl wir fest verabredet waren, war ich ganz traurig" (SOG)

"Mensch, ich war so froh, als ich rausfand, daß Du den Wagen zur Werkstatt gebracht hast" (SOG)

Indirekte Äußerungen werden so kodiert:	"Das war sehr nett von Dir" (AKF) "Du gehst immer auf mich los" (KRA)
Abgrenzung zu AK: Folgen solche beschriebenen Äußerungen auf Vorschläge oder Aussagen des Partners, so sind sie der Kategorie AK zuzurechnen, da sie eine Art des Feedback darstellen. Gemeint sind damit Äußerungen, die zwar direkte Gefühlsbezeichnungen enthalten, aber als Bestätigung oder Rückmeldung für die Äußerung des Partners gedacht sind.	"Ich freue mich darüber, wie Du das eben gesagt hast" (AKF) "Ich bin ganz weg, wieviele gute Vorschläge Du gemacht hast" (AKF)
Direkter Ausdruck von Wünschen, Bedürfnissen und Interessen (SOW) Der direkte Ausdruck von Wünschen, Bedürfnissen und Interessen bezieht sich auf Gegenwart und Zukunft; in der Regel wird er durch Verben des Wollens, Möchtens und Wünschens ausgedrückt.	"Ich möchte mehr Freiheit haben" (SOW) "Ich würde gern öfters ins Theater gehen" (SOW) "Dein Wort in Gottes Ohr" (umgangssprachlich; SOW) Er: "Dein Braten war heute ein Gedicht" (AKF) Sie: "Sowas mußt du mir öfters sagen" (SOW)
Abgrenzung zu PL und NL: Wird jedoch in der Phase der Verhandlung zusammen mit einem Wunsch ein spezifischer Vorschlag geäußert, ist er als positive Lösung zu werten.	"Ich würde gern jede zweite Woche mit Dir ins Kino gehen" (PLL)
Direkter Ausdruck von Meinungen, Einstellungen und Verhaltensweisen (Verhaltensmustern) (SOM) Direkte Äußerungen der eigenen Meinung und Einstellung oder Verhaltensbeschreibungen - in Gegenwart oder Zukunft -, durch die der Sprecher sich angreifbar und verletztbar macht, werden als SOM kodiert.	"Ich finde, eine Frau sollte zuhause bleiben anstat zu arbeiten" (SOM) "Ich sehe jetzt, daß ich mich viel zu wenig um Dich gekümmert habe" (SOM) "Vor vielen Leuten bringe ich kein Wort raus" (SOM)
Abgrenzung zu PBB: Die Feststellung offensichtlicher Tatsachen und sachliche Stellungnahmen werden PBB und nicht SOM kodiert.	"Diese Äpfel schmecken mir gut" (PBB) "Ich bin auf der Suche nach einer anderen Wohnung" (PBB)

2. PL POSITIVE LÖSUNG

Unter diese Kategorie fallen alle Bemerkungen, die in irgendeiner Weise zur Lösung eines gemeinsamen Problems beitragen. Diese Äußerungen müssen gekennzeichnet sein durch Problembezogenheit und Möglichkeiten der Veränderung andeuten. Aus dem Lösungsbezug sollen sich Ableitungen zum zukünftigen Handeln ergeben. Es werden zwei Sub-Kategorien unterschieden: L und K.

Konstruktive Lösungsvorschläge (PLL)

Dies müssen Anregungen, Vorschläge oder Verhaltensweisen sein, die konstruktiv zu einer Veränderung einer Problemsituation beitragen oder eine negative Situation vermeiden helfen.
Die Vorschläge müssen konkret sein und sich auf Gegenwart oder Zukunft beziehen.

"Laß uns in Zukunft alle Ausgaben notieren"(PLL)

"Ich werde ab heute jeden Abend abwaschen" (PLL)

"Du kannst gern jeden Mittwoch ins Kino gehen" (PLL)

"Ich werde mich bemühen, keine zynischen Bemerkungen zu machen" (PLL)

"Das beste ist, wir sprechen an Ort und Stelle darüber" (PLL)

Sie: "Weißt du eine Lösung?" (PBF)

Er: "Ich könnte versuchen, dich bei deinen Einkäufen zu begleiten" (PLL)

Kompromiß-Vorschläge (PLK)

Als PLK ist zu kodieren, wenn die Partner einen Kompromiß schließen oder darüber in konstruktiver Weise verhandeln.

"Ich werde den Boden aufwischen, wenn Du den Rasen mähst" (PLK)

"Wenn Du kochst, werde ich abwaschen" (PLK)

Sie: "Allein schaffe ich das nicht, ich fühle mich überfordert" (SOG)

Er: "Wenn Du die Gäste betreust, kümmere ich mich um die Küche" (PLK)

Er: "Auf meinen Kegelclub möchte ich eben nicht verzichten" (SOG)
Sie: "Während Du im Kegelclub bist, bringe ich meine Hobbysachen in Ordnung" (PLK)

Abgrenzung zu SO:

Äußerungen, die einen Wunsch oder ein Bedürfnis ausdrücken, aber keine spezifische Lösung für das gegenwärtige Problem darstellen, werden als SOW kodiert.

"Ich möchte jeden Sonntag ausschlafen" (SOW)

"Ich würde gern mehr lesen" (SOW)

Abgrenzung zu MK:

Bemerkungen, die zu einer Lösungsfindung drängen, aber keine Lösung darstellen, werden als MKT kodiert.

"Jetzt geht es um die Lösung" (MKT)

"Wir müssen da eine Lösung finden" (MKT)

Abgrenzung zu PBB:

Allgemeine Vorschläge, die vage oder global formuliert sind, werden als PBB kodiert.

"Wir müssen uns besser verständigen" (PBB)

"Du könntest dich mehr am Haushalt beteiligen" (PBB)

"Ich kanns ja mal versuchen" (PBB)

3. AK AKZEPTANZ

Unter diese Kategorien fallen alle Verhaltensweisen eines Partners, die ein verstehendes oder akzeptierendes Eingehen auf die Äußerungen des anderen darstellen. AK ist dadurch gekennzeichnet, daß der Sprecher versucht, sich in den Partner hineinzuversetzen, um dessen Gefühle oder Erleben besser/genauer - auch in Frageform - zu erfassen.

Paraphrasieren (AKP)

Paraphrasieren, also Um- oder Nachformulierungen sowie Wiederholungen geäußerter Sachverhalte.

"Da hast Du Dich also geärgert?" (AKP)
"Du meinst, daß ich mich da falsch verhalten habe?" (AKP)

Er: "Das finde ich nicht gut, wenn Du alleine ausgehst und erst um 3 Uhr nach Hause kommst" (KRS)
Sie: "Daß ich so lange aus bin, ist für Dich ein Problem" (AKP)

"Wenn Du daran denkst, bist Du ganz traurig" (AKP)

Abgrenzung zu PBB:

Die reine Wiederholung einer vorher geäußerten Tatsache wird als PBB kodiert.

Er: "Ich suche mir eine andere Wohnung" (PBB)
Sie: "Du suchst Dir also eine andere Wohnung" (PBB)

Feedback (AKF)

Eine verbale Antwort, die anzeigt, daß dem Zuhörer das, was der Sprecher gesagt oder getan hat, persönlich gefällt, d.h. jede positive Rückmeldung, sowie Komplimente oder Wertschätzungen des anderen, fallen unter AKF;

- Danksagungen, zum Beispiel

"Dafür bin ich Dir dankbar" (AKF)

- Äußerungen, die verdeutlichen, daß der andere ein gewünschtes und geschätztes Verhalten gezeigt hat.

"Ich denke, das ist großartig, daß Du in der letzten Zeit so viel gelesen hast" (AKF)

Er: "Mit den Kindern bin ich jetzt sehr glücklich, es gibt kaum Meinungsverschiedenheiten" (SOG)
Sie: "Das wundert mich nicht, Du kannst auch prima mit ihnen umgehen" (AKF)

Akzeptierende, wertschätzende Äußerungen, die in der 3. Person ausgedrückt wrden, gelten als ob sie in der 2. Person geäußert würden, falls diese Person anwesend ist.

"Ich finde, das machst Du prima" (AKF)
Vater zur Mutter: "Sie (die anwesende Tochter) ist in letzter Zeit viel umgänglicher geworden" (AKF)

Interessierte und offene Fragen (AKI)

Offene Fragen sind durch interessiertes Eingehen und gezieltes Nachfragen, z.B. nach den Gefühlen oder dem Erleben des Partners, charakterisiert.

"Kann es sein, daß Du damals sauer warst?" (AKI)

"... und das hat Dich deprimiert?" (AKI)

"Geht es Dir jetzt besser?" (AKI)

"Ist dieser Kompromiß für Dich wirklich angenehm?" (AKI)

Sie: "Ich konnte nicht hinfahren, weil Du mich davon abgehalten hast" (KRS)
Er: "Bist Du immer noch traurig darüber?" (AKI)

Abgrenzung zu PBF:

PBF-Fragen sind sachlicher bzw. inhaltlicher Natur.

"Woran liegt es, daß die Kinder in der Schule schlechter wurden?" (PBF)

"Was meinst Du zu meinem Vorschlag?" (PBF)

Verständnis für den anderen (AKV)

Äußerungen, die Einfühlen und Verständnis in das Erleben des Partners darstellen, werden mit AKV kodiert.

"Ich verstehe sehr gut, daß Dich der Beruf überanstrengt und Du dadurch für uns kaum Zeit hast" (AKV)

"Ich glaube, Du bist jetzt enttäuscht" (AKV)

"Das Ganze scheint Dich doch sehr mitzunehmen" (AKV)

4. ZU ZUSTIMMUNG

Alle Kommentare, die sich positiv zustimmend auf den vom Gesprächspartner dargestellten Sachverhalt beziehen, sind als Zustimmung zu kodieren. Dieser Kategorie sind folgende Sub-Kategorien I, A und E zugeordnet. Eine reine Wiederholung des vorher Gesagten beinhaltet noch keine Zustimmung.

Direkte inhaltliche Zustimmung (ZUI)	"Du hast recht" (ZUI) "Das finde ich auch" (ZUI) Er: "Wir sollten einmal in der Woche schwimmen gehen"(PIL Sie: "Genau meine Meinung" (ZUI) Sie: "Als Du nach Hause kamst, waren sie nicht fertig"(PBB Er: "Allerdings nicht" (ZUI)
Annahme von Verantwortung (ZUA) Wenn ein Partner auf bestimmte Mängel des anderen oder auf Gebiete hinweist, für die jener zuständig ist und der andere übernimmt daraufhin die Verantwortung in diesem Bereich, wird A kodiert.	"Ich gebe zu, daß ich sehr unfreundlich war" (ZUA) "Das hätte ich machen sollen" (ZUA) "Ich hätte lieber nichts gesagt" (ZUA) "An diesem Streit bin ich schuld" (ZUA) Er: "Du bist selbst schuld, wenn Du zu spät zur Arbeit kommst" (KRS) Sie: "Ich sollte einfach früher aufstehen" (ZUA)
Abgrenzung zu SOM Unterstreicht der Sprecher die Zustimmung durch seine Einsicht oder veränderte Einstellung, so wird nicht ZUA, sondern SOM kodiert.	"Das habe ich mir nicht klar gemacht; wahrscheinlich erwar te ich zuviel von Dir" (SOM)
Zustimmende Einwürfe (ZUE) Kurze zustimmende Einwürfe des Zuhörers während der Gesprächsführung des Partners, die in der Regel nicht mehr als drei Wörter umfassen, werden mit ZUE kodiert. Dazu gehören auch Äußerungen wie ein zustimmendes "mhm" Gibt der Partner durch begleitendes "hm" oder "ja" zu erkennen, daß er der Äußerung des Sprechers aufmerksam zuhört, ohne daß hierdurch eine Zustimmung zu der Äußerung deutlich wird, so wird dies als RKK kodiert.	"Ja" (ZUE) "Stimmt" (ZUE) "Einverstanden" (ZUE) "Richtig" (ZUE)
Abgrenzung zu PBB Wird die Zustimmung nicht klar ausgedrückt, so wird sie nicht als ZUI oder ZUE kodiert.	"Das mag sein" (PBB) "Vielleicht hast Du recht" (PBB)

5. KR NEGATIVE BEWERTUNG DES VERHALTENS DES PARTNERS / KRITIK

Spezifische Kritik (KRS)	
Eine negative Bemerkung, die eine unzweideutige Ablehnung oder Mißbilligung eines spezifischen Verhaltens (gegenwärtig oder vergangen) des anderen ausdrückt, wird mit KRS kodiert.	"Du hast wieder im ganzen Haus schutziges Geschirr zurückgelassen!" (KRS) "Ich an Deiner Stelle hätte besser aufgepaßt" (KRS) "Da informiert man sich halt vorher" (KRS)
Eine Kritik muß spezifisch und direkt sein, in dem Sinne, daß a) die Bemerkung unzweifelhaft kritisch gemeint ist und sich auf konkretes Verhalten bezieht b) kein Zweifel gelassen wird, gegen wen die Mißbilligung gerichtet ist.	Er: "War Deine Mutter beleidigt?" (PBF) Sie: "Du hast Dich ja auch dementsprechend benommen (KRS) Er: "Das Bad hast Du wieder nicht geputzt!" (KRS) Sie: "Du hast ja auch den meisten Dreck hinterlassen" (KRS) "Und Du meinst, daß Du Dich da richtig benommen hast?"KRS
Kritische Bemerkungen, die Vorwürfe oder Anklagen beinhalten, können auch in Frageform geäußert werden.	"Das willst Du wirklich nicht gewußt haben?" (KRS)
Abgrenzung zu KRA:	
Bemerkungen über generelle Charakterzüge oder Eigenschaften werden mit KRA kodiert.	"Du bist einfach schlampig" (KRA)
Anmerkung	
KRS- oder KRA-Äußerungen in der 3. Person gelten wie in der 2. Person, falls diese Person anwesend ist.	Mutter zu Vater: "Cornelia tut absolut nichts im Haus" (falls Cornelia anwesend ist: KRS, sonst PBB)
Abwertung des Partners (KRA)	
Die Kategorie KRA umfaßt negative Urteile über den Partner in Form von globalen Anklagen, Beleidigungen, Anschuldigungen sowie persönlich angreifene Werturteile (Beschimpfungen). Die Funktion der Abwertung ist es, den anderen zu demütigen. Sie beinhaltet allgemeine Eigenschaften oder Charakterzüge.	"Du verhältst Dich schwachsinnig" (KRA) "Du stinkst vor Faulheit" (KRA) Er: "Wir haben schon wieder kein Bier im Haus" (KRS) Sie: "Kein Wunder, Du säufst ja wie ein Loch" (KRA) Er: "Die Frau Meier war richtig nett angezogen" (PBB) Sie: "Du hast einen Geschmack wie ein Farbenblinder" (KRA)
Neben globalen Persönlichkeitseigenschaften kann sich eine Abwertung auch auf einen konkreten Vorfall beziehen.	"Ich hätte auf unseren Sohn nicht so blödsinnig reagiert wie Du" (KRA)
Abgrenzung zu KRS Eine Kritik (KRS) hingegen muß sowohl spezifisch als auch direkt sein.	"Das Problem mit Dir ist, daß Du nie vor Mittag aufstehst" (KRS)
Anmerkung Folgt einer Kritik eine Selbstöffnung, so wird die Äußerung als SO gewertet.	"Du räumst immer nur oberflächlich auf, und das ärgert mich so." (SOG)

6. RF RECHTFERTIGUNG

Eine Rechtfertigung beinhaltet eine Verteidigung des eigenen Verhaltens. Es sind defensive Äußerungen, die eine Begründung dafür liefern, daß sich der Sprecher so verhalten hat. Er will damit sein Verhalten als angemessen darstellen. Bei RF werden zwei Subkategorien (E und A) unterschieden.

Rechtfertigung des eigenen Verhaltens bezüglich bestimmter Vorfälle (RFE)

"Das mache ich, weil Du Dir das Recht dazu auch nimmst" (RFE)

"Ich kann eben nicht freundlich sein, wenn Du so auf mich losgehst" (RFE)

Sie: "Abends bist Du meist nicht zu gebrauchen" (KRS)
Er: "Ich muß tagsüber sehr viel leisten, deswegen" (RFE)

Sie: "Das ist schon das zweite Bier" (KRS)
Er: "Mir schmeckt's heute eben gut" (RFE)

"Ich will ja nur Dein Bestes" (RFE)
"Ich tue es ja nur für Dich" (RFE)

Abgrenzung zu ZUA:

Übernimmt der Sprecher Verantwortung für sein Verhalten und erklärt es anschließend, so wird ZUA kodiert.

Ablehnung der Verantwortung (RFA)

Die Frage nach der Verantwortlichkeit wird normalerweise nach einer Problembeschreibung (PBB) oder Kritik des anderen (KR) aufgeworfen. Wenn ein Partner sich für ein vergangenes oder gegenwärtiges Problem nicht zuständig fühlt, wird RFA kodiert.

Sie: "Du hast die Katzenkiste wieder nicht sauber gemacht" KRS
Er: "Das ist ja auch nicht meine Sache" (RFA)

Er: "Du hast Deinen Schreibtisch wieder nicht aufgeräumt" (KRS)
Sie: "Ich habe ja auch nicht gesagt, daß ich es tue" (RFA)

"Schon wieder ich" (RFA)

"Immer ich" (RFA)

Abgrenzung zu NUI/KRS:

Ableugnen oder eine Gegenbehauptung aufstellen genügt als RF nicht.

"Das habe ich nicht gesagt" (NUI)

"Das ist nicht richtig von Dir, mir so etwas vorzuwerfen"(KRS)

7. NL NEGATIVE LÖSUNG

Kennzeichen von NL ist der destruktive Charakter. Es fehlt meist die Perspektive zu sinnvollen, gemeinsam getragenen Veränderungen. Es werden zwei Subkategorien unterschieden: U und S.

Forderung nach Unterlassung (NLU)

Hierunter fallen Änderungsvorschläge, bei denen der Sprecher etwas fordert, was der andere nicht tun oder unterlassen sollte. Sie müssen sich auf Gegenwart oder Zukunft beziehen.

"Du sollst nicht so oft in den Kneipen herumsitzen" (NLU)

Er: "Aber das war doch nur ein Spaß von mir" (RFE)
Sie: "Ob Spaß oder nicht, das machst Du nicht noch einmal" (NLU)

Sie: "Beim Lesen brauch ich einfach eine Zigarette (SOW)
Er: "Alles richtig, aber nicht im Bett" (NLU)

Scheinbarer Lösungsvorschlag (NLS)

Dies sind Äußerungen, die nicht annehmbare Vorschläge enthalten und eher die Funktion des Angriffs oder Abblockens beinhalten.

"Lassen wir uns doch gleich scheiden" (NLS)

"Wenn wir uns nicht einigen können, bleiben wir eben zu Hause (NLS)

Sie: "Du überforderst Deinen Sohn" (KRS)
Er: "Dann laß ich es eben ganz sein" (NLS)

Sie: "Du verunsicherst ihn völlig" (KRS)
Er: "Dann kümmere ich mich eben gar nicht mehr um ihn" (NLS)

Abgrenzung zu KRS/ KRA:

Bei Äußerungen über die Vergangenheit handelt es sich zumeist um Vorwürfe, also um Kritik (KRS) oder Abwertung (KRA).

"Das hättest Du schneller machen sollen" (KRS)

"Du hättest Dich nicht so blöd anstellen sollen" (KRA)

Abgenzung zu SOW:

Wenn ein Bedürfnis oder Wunsch zur Unterlassung einer Verhaltensweise des anderen zum Ausdruck gebracht wird, ist SOW zu kodieren.

"Mir würde es gefallen, wenn Du nicht so viel fernsehen würdest" (SOW)

8. NU NICHT-ÜBEREINSTIMMUNG

NU hat 4 Unterkategorien:

1. Direkte oder indirekte Nicht-Übereinstimmung (NUI)	
a) Verneinung einer Frage.	Er: "Bist Du morgen zu Hause?" (PBF) Sie: "Nein, ich gehe ins Kino" (NUI)
b) der Wahrheitsgehalt einer Äußerung wird in Frage gestellt.	"Ich glaube nicht, was Du eben gesagt hast" (NUI) Sie: "Du bist phlegmatisch und unpünktlich" (KRS) Er: "Aber das stimmt doch gar nicht" (NUI) Mutter: "Nie räumst Du Dein Zimmer auf" (KRS) Tochter: "Alle paar Tage räume ich auf" (NUI)
c) eine gegensätzliche Behauptung wird aufgestellt.	Sie: "Momentan kannst Du sicher nicht mehr Zeit für uns aufbringen, dazu hast Du zuviel Arbeit" (AKV) Er: "Das sehe ich nicht so, daran liegt es nicht" (NUI)
d) einer Aufforderung wird nicht nachgekommen.	"Ich will nicht" (NUI)
2. Ja - aber - Sätze (NUJ)	
Der Anfang der Sätze ist zustimmender Natur, die Gesamtaussage jedoch beinhaltet eine Nicht-Übereinstimmung.	"Ich will schon, aber ich kann nicht" (NUJ) "Ja, da hast Du recht, aber finanziell unmöglich" (NUJ)
3. Ablehnende Einwürfe (NUE)	
Kurze Einwürfe des Zuhöhrer, die deutlich Nicht-Übereinstimmung oder Anzweifeln des Wahrheitsgehalts der Ausführungen des Partners anzeigen.	"nein, nein ..." (NUE) "na, na.." (NUE) "Aber das ist doch" (NUE) "Wirklich?" (NUE) "So?" (NUE) "Stimmt das?" (NUE)
4. Abblocken (NUA)	
Unterbrechungen und Äußerungen, die dazu angelegt sind, den Partner zum Schweigen zu bringen.	"Du hast recht und ich meine Ruhe" (NUA) "Hör auf, mir reichts jetzt" (NUA) "Jawohl, Herr Feldwebel" (NUA) "Laß mich damit in Frieden" (NUA)

9. PB PROBLEMBESCHREIBUNG

Unter diese Kategorie fallen alle Äußerungen, die ein gemeinsames Problem ansprechen, umreißen oder näher erläutern. Dabei ist es auch möglich, daß nur ein Partner eine Situation als Problem sieht. Probleme sind dabei Bereiche des Zusammenlebens oder konkrete Situationen, in denen Konflikte auftreten, die eine Lösung verlangen. Probleme treten auf durch unterschiedliche Meinungen, Wünsche und Erwartungen, die das gemeinsame Zusammenleben betreffen. Problembeschreibungen können sein:

- eine Äußerung, die die Existenz eines Problems anerkennt	Er: "Über was möchtest Du reden?" (MKT) Sie: "Ich denke, wir haben ein Problem mit den Kindern" (PBB)
- eine Äußerung, die die Natur eines Problems beschreibt	Er: "Was stört Dich denn so?" (AKI) Sie: "Die Kinder haben keine Disziplin, sie rennen wie wild im Haus herum und machen, was sie wollen" (PBB)
- eine Äußerung, die Vermutungen über die Gründe des Problems darstellt	Sie: "Also, mir gefällt das sogar recht gut" (SOG) Er: ""Vielleicht denken wir darüber nur unterschiedlich" (PBB)
- eine Äußerung, die die Auswirkungen des Problems auf die Partnerbeziehung diskutiert.	Er: "Laß uns doch einfach zurückziehen und darüber reden" (PLL) Sie: "Sie sind so laut, daß wir nicht einmal keise miteinander sprechen können" (PBB)
- eine Äußerung, die die Bedeutung des Problems für die Zukunft betrifft	Er: "Das war gestern wirklich unmöglich, da hast Du recht" (ZUI) Sie: "Wenn weiter solche Dinge passieren, werden wir beide im Irrenhaus landen" (PBB)

Problemansprachen müssen wertfrei, neutral, sachlich und problembezogen in bezug auf den Partner sein, sonst wären sie Vorwürfe (KR).

Sachliche Fragen (PBF)

Inter diese Kategorie fallen Fragen, die sachlicher Natur sind, oder aber sachliche Vorschläge, die in Frageform formuliert sind. Hierzu gehören Fragen bezüglich des zu klärenden Problems und in bezug auf die Meinung, Einstellung, Absicht oder das Verhalten des anderen.	"Was würdes Du am Wochenende gerne tun?" (PBF) "Wann kommst Du heute abend nach Hause?" (PBF) "Wollen wir wieder Skifahren gehen?" (PBF) Vater: "Meinst Du, Du solltest Dich mehr mit den anderen treffen (PBF) Sohn: "Ich weiß nicht" (PBB)
Abgrenzung zu AKI: Fragen nach den Gefühlen oder Befinden (emotional oder physisch) werden als AKI kodiert.	"Das belastet Dich" (AKI) "Wie fühlst Du Dich?" (AKI)

10. MK METAKOMMUNIKATION

Alle Äußerungen, die über den Inhalt hinausgehen und das Gespräch selbst sowie dessen Verlauf betreffen oder lenken, werden als MK kodiert. Solche Beobachtungseinheiten werden Subkategorien K oder T zugeordnet.

Gesprächssteuerung und -klärung (MKK)

Diese Kategorie umfaßt einerseits Aufforderungen zur Wiederholung und Fragen, die zur Verdeutlichung oder Klärung des momentanen Gesprächsthemas dienen.

"Kannst Du das bitte wiederholen?" (MKK)
"Ich habe das nicht verstanden" (MKK) "Wie meinst Du das?" (MKK)

Andererseits umfaßt MKK die Forderung nach Rollenwechsel im Gespräch, das Verlangen, die Rolle des Sprechers beizubehalten (Gesprächssteuerung) oder eine Aufforderung an den Partner, sich zu äußern.

"Dazu möchte ich auch etwas sagen" (MKK)
"Laß mich bitte ausreden" (MKK)
"Sag doch auch was dazu" (MKK)
"Darf ich Dich kurz unterbrechen" (MKK)

Themenvorschlag, -bezug (MKT)

MKT umfaßt Vorschläge zum Thema und Bemerkungen, die dazu auffordern, nicht vom Thema abzuschweifen bzw. zum Thema zurückzukommen. Weiterhin Sätze, die auf die Lösung eines Problems drängen, aber keine Lösung beinhalten.

"Über was wollen wir sprechen" (MKT)
"Ich wollte schon lange mit Dir über die Kinder sprechen" (MKT)
"Ich glaube, das würde zu weit führen" (MKT)
"Wir sind vom Thema abgekommen" (MKT)
"Wir müssen uns jetzt entscheiden" (MKT)
"Dazu müssen wir eine Lösung finden" (MKT) "Fangen wir an" (MKT)

11. ZH ZUHÖREN

Die Kategorie ZH ist vorwiegend aus technischen Gründen eingeführt worden, um die alternierende Sequenz kontinuierlich beibehalten zu können. Tritt bei dem Sprecher eine Folge von mehreren Kategorien hintereinander auf, so wird jeweils ZHH für den Zuhörer dazwischengefügt.

1	PBB		KRS		MKK	
2		ZHH		ZHH		SOG

ZHH stellt quasi die Null-Kategorie für die verbale Ebene dar und wird wie alle übrigen Kategorien mit der entsprechenden nonverbalen Kategorie kombiniert.

Abgrenzungen:

Kurze Äußerungen und Einwürfe (ja,ja; nun ja; niemals; aber, geh...) sind entsprechend ihrem zustimmenden oder ablehnenden Gehalt den jeweiligen Kategorien ZUE oder NUE zu subsummieren, sie haben Vorrang vor dem Code ZH. Als Pause (ZHP) sind Gesprächsabschnitte von mindestens 5 Sekunden (bei mehr als 2 Gesprächspartnern 10 Sekunden) zu kodieren. Bei der Kodierung sind zwei verschiedene Versionen zu beachten:

a) Mann: "Was meinst Du dazu?" (PBF)
   Frau: "....." (5 sec) (ZHP plus nicht-verbaler Code)
   Mann: "Also, ich fühle mich dabei unwohl" (SOG)

1	PBF		SOG
2		ZHP	

In solchen Fällen wird die Pause nur für denjenigen kodiert, von dem eine Antwort erwartet wird, er jedoch mit Schweigen reagiert.

b) Mann: "Was meinst Du dazu?" (PBF)
   Frau: ".... " (5 sec) (ZHP plus nicht-verbaler Code)
   Mann: "...." (5 sec) ZHP plus nicht-verbaler Code)
   Frau: "Es fällt mir sehr schwer, dazu etwas zu sagen" (SOG)

1	PBG		ZHP	
2		ZHP		SOG

Hier erfolgt zwar die erwartete Antwort, jedoch mit einer Verzögerung von 5 Sekunden (bei Familieninteraktionen 10 Sekunden). Deshalb wird für beide Partner ZHP kodiert, um die Sequenz sinnvoll wiederzugeben.

Anmerkungen zur Familieninteraktion

Beim Kodieren der Interaktion zwischen einem Patienten und zwei oder mehreren Angehörigen wird für den Patienten jeweils dann ZHH kodiert, wenn auf die Äußerung eines Angehörigen die des anderen Angehörigen folgt:

Mutter	PBB		
Vater		SOW	
Patient		ZHH	ZUI

Enthält eine Äußerung des Patienten mehrere Einheiten, so wird dazwischen für den Angehörigen, an den die Äußerung gerichtet ist, ZHH kodiert:

Mutter		ZHH	ZUI
Vater			
Patient	PBB		SOG

12. RK RESTKATEGORIE

Mit dieser Kategorie sollten tatsächlich nur solche Beobachtungseinheiten kodiert werden, die keiner der übrigen Kategorien zuzuordnen sind. Dies sind z.B. akustisch nicht verständliche Sätze oder abgebrochene Sätze, deren Sinn nicht verständlich wird.

Kriterien zur Entscheidung, ob eine Äußerung als irrelevant kodiert wird:

- Nicht zum Thema gehörende Äußerungen, die nicht mehr als 3 Kodiereinheiten umfassen, werden als RK (alle 3 gemeinsam) kodiert, z.B. Anmerkungen zum Interviewstil.	"Wie lange geht's noch" (RKK) "Wie lange sollen wir noch reden?" (RKK) "Klopf doch mal, wir sind fertig" (RKK)
- Bei abschweifenden, nicht zum Thema gehörenden Äußerungen von mehr als drei Kodiereinheiten werden die erste Einheit als RK, die weiteren unter den entsprechenden Kategorien kodiert.	"War das nun gestern oder schon am Sonntag... da war's doch noch so schön draußen.. was hab ich denn da gemacht?" (RKK) "Ach ja, da waren wir beim Schwimmen (PBB) und danach wollte ich essen gehen und hab mich so geärgert, weil der Laden zu war. (SOG)

NON-VERBALE KATEGORIEN [1)]

Je Beobachtungseinheit wird sowohl beim Sprechenden als auch beim Zuhörenden das non-verbale Verhalten mitkodiert. Es ist mit positiv (1), negativ (2) oder neutral (3) zu klassifizieren. Zuerst wird geprüft, ob pro Beobachtungseinheit die Beispiele für die Reaktionsklasse "Gesicht" zutreffen: z.B.: Hat der Partner gelächelt, genickt, etc., dann wird der Index 1 kodiert; hat der Partner weggeschaut, verächtlich gegrinst etc., wird der Index 2 kodiert. Treffen keine dieser Beispiele zu, wird die "Stimme" eingeschätzt. Kann auch hier keine Zuordnung getroffen werden, wird die "Körperhaltung" bewertet. Erst wenn man auch mit Hilfe der letzten Kategorie zu keinem Urteil kommen kann, ist das non-verbale Verhalten als "neutral" zu werten.

Hierarchie zur Beurteilung des non-verbalen Verhaltens:

1. Gesichtsausdruck, Mimik
2. Stimme, Tonfall
3. Körperhaltung, Gestik

Sind zwei dieser drei Modalitäten neutral und die dritte positiv oder negativ, wird "neutral" kodiert, es sei denn, die dritte dominiert eindeutig über die anderen beiden. Diese Regel gilt auch für den Fall, daß zwei der drei Modalitäten positiv oder negativ sind: zwei Kriterien dominieren über das dritte, falls das dritte nicht so stark ausgeprägt ist, daß es vor den anderen beiden dominiert. In Zweifelsfällen wird "neutral" kodiert.

Regeln zur Kodierung

1. Bei der Videoaufnahme sollte ein Minuten/Sekunden-Anzeige mit eingeblendet sein. Es erleichtert das Aufsuchen bestimmter Kodierungen und wird zur Reliabilitätsprüfung gebraucht.

2. Die Videoaufzeichnung muß vor der Auswertung vollständig angesehen werden, damit der Beobachter ein Gesamtbild von der Interaktion und Problemlage des Paares gewinnen kann.

3. Die Kodierung wird auf dem Dafür vorgesehenen Formblatt vorgenommen. In jeder Zeile werden oben (1) die Kodierungen für den Mann, unten (2) die für die Frau eingetragen.

4. Beobachtungseinheit:
Die Beobachtungseinheiten sind zeitlich nicht begrenzt, sondern richten sich nach inhaltlichen Gesichtspunkten (Sinn-Einheit). Diese können nur ein Wort ("ja", ZUE), einen Satz ("Ich bin froh", SOG) oder eine längere Ausführung umfassen, sofern der Inhalt konstant bleibt.
Häufig wird die Äußerung eines Gesprächspartners in mehrere Sinneinheiten unterteilt; so kann der Sprecher zunächst kritisieren und anschließend eine abwertende Äußerung hinzufügen: "Du hast Dich wochenlang nicht um Deinen Sohn gekümmert (KRS), aber worum kümmerst Du Dich schon... (KRA)". In diesen Fällen gilt die Teiläußerung als Sinneinheit, die für sich genommen eine kodierbare Äußerung enthält.

---

1) Nach GOTTMAN, J.M (1979). Marital Interaction. Experimental Investigation. New York, Academic Press.

5. Non-verbales Verhalten

Die non-verbale Kategorie 1, 2 oder 3 wird jeder verbalen Kategorie als Index hinzugefügt (z.B. PBF^3, KRA^2). Um auch in den non-verbalen Kategorien eine größtmögliche Objektivität zu erreichen, ist darauf zu achten, daß nicht das eigene Bezugssystem, sondern die Beispiele in den Reaktionsklassen "<u>Gesicht</u>", "<u>Stimme</u>" und "<u>Körper</u>" als ausschließliche Indikatoren zur Kodierung herangezogen werden.

6. Beibehalten der alternierenden Sequenz

Es tritt häufig der Fall ein, daß sich ein Redebeitrag des Sprechers in mehrere Sinneinheiten gliedert. Z.B. könnte der Sprecher erst eine Kritik, dann eine Selbstöffnung und schließlich eine abwertende Bemerkung über den Partner äußern. Er: "Du hast Dich den ganzen Abend nicht um mich gekümmert (KRS), wo ich sowieso so schlechte Laune habe und mich mies fühle (SOG), aber das ist eben Deine Art: Lieblosigkeit und Rücksichtslosigkeit (KRA)". In solchen Fällen wird eine <u>Sinneinheit</u> definiert als der Abschnitt eines Redebeitrags, der <u>für sich allein genommen</u> eine Aussage beinhaltet. Es dürfen jedoch nie zwei Codes von Partner A unmittelbar aufeinander folgen. Es muß vielmehr stets nach jedem Code von Partner A ein Code von Partner B folgen.
Für den Fall, daß Partner B nur schweigend die Ausführungen von Partner A verfolgt, ist zu diesem Zweck die Kategorie ZH eingeführt worden, die ebenfalls mit einem nonverbalen Code versehen wird.
Die im Beispiel angegebene Sequenz würde dann wie folgt kodiert:

1	KRS^2		SOG^3		KRA^2
2		ZHH^2		ZHH^3	

7. Spricht Partner A über längere Zeit und es liegt nur eine Kodierungseinheit vor, so werden wiederholte zustimmende oder ablehende Interjektionen von Partner B nur durch einen Code festgehalten:

1	PBB^3	
2		ZUE^3

Ändert sich jedoch das non-verbale Verhalten des Zuhörers während der Ausführungen des Partners, so muß dies erfaßt werden:

1	PBB^3		PBB^3	
2		ZUE^1		ZUE^2

8. Es dürfen <u>keine</u> Doppelkodierungen folgender Art auftreten:

1	KRS^2 KRA^2	
2		

<u>F A L S C H !</u>

<u>R I C H T I G:</u>

1	KRA^2	
2		

oder:

1	KRS^2		KRA^2
2		ZHH^2	

Hier muß entweder nach Priorität der Kategorien entschieden werden oder nach der zeitlichen Abfolge der Äußerung (Sinneinheiten). Im letzteren Fall würde für den Partner ZHH^2 kodiert.

9. Gleichzeitige Kodierungen beider Partner (also Codes in den übereinanderliegenden Spalten) dürfen <u>nicht</u> vorgenommen werden. Hier muß über eine zeitliche Abfolge entscheiden werden.

1	KRS^2	<u>F A L S C H !</u>	<u>R I C H T I G:</u>	1	KRS^2
2	NUI^3			2 NUI^3	

<u>BEISPIELKODIERUNG</u>

Mann = 1
Frau = 2

(1) verbal: "Ich würde gern mit Dir über die Sache am Freitag reden" nonverbal: freundlicher Gesichtsausdruck, warme Stimme	MKT 1 = MKT^1
(2) verbal: "Ja, ich bin auch dafür" nonverbal: verkniffener Mund, unfreundlich	ZUI 2 = ZUI^2
(1) verbal: "Also, wir sind gemeinsam in das Theater und haben dort wie verabredet den Horst getroffen, der seine neue Freundin dabeigehabt hat... nonverbal: freundlich, sachlich	PBB 1 = PBB^1
(2) verbal: "... an die Du Dich auch sofort rangemacht hast!" nonverbal: scharf, anklagend	KRS 2 = KRS^2
(1) verbal: "Nun mach aber einen Punkt!" nonverbal: verärgerter Ausdruck, ärgerliche Stimme	NUI 2 = NUI^2
(2) verbal: "Das wäre wohl auch nicht das erste Mal ... das bin ich bei Dir doch gewöhnt" nonverbal: sarkastisch, harte Stimme	KRA 2 = KRA^2
(1) verbal: "Schau mal, ich versteh ja, daß Du verärgert bist nonverbal: einfühlende Stimme	AKV 1 = AKV^1
*** verbal: "... aber ich habe mich mit ihr so lange unterhalten, weil Du mit Horst ein Gespräch angefangen hattest" nonverbal: bemühter Ausdruck und Stimme	RFE 1 = RFE^1
(2) verbal: "Da würde ich vorschlagen, wir gehen gleich mit verschiedenen Partnern aus, dann haben wir hinterher den Ärger nicht" nonverbal: ironische Stimme	NLS 2 = NLS^2

(1) verbal: "So ein Schmarrn!" NUA
nonverbal: zorniger Gesichtsausdruck 2
= NUA^2

(2) verbal: "Nun ja, ich war einfach verletzt - traurig, wenn Du willst" SOG
nonverbal: warme, weiche Stimme/Gesicht 1
SOG^1

(1) verbal: "Ich würde vorschlagen, daß wir uns das nächste Mal, wenn wir merken, daß einer von uns sauer ist, kurz zurückziehen und eine Lagebesprechung machen, wie es weitergehen soll." PLL
nonverbal: lacht, freundliche Stimme 1
= PLL^1

(2) verbal: "Ich wünsche mir, daß so etwas einfach nicht mehr vorkommt" SOW
nonverbal: lacht, humorvolle Stimme 1
= SOW^1

(1) verbal: "Das gibt es nicht, das ist illusorisch" NUI
nonverbal: entspannte, lockere Stimme/Haltung 1
= NUI^1

Die entsprechende Kodierung:

1 MKT^1		PBB^1		NUI^2		AKV^1		RFE^1		NUA^2
2	ZUI^2		KRS^2		KRA^2		ZHH^2		NLS^2	

1	PLL^1		NUI^1
2 SOG^1		SOW^1	

*** Da hier innerhalb einer zusammenhängenden Rede der Code gewechselt wird (von AKV zu RFE), kommt die Füllkategorie ZHH zum Tragen, mit deren Hilfe die Doppelkodierung vermieden werden kann.
Auf die Kodierung von ZHH wurde im Text verzichtet. Wie jedoch auf dem Kodierblatt zu sehen ist, wird auch sie mit dem jeweiligen nonverbalen Index des Zuhörers versehen.

Kategorie	positiv	negativ
Gesicht	- Lächeln - einfühlender Ausdruck - aufmerksamer Ausdruck	- gelangweilt - desinteressierter Ausdruck - Stirnrunzeln - Hohnlächeln - furchtsamer Ausdruck - Weinen - Grinsen (verächtlich) - zorniger, böser Ausdruck - Ausdruck des Ekels, Abscheus - starrer, fixierender Blick - demonstratives Wegblicken
Stimme	- bemüht - warm - weich - zärtlich - befreit - beteiligt - mitfühlend - interessiert - berührt - liebevoll - zufrieden - aufmunternd - sprudelnd - heiter - kichernd - glücklich - erfreut - lachend	- kalt - gespannt - ängstlich - ungeduldig - hart - schneidend - staccato - jammernd - beschuldigend - sarkastisch - zornig, böse - wütend - brüllend - verletzend - bedrückt, deprimiert - anklagend - spöttisches Lachen
Körper	- berühren - Distanz verringern - geöffnete Arme - aufmerksame Körperhaltung - entspannt - nach vorne gebeugt	- drohend Armstellung - gespannter Nacken - verkrampfte Hände - grobe, rüde Gesten - abwertende Handbewegungen - zurechtweisende, abrupte und abschneidende Gesten - dem Partner abgewandte Haltung

KPI

Name: -- Datum: -----------

Beobachter: -- Blatt: -----------

Messung: -- Code-Nr.: -----------

Gesprächsthema: --

P										
A 1										
A 2										
P										
A 1										
A 2										
P										
A 1										
A 2										
P										
A 1										
A 2										
P										
A 1										
A 2										
P										
A 1										
A 2										

P =
A 1 =
A 2 =

Anhang 6

MPIP, München

Studie: Familienbetreuung bei schizophrenen Psychosen

CAMBERWELL-FAMILIEN-INTERVIEW: GEKÜRZTE FORM (Vaughn & Leff, 1976)

HINTERGRUNDINFORMATIONEN

- Im Haushalt lebende Personen:

Name:	Verwandschaft zum Patienten	Alter	Geschlecht	Ausbildung/ Beschäftigung
1.	Patient selbst			
2.				
3.				
4.				
5.				

ANLEITUNG FÜR DIE ERHEBUNG DER PSYCHIATRISCHEN VORGESCHICHTE

1. Erfragen Sie eine kurze chronologische Darstellung der gesamten psychiatrischen Vorgeschichte einschließlich:
   - der ungefähren Zeit und Dauer jeder Krankheitsepisode
   - aller Zeiten von Unauffälligkeit über 3 Monate und länger

2. Detaillierte Fragen bezüglich der letzten Krankheitsepisode (oder des letzten Jahres) einschließlich:
   - Einzelheiten über jedes Symptom
   - Kontaktaufnahme mit psychiatrischen Diensten
   - Gesamteinschätzung des Schweregrades der Krankheitsepisode

Beachte: Wenn Sie nach spezifischen Symptomen fragen, benutzen Sie die ausführlichen, vorgegebenen Fragen für jedes Symptom im Abschnitt B.

PSYCHIATRISCHE VORGESCHICHTE (Abschnitt A)

"Ich möchte damit beginnen Sie zu fragen, wann die Schwierigkeiten bei ________ (Pat.) erstmalig auftraten."

Hilfreiche Fragen:

o Wann fanden Sie ihn/sie erstmalig verändert?
o Wann würden Sie sagen, war er/sie wieder so wie früher?
o Stellte sich die Verschlechterung allmählich oder plötzlich ein?

Allgemeine Fragen:

o Wie verhielt er sich zu dieser Zeit?
o Was passierte danach?
o Wie lange dauerte das?
o Wie fühlen Sie sich, wenn er/sie das tut?
o Ist Ihnen sonst irgendetwas ungewöhnliches an seinem/ihrem Verhalten aufgefallen?

Jetztige Krankheitsepisode

o Wie haben Sie (der Patient) bei der letzten Episode Kontakt zur Klinik aufgenommen?
o Wann verschlechterte sich der Zustand?
o Was tat ______ (der Patient)?
o Was geschah dann?
o Wie war die Einstellung von ________ (des Patienten) gegenüber einer Krankenhauseinweisung?
o Wie verhielt er/sie sich?
o Wer traf die Vorbereitungen für den Krankenhausbesuch und für die Aufnahme?
o Gab es Schwierigkeiten?

ZEITPLAN DER FAMILIE

Suchen Sie nach Informationen darüber, ob der Patient bei seinen täglichen Routinebeschäftigungen in Kontakt mit den anderen Familienmitgliedern tritt.

"Ich würde mir gerne einen Eindruck darüber verschaffen, wie _______ (der Patient) seinen Tag verbringt. Ich denke dabei besonders an den Zeitraum der letzten drei Monate vor der Aufnahme in die Klinik".

"An einem gewöhnlichen Wochentag: Wie, wann und mit wem finden folgende Ereignisse statt:"

- o Aufstehen
- o Frühstücken
- o zur Arbeit gehen / den Morgen verbringen
- o Mittagessen
- o den Nachmittag verbringen
- o Rückkehr von der Arbeit
- o Nachmittagskaffee/ -tee
- o Abendbrot
- o Abendgestaltung
- o ins Bett gehen

"Und wie ist es am Wochenende?" (Wiederholung der oben gestellten Fragen).

REIZBARKEIT

"Schwierigkeiten können darin bestehen, daß Merschen sich dadurch beeinträchtigt fühlen, daß sie manchmal reizbarer, empfindlicher und aufbrausender bei solchen Dingen sind, die sie sonst nicht sonderlich aufregen würden."

- o Besteht überhaupt Reizbarkeit?
- o Reizbarkeit jetzt - verglichen mit früher
- o Beispiel für zuletzt gezeigte Reizbarkeit
- o Wie oft passiert das?

"Wie häufig kam es vor, daß Ihr Sohn/Ihre Tochter in Gegenwart von _______ so war?"

- o Können Sie schildern, was passierte?
- o Wann passierte dies zum letzten Mal?
- o Was passierte beim letzten Mal?
- o Erhebt er/sie die Stimme ... (brüllt er/sie)?
- o verliert er/sie die Kontrolle?
- o wird er/sie ungeduldig?
- o nörgelt er/sie?
- o Welche anderen Dinge erregen ihn/sie?
- o Wie oft war er/sie in der letzten Woche gereizt .... weshalb?
- o War das in irgendeiner Woche schlimmer?

"Können Sie mit der Reizbarkeit überhaupt fertig werden?

Wie? .... Mit welchem Ausgang? ....

Reizbarkeit umfaßt:

1. Ernsthaftes Schimpfen und Nörgeln
2. Streit suchen
3. Herumnörgeln
4. Streiten oder zänkisch sein

Bei Verneinung:
"Wird er/sie überhaupt niemals ärgerlich?"

STREITEN

"Die meisten Menschen streiten sich von Zeit zu Zeit und haben Auseinandersetzungen über die Art Reizbarkeit hinaus, über die wir sprachen; hatte Ihr Sohn / Ihre Tochter sonst irgendwelche Auseinandersetzungen oder Streitigkeiten mit Ihnen oder jemand anderem in der Familie / im Haushalt?

Wie war das? .... Können Sie das letzte Mal beschreiben?"

o führte dies zu einer gespannten Atmosphäre im Hause?
o wie reagierten andere Menschen, die zu Besuch kamen?

Kriterien für die Definition von Streit:

1. Fallen dabei Schimpfworte?
2. Schreien Sie sich an?
3. Haben Sie/sie sich jemals bei einem Streit geschlagen?
4. Wie lange hielt die Uneinigkeit an?
5. Gibt es jemals nach einem solchen Krach Zeiten, in denen man nicht miteinander spricht?

Hat Ihr Sohn/Tochter jemals das Haus nach einem solchen Streit über Nacht verlassen? .... oder hat sie/er die Sachen gepackt, um wegzugehen?

NÖRGELN UND QUÄNGELN

"Neben der Reizbarkeit, die Sie in Bezug auf den Patienten beschrieben haben, nörgeln und quengeln Sie jemals mit .... (Patienten)?

o über welche Art Dinge klagen Sie?
o Was sagen Sie dann?
o Wie häufig kam das in den letzten Wochen vor? ....
  im letzten Monat? .... in den letzten 3 Monaten? ......
o Wie sieht das bei Ihrem Mann/Frau aus? Nörgelt oder quängelt er/sie oft mit .... (Patienten)?

Wie hat sich die erhöhte Reizbarkeit im Rahmen der Erkrankungen auf die Mitglieder im Hause ausgewirkt?

"Hat sich das Ausmaß an Reizbarkeit, welches der .... (Patient) gezeigt hat, verändert seit Beginn der Schwierigkeiten?"

"Hat sich das Ausmaß Ihrer eigenen Reizbarkeit verändert seit die Schwierigkeiten Ihres Sohnes/Tochter angefangen haben?"

<u>PSYCHIATRISCHE VORGESCHICHTE</u> (Abschnitt B)

(Dieser Abschnitt sollte dafür verwendet werden, um erstens das relevante Symptomverhalten vollständig zu erheben, zweitens als eine Art Checkliste um sicher zu sein, daß alle Arten von Symptomverhalten auch erfaßt worden sind).

Einige hilfreiche Fragen dazu:

- o Wann trat dieser Zustand erstmalig auf? Kam dies während der letzten 3 Monate vor?
- o Wie zeigte es sich? (Beispiele bringen)
- o Wie oft kam es .... vor?
  Geschah es dauernd .... täglich?
- o nur einmal in der Woche? etc.
- o Wie reagierten (die anwesenden Personen)?
- o Welche Wirkung hatte das?
- o Ist/war anschließend eine gespannte Atmosphäre im Haus?
- o Glauben Sie, er/sie hätte (kann) mehr tun können, um das zu kontrollieren?
- o Wie sind Sie damit umgegangen?
- o Wie erfolgreich waren Sie im Umgang damit?
- o Fanden Sie Möglichkeiten, dem vorzubeugen?

Ich würde Sie gerne fragen, wie .... (Patient) durch seine Schwierigkeiten beeinträchtigt wurde. Es gibt eine Reihe von Verhaltensweisen, die wir bei unseren Patienten oft antreffen. Diese möchte ich mit Ihnen durchgehen.

Wie war das bei .... (Pat.) in den letzten 3 Monaten?

<u>Schlaf</u>:
- o Wie schlief er?
- o Hatte er Schwierigkeiten aufzustehen?
- o Alpträume?
- o Oder wachte er/sie sehr früh auf?

<u>Appetit:</u>
- o Wie war der Appetit?
- o Weigerte er/sie sich zu essen?

<u>Körperklagen</u>:
- o Klagte er/sie über Kopfschmerzen oder Schwindel?
- o Klagte er/sie über andere Beschwerden?

<u>Verminderte: Aktivität</u>:
- o Zeigte er/sie einen Mangel an Aktivität?
- o Oder neigte er/sie dazu, nur herumzusitzen oder herumzuliegen und wenig zu tun?
- o Hat er/sie überhaupt aufgehört, etwas zu tun?

<u>Verlangsamung</u>:
- o Erschien er/sie (in der letzten Zeit) besonders langsam im Erledigen bestimmter Dinge, wie z.B. sich ankleiden, rasieren, beim Betten machen, Abwaschen, etc. ?

<u>Hyperaktivität</u>:
- o Hatte er/sie Zeiten, in denen er/sie ungewöhnlich heiter war?
- o Oder aufgeregt und erregt war?
- o Oder viel lärmte und schimpfte?
- o Oder besonders ruhelos war, herumlief, während der Mahlzeiten nicht sitzen bleiben konnte, etc.
- o Und während der Nacht, was passierte dann?
- o Hatte er/sie Zeiten, in denen er/sie gesprächiger war oder fluchte oder rüde war?

<u>Gewalttätigkeit</u>:

- o Hat er/sie jemanden geschlagen oder jemanden verletzt?
- o Hat er/sie versucht, sie zu schlagen oder jemanden gedroht?
- o Wann ist das passiert?
- o Können Sie beschreiben, was passierte?

<u>Destruktives Verhalten:</u>

- o Hat er/sie sich destruktiv verhalten?
- o Oder hat er/sie Gegenstände im Haus zerschlagen?

<u>Rückzug:</u>

- o Kapselte er/sie sich sehr ab (zog sich sehr schnell zurück?)
- o Weigerte er/sie sich, andere Menschen zu treffen?
- o Neigte er/sie dazu, jemanden im Haushalt aus dem Wege zu gehen?
- o Wie war das mit Verwandten? ... Freunden? ... oder mit Leuten, die an die Tür kamen?
- o Gab es Zeiten, in denen er/sie weniger gesprächig war als sonst?
- o Antwortet er/sie anderen Menschen wenn er/sie angesprochen wird?
- o Bedeutet es, daß er/sie nicht imstande ist, das Haus zu verlassen?
- o Ist er/sie in irgendeiner anderen Weise eingeengt?

<u>Gedächtnislücken</u>:

- o Hatte er/sie erhebliche Erinnerungslücken, z.B. in der Art, daß er/sie den Weg nach Hause nicht mehr finden konnte oder daß er/sie die Adresse vergessen hatte oder irgendetwas in dieser Art?
- o Hat er/sie Mühe, Namen von ihm/ihr gut bekannten Personen zu behalten?
- o Wirkt er/sie jemals verwirrt?
- o Bedeutet das, daß er/sie nicht in der Lage ist, allein auszugehen?

<u>Befürchtungen</u> / <u>Ängste</u>:

- o Hatte er/sie irgendwelche ungewöhnlichen Befürchtungen?
- o Oder Zeiten mit Angst- und Panikzuständen?
- o Oder spezielle Befürchtungen, z.B. vor dem aus dem Haus gehen?
- o Trat die Angst oder Panik zu irgendeiner bestimmten Zeit auf, z. B. morgens, ...
  ... oder beim Verlassen des Hauses
  ... oder auf dem Weg zur Arbeit oder sonst einem bestimmten Ort?
- o ... oder wenn er/sie alleingelassen worden war?
- o Hieße das, daß er/sie nicht allein ausgehen konnte?
- o Schränkt ihn/sie das irgendwie ein?
- o Sprach er/sie überhaupt über die Befürchtungen?
  ... mit wem?

<u>Quälende Gedanken:</u>

- o Quält er/sie sich in Gedanken wegen vieler Dinge?
- o Über Sie oder (Ehe-/Partner) die Kinder? (Eltern) Ihren Mann/Frau? oder über jemand anderes?
- o Oder wegen anderer Dinge, wie z.B. wegen seiner/ihrer Gesundheit? Arbeit? wegen Beziehungen oder Freunden?
- o Was veranlaßt Sie anzunehmen, daß er/sie sich wegen dieser Dinge quält?
- o Wie sprach er darüber?
- o Wie oft und mit wem?

ÄUSSERE ZEICHEN VERSCHLECHTERTER BEFINDLICHKEIT

o War er/sie depressiv?
o Mißgestimmt?
o Weinerlich?
o Sagte er/sie, er sei lebensmüde?

o Weshalb nehmen Sie an, daß er/sie so depressiv war sich so schlecht fühlte?
o Hat er/sie darüber geklagt, daß er/sie mißgestimmt war?
o Wie oft / wem gegenüber?
o Neigte er/sie dazu, sich selbst Vorwürfe zu machen wegen unwichtiger Dinge?
o Hat er/sie versucht, sich etwas anzutun oder sich das Leben zu nehmen?
o Waren Sie in Sorge, er/sie könnte es tun?
o Wann geschah dies?
o Können Sie beschreiben, was geschah?

Zwanghafte Gedanken und Handlungen:

o War er/sie ungewöhnlich umständlich oder machte von irgendetwas besonders viel Aufhebens?
o War er/sie z.B. übertrieben mit Sauberkeit oder Angst vor Bakterien beschäftigt?
o Bestand er/sie darauf, Dinge nur in einer ganz bestimmten Weise zu tun, selbst dann, wenn dies ziemlich unsinnig war?
o Oder wiederholte er/sie immer gleiche Handlungen, z.b. sich die Hände zu waschen oder zu kontrollieren, ob die Tür auch geschlossen ist?
o Fand er/sie selbst, es sei törricht, dies zu tun?
o Schränkte es ihn/sie in irgendeiner Weise ein?

Körperpflege und Angewohnheiten:

o Hat er/sie sich selbst ausreichend versorgt?
o Hat er/sie sich sauber und ordentlich gehalten?

Wahnideen/Halluzinationen:

o War er/sie eifersüchtig über die Art, wie Sie mit ... (Geschwistern) ... oder Ihrem Ehemann umgingen?
o War er/sie sonst irgendwie eifersüchtig?
o Hatte er/sie irgendwelche sonderbaren Vorstellungen, die sich auf ... (Geschwister) ... oder auf Sie ... oder Ihren Partner bezogen?
o Wirkte er/sie sonderbar ... oder erwähnte er/sie eigenartige Dinge?
o Bildete er/sie sich ein, daß alle Leute gegen ihn seien?
o ... oder daß sie über ihn/sie sprechen würden?
o Hat er/sie Sie wegen irgendetwas beschuldigt, z.B. daß man etwas gegen sie/ihn plane?
o Sprach er/sie manchmal mit sich selbst?
o ... oder lachte vor sich hin?
o Wieviel hat er/sie über diese Dinge gesprochen? ... wie oft?
o Verhielt er/sie sich irgendwie sonderbar aufgrund dieser Ideen?
o Hat ihn/sie das irgendwie in der Weise behindert, daß er/sie nicht mehr allein ausgehen konnte?
o Was haben Sie bezüglich dieser sonderbaren Ideen gesagt oder getan?

Trinken und Spielen:

o Pflegte er/sie viel zu trinken? .... oder zu spielen?

Bizarre Verhaltensweisen:

o Machte er/sie irgendetwas eigenartig, was ungewöhnlich für ihn/sie war? (z.B. von zuhause weglaufen)
o Oder gab es sonst etwas, was o verglichen mit seinen/ihren normalen Verhaltensweisen o verändert erschien?

o Welche Veränderungen brachte Ihres Sohnes / Ihrer Tochter Krankenhausaufnahme für Sie und Ihre Familie mit sich?
o Was war aus Ihrer Sicht der störendste Faktor im Zusamenhang mit der Erkrankung Ihres Sohnes / Ihrer Tochter?

Aufgaben im Haus

Hinsichtlich der verschiedenen Verpflichtungen, die in der Familie anfallen: wieviel davon sollte der Patient übernehmen? Berücksichtigt man seine Berufstätigkeit / Untätigkeit?

- Essen einkaufen
- Hausputz
- Fensterputzen
- Wäschewaschen
- Essenkochen für die Familie
- Abwaschen
- Gartenarbeit
- Reparaturen im Haushalt

o Welche Art Tätigkeit führt .... (der Patient) aus?
o Hat der Anteil an Aufgaben, die ... (der Patient) helfend im Haushalt wahrnahm, sich verändert gegenüber der Zeit, bevor die Schwierigkeiten auftraten? In welcher Art?
o Sind Sie damit zufrieden, wer diese Dinge zu Hause tut (tun mut) ?

Nur die Eltern:

o Zahlt Ihnen ... (der Patient) Geld für seinen / ihren Unterhalt regelmäßig?
o Sind Sie mit diesen Abmachungen zufrieden?

Bezogen auf die Ehe-/Partnerbeziehung:

o So ganz allgemein: Wie würden Sie sagen, daß Sie miteinander auskommen?
o Wie verbringen Sie die Abende, an denen Sie zuhause bleiben?
o Gibt es irgendwelche Dinge, die Sie und Ihr Partner auf Abend oder am Wochenende gemeinsam machen?
o Gibt es Dinge, die Sie gerne zusammen machen?
o Wissen Sie im allgemeinen, wann er/sie sich launisch fühlt oder verärgert ist oder sich freut?
o Glauben Sie, daß er/sie im allgemeinen weiß, wann Sie sich ärgern oder freuen?

Tabelle A 1: Symptomatik der Patienten: Mittelwerte und Standardabweichungen der BPRS-Summenscores BPRS-A (Klinikaufnahme) und BPRS-E (Klinikentlassung) der Patienten in NEE-, HKR- und HEOI-Familien

	Pat. in NEE-Fam. N=20		Pat. in HKR-Fam. N=16		Pat. in HEOI-Fam. N=6		Signifikanzprüfung (F-Test)	
	M	SD	M	SD	M	SD	F	p
BPRS-A	65,3	16,1	61,9	12,6	71,5	19,8	0,85	0,44
BPRS-E	34,3	9,9	32,5	7,8	40,3	16,2	1,24	0,30

Tabelle A 2: KPI-Geschlechtsunterschiede: Mittelwerte und Standardabweichungen der KPI-Kategorien für männliche (N=22) und weibliche (N=20) Patienten

KPI-Kategorie	männl. Pat.		weibl. Pat.		Signifikanzprüfung (T-Test; df: 2/40)	
	M	SD	M	SD	t	p
Selbstöffnung	6,7	4,6	5,9	3,5	0,66	0,51
Positive Lösung	2,4	2,7	1,7	1,9	0,96	0,34
Akzeptanz	0,9	1,8	0,6	1,3	0,58	0,57
Zustimmung	21,4	15,5	21,1	14,0	0,05	0,96
Problembeschreibg.	28,0	9,9	30,1	10,5	0,68	0,50
Metakommunikation	1,2	1,2	1,2	1,4	0,03	0,98
Kritik	4,2	5,1	6,2	7,4	1,00	0,32
Negative Lösung	1,1	1,6	1,0	1,6	0,33	0,75
Rechtfertigung	2,1	2,9	1,7	2,1	0,48	0,64
Nicht-Übereinst.	18,3	9,8	19,0	10,7	0,22	0,82
Nonverbal pos.	17,2	20,0	21,8	23,8	0,66	0,51
Nonverbal neg.	23,3	21,1	23,7	17,9	0,06	0,95
Nonverbal neutr.	59,5	24,9	54,5	21,5	0,68	0,50

Tabelle A 3: KPI-Geschlechtsunterschiede: Mittelwerte und Standardabweichungen der KPI-Kategorien für Angehörige männlicher Patienten (N=34) und Angehörige weiblicher Patienten (N=31)

KPI-Kategorie	Angehörige von männlichen Pat.		Angehörige von weiblichen Pat.		Signifikanzprüfung (T-Test; df: 2/63)	
	M	SD	M	SD	t	p
Selbstöffnung	5,2	4,8	4,5	3,4	0,67	0,51
Positive Lösung	2,2	2,3	3,3	3,0	1,63	0,11
Akzeptanz	1,1	1,6	0,7	1,3	1,06	0,29
Zustimmung	12,7	9,6	14,0	9,1	0,56	0,58
Problembeschreibg.	43,5	15,4	41,7	12,9	0,50	0,52
Metakommunikation	1,8	1,6	1,4	2,1	0,78	0,44
Kritik	6,4	9,0	4,4	4,5	1,12	0,27
Negative Lösung	2,3	3,4	3,4	4,4	1,16	0,25
Rechtfertigung	1,3	2,2	1,4	2,0	0,17	0,87
Nicht-Übereinst.	16,7	10,2	13,8	7,9	1,28	0,21
Nonverbal pos.	21,2	21,5	20,3	19,4	0,17	0,87
Nonverbal neg.	21,7	21,3	17,3	17,4	0,89	0,38
Nonverbal neutr.	57,1	17,8	62,4	18,5	1,15	0,26

Tabelle A 4: Geschlechtsspezifische Unterschiede der KPI-Kategorien bei Angehörigen schizophrener Patienten (Mittelwerte und Standardabweichungen der relativen Häufigkeiten)

KPI-Kategorie		Eltern weiblich	Eltern männlich	Partner/innen weiblich	Partner/innen männlich
		N = 30	N = 20	N = 9	N = 4
Selbstöffnung	M	4,8	3,4	9,2	4,1
	SD	3,4	2,5	7,1	1,9
Positive Lösung	M	3,1	2,6	1,1	3,0
	SD	2,8	3,1	2,1	1,3
Akzeptanz	M	0,9	1,0	1,4	0,0
	SD	1,6	1,3	1,9	0,0
Zustimmung	M	16,3 *	10,0	14,2	13,6
	SD	8,7	5,8	11,2	10,6
Problem-beschreibung	M	40,1	50,9 *	34,1	42,8
	SD	10,4	16,1	12,2	19,2
Metakommunik.	M	1,6	1,1	1,8	2,9
	SD	1,6	1,4	1,6	4,0
Kritik	M	4,8	4,9	8,1	2,6
	SD	8,3	6,3	6,4	3,2
Negative Lösung	M	2,9	2,1	1,1	9,1 *
	SD	3,2	3,0	2,0	8,4
Rechtfertigung	M	1,5	2,3	2,4	1,4
	SD	0,8	1,2	3,2	1,3
Nicht-Über-einstimmung	M	15,0	13,1	21,1	14,1
	SD	9,1	9,1	9,8	9,8
Nonverbal pos.	M	23,8	19,1	17,1	15,7
	SD	20,7	21,5	16,2	20,7
Nonverbal neg.	M	18,6	16,9	24,5	14,6
	SD	20,2	17,4	18,5	20,2
Nonverb. neutr.	M	57,6	64,1	58,4	69,7
	SD	16,9	16,8	23,9	20,2

Tabelle A 5 Korrelative Zusammenhänge*) zwischen dem Interaktionsverhalten (KPI-Kategorien) und Beschwerden der Patienten (BPRS) und ihrer Angehörigen (SCL-90)

KPI-Kategorie	GSI **) der der Angehörigen (N=60)	BPRS-Summenwert der Patienten (N=42) bei Beh.beginn	bei Beh.ende
	r	r	r
Selbstöffnung			
Positive Lösung		.25	.24
Akzeptanz			
Zustimmung			
Problembeschreibung		.48	
Metakommunikation			
Kritik	.24		
Negative Lösung			
Rechtfertigung			
Nicht-Übereinstimmung		- .30	
Nonverbal positiv	- .28		
Nonverbal negativ		- .36	
Nonverbal neutral			

*) $p \leq .05$ **) General Symptom Index der SCL-90

Tabelle A6: Mittlere Rangplätze der KPI-Kategorien für NEE- und HKR-Angehörige der Schizophrenie-Familien (N=58 Angehörige in 41 Familien)

KPI-Kategorie	Mittlerer Rang NEE N=36	HKR N=22	Signifikanzprüfung (Mann-Whitney-U-Test) U	p (einseitig)
Selbstöffnung	29,56	29,41	394,0	ns
Positive Lösung	29,56	29,41	394,0	ns
Akzeptanz	32,99	23,80	270,5	0,010
Zustimmung	31,17	26,77	336,0	ns
Problembeschreibung	34,11	21,95	230,0	0,008
Metakommunikation	28,17	31,68	348,0	ns
Kritik	24,72	37,32	224,0	0,003
spezif. Kritik	24,64	37,45	221,0	0,002
abwert. Kritik	28,25	31,55	351,0	ns
Negative Lösung	24,42	37,82	213,0	0,001
Rechtfertigung	25,29	36,39	244,5	0,005
Nicht-Übereinstimmung	24,89	37,05	230,0	0,004
Nonverbal positiv	30,19	25,89	316,5	ns
Nonverbal negativ	24,18	35,18	227,0	0,006
Nonverbal neutral	29,97	26,23	324,0	ns

Tabelle A 7: Mittlere Rangplätze der KPI-Kategorien für <u>Patienten</u> in NEE- und HKR-Familien (N = 36)

KPI-Kategorie	Mittlerer Rang Pat. in NEE-Fam. N = 20	 Pat. in HKR-Fam. N = 22	Signifikanzprüfung (Mann-Whitney-U-Test) U	 p (einseitig)
Selbstöffnung	18,95	17,94	151,0	ns
Positive Lösung	21,67	14,53	96,5	0,019
Akzeptanz	18,05	19,06	151,0	ns
Zustimmung	20,80	15,63	114,0	0,072
Problembeschreibung	19,15	17,69	147,5	ns
Metakommunikation	17,70	19,50	144,0	ns
Kritik	15,63	22,09	102,05	0,032
spezif. Kritik	15,30	22,50	96,0	0,019
abwert. Kritik	17,70	19,50	144,0	ns
Negative Lösung	15,45	22,31	99,0	0,020
Rechtfertigung	16,13	21,47	112,5	0,060
Nicht-Übereinstimmung	16,05	21,56	111,0	ns
Nonverbal positiv	19,47	16,25	124,0	ns
Nonverbal negativ	15,26	21,25	100,0	0,043
Nonverbal neutral	19,95	15,69	115,0	ns

Ulrike Ehlert

Psychologische Intervention bei den Angehörigen schizophrener Patienten

Frankfurt/M., Bern, New York, Paris, 1989. 539 S.
Europäische Hochschulschriften: Reihe 6, Psychologie. Bd. 266
ISBN 3-8204-9969-5 br./lam. DM 94.--/sFr. 79.--

Ausgehend von angloamerikanischen Familientherapiestudien zur Rezidivprophylaxe bei schizophrenen Patienten werden unterschiedliche Therapiemaßnahmen im Rahmen einer Therapiestudie bezüglich ihrer Effizienz geprüft. Neben der theoretischen Herleitung und Studiendarstellung werden die einzelnen Ergebnisse kritisch diskutiert. Im Anhang der Arbeit befinden sich die eingesetzten Messinstrumente und das Therapiemanual.

Aus dem Inhalt: Expressed Emotion-Konzept - Angloamerikanische Familientherapie-Studien - Rezidivprophylaxe schizophrener Patienten - Verhaltenstherapeutische Angehörigenintervention.

Verlag Peter Lang Frankfurt a.M. · Bern · New York · Paris
Auslieferung: Verlag Peter Lang AG, Jupiterstr. 15, CH-3000 Bern 15
Telefon (004131) 321122, Telex pela ch 912 651, Telefax (004131) 321131
- Preisänderungen vorbehalten -

Printed by
CPI books GmbH, Leck

Kolibri 360 GmbH
Ferdinand-Jühlke-Straße 7
99095 Erfurt, Deutschland
produktsicherheit@kolibri360.de